FORSCHUNGSBERICHTE DES LANDES NORDRHEIN-WESTFALEN

Nr. 3180 / Fachgruppe Geisteswissenschaften

Herausgegeben vom Minister für Wissenschaft und Forschung

Prof. Dr. jur. Dr. rer. nat. Herbert Fiedler
Dipl.-Inf. Thomas Barthel
Dipl.-Math. Gerhard Voogd

Forschungsstelle für
Juristische Informatik und Automation
der Universität Bonn

Untersuchungen zur Formalisierung im Recht als Beitrag zur Grundlagenforschung juristischer Datenverarbeitung (UFORED)

Westdeutscher Verlag 1984

CIP-Kurztitelaufnahme der Deutschen Bibliothek

Fiedler, Herbert:
Untersuchungen zur Formalisierung im Recht als Beitrag zur Grundlagenforschung juristischer Datenverarbeitung : (UFORED) / Herbert Fiedler ; Thomas Barthel ; Gerhard Voogd. - Opladen : Westdeutscher Verlag, 1984.

(Forschungsberichte des Landes Nordrhein-Westfalen ; Nr. 3180 : Fachgruppe Geisteswiss.)
ISBN 978-3-531-03180-4 ISBN 978-3-322-87555-6 (eBook)
DOI 10.1007/978-3-322-87555-6

NE: Barthel, Thomas:; Voogd, Gerhard:; Nordrhein-Westfalen: Forschungsberichte des Landes ...

Herstellung: Westdeutscher Verlag

ISBN 978-3-531-03180-4

Vorwort

Die Betrachtung juristischer Anwendungen der Datenverarbeitung erweist oft eine auffällige Diskrepanz zwischen methodischem Raffinement innerhalb der traditionellen Kultur juristischer Fallbearbeitung einerseits und der Schlichtheit einer etwa bei Verwaltungsanwendungen gängigen "Programmierung" rechtlich bestimmter Entscheidungen andererseits. Diese Diskrepanz gehört zu den Symptomen einer bis jetzt noch wenig gelungenen Verständigung zwischen den beiden je in ihrer Art so bedeutenden Gebieten von Recht und Datenverarbeitung. Auf seine Grundlagen zurückverfolgt, führt dieses Phänomen auf Fragen nach der Rolle von "Formalisierung" bei der Anwendung von Datenverarbeitung im juristischen Bereich.

Die vorliegende Untersuchung unternimmt eine erste umfassende Thematisierung solcher Fragen.

Zunächst ist dazu eine Diskussion des Formalisierungsbegriffs selbst nötig, insbesondere seiner Stellung in Bezug auf Formalwissenschaften einerseits und Sachwissenschaften (hier: Rechtswissenschaft) andererseits. Dabei zeigt sich übrigens, daß "Formalisierung" von den Formalwissenschaften aus gesehen natürlich positiv bewertet wird, von den Sachwissenschaften aus dagegen häufig negativ "besetzt" scheint. Diese Ambivalenz wird hier u.a. dadurch reflektiert, daß die Formalisierung in das Spannungsfeld Objektivierung- Entfremdung eingeordnet wird. Insgesamt wird demgemäß hier keine einheitliche Konstruktion des Formalisierungsbegriffs erreicht; dieser wird vielmehr aufgespalten in die Komponenten: Formalisierung rechtlicher Regelungen / Formalisierung der Arbeit mit rechtlichen Regelungen / Formalisierung der Kommunikation zwischen Bürgern und Verwaltung bei Anwendung rechtlicher Regelungen. Die Aufnahme der beiden letzten als getrennte Komponenten entspricht dabei der Tatsache, daß eine formale "Pragmatik" rechtlicher Regelungen und ihrer Anwendung bisher nicht entwickelt wurde.

Die pragmatischen Aspekte Arbeit / Kommunikation treten daher hier zusätzlich neben die syntaktischen und semantischen Aspekte, welche innerhalb der Thematik der Formalisierung rechtlicher Regelungen bisher allein dargestellt wurden.

In diesem Rahmen ist ein Schwerpunkt der Untersuchung einerseits die Betrachtung von Beispielen zur Formalisierung rechtlicher Regelungen i.S. einer vergleichenden Diskussion verschiedener für die Datenverarbeitung relevanter Formalisierungsansätze. (So insbesondere zur Regelung der gesetzlichen Erbfolge. Die hier auftretende, stark ausgeprägte "Rekursivität" ist zwar ein Spezifikum, jedoch durchaus im Rahmen allgemein rechtlicher Relevanz). Andererseits hat sich die Aufstellung von Beurteilungskriterien für Formalisierungsinstrumente im juristischen Zusammenhang zu einem Schwerpunkt der Untersuchung entwickelt. Dagegen mußte die Behandlung rechtstheoretischer Fragen i.e.S. und die empirische Untersuchung von Auswirkungen der Formalisierung aus eher projektpraktischen Gründen stark in den Hintergrund treten.

Als Schwerpunkte der Untersuchung können danach hier resümiert werden:

- Behandlung des Formalisierungskonzepts als spezifischer Grundlage juristischer Datenverarbeitung (es ist hier nicht nur der Algorithmusbegriff wichtig; neben der Automatisierung geht es auch um Unterstützung von Einzelfallentscheidungen)
- Herausarbeitung der Ambivalenz von Formalisierung i.S. des Spannungsfeldes Objektivierung/Entfremdung
- Die Berücksichtigung der pragmatischen Dimension neben den syntaktisch-semantischen, d.h. hier der Formalisierung von Arbeit und Kommunikation neben der Formalisierung von Regelungen
- Die vergleichende Betrachtung verschiedener Formalisierungsansätze gegenüber rechtlichen Regelungen
- Die ansatzweise Entwicklung von Anforderungen und eines Kriterienkataloges in Bezug auf Formalisierungsinstrumente für rechtliche Zusammenhänge.

Insgesamt ist die vorliegende Untersuchung somit ein erster Schritt auf einem hoffentlich weiterführenden Wege, zugleich jedoch in gewisser Hinsicht nur ein Fragment. Der etwas fragmentarische Charakter ergibt sich u.a. daraus, daß für das der Untersuchung zugrundeliegende, von Nordrhein-Westfalen dankenswerterweise forschungsgeförderte Projekt ursprünglich ein viel größerer Rahmen ins Auge gefaßt worden war. Das Projekt wurde schließlich in beschränktem Umfang unter der Projektleitung von H. Fiedler hauptsächlich von Th. Barthel unter Mitwirkung von G. Voogd durchgeführt.

Desiderate für eine Weiterverfolgung im Anschluß an die vorliegende Untersuchung bleiben unter anderem:

- Empirische Untersuchungen zur Formalisierung und Datenverarbeitung im Recht (neben der öffentlichen Verwaltung insbesondere auch im Justizbereich)
- Eine weitergehende Einbeziehung von Methoden und Instrumenten der Softwareentwicklung (Systementwicklungskonzepte, Spezifikationssprachen, ...) unter die betrachteten Formalisierungsmittel
- Ansätze zur Entwicklung juristisch orientierter formaler Sprachen (in Anknüpfung auch an Begriffsbildungen der Rechtstheorie)
- Allgemein Ansätze in Richtung struktureller Beschreibung und Lösung juristischer Aufgaben; Ansätze in Richtung einer (mehr oder weniger) formalen Pragmatik mit juristischem Hintergrund.

Wir hoffen, daß derartige Forschungsziele weiterverfolgt werden können. Im Hinblick auf aktuelle Entwicklungen der Datenverarbeitung und ihrer Anwendungen (Mikroelektronik, Telekommunikation, "Künstliche Intelligenz") ist ein systematisch fundierter Brückenschlag zwischen Rechtswissenschaft und Informatik nötiger denn je.

H. Fiedler

Bonn, im Dezember 1983

I N H A L T

1. Informatik und Recht

1.1. Untersuchungsansatz

Eine Interpretation des Themas dieser Studie - die Formalisierung im Recht als Grundlage juristischer Datenverarbeitung - ist aus mehreren Blickrichtungen möglich.
Zunächst kann Formalisierung eine Tätigkeit sein, die sich aus einer gewissen Distanz betrachtet zu einem abstrakten Prozeß verdichtet. Die Betrachtung von Formalisierung im Recht hätte hier Fragen zu untersuchen wie etwa: Wer formalisiert welche rechtlichen Zusammenhänge zu welchem Zweck und auf welche Weise?

Formalisierung kann weiter als 'Endprodukt' der oben genannten Tätigkeit gesehen werden, konkret also als formalisiertes Recht. Hier wären Fragen anzustellen, wie sich formalisierte rechtliche Zusammehänge in Beziehung zu nicht-formalisiertem Recht - also gewöhnlichen Recht - setzen. Inwieweit besitzt das 'Endprodukt' noch Rechtscharakter; Welche Vorteile und welche Nachteile hat es gegenüber Recht? Soweit unterschiedlich formalisierte rechtliche Zusammenhänge gegeben sind, wären diese darüber hinaus miteinander zu vergleichen oder präziser formuliert: Wie müssen optimal formalisierte rechtliche Zusammenhänge für bestimmte Funktionen aussehen?

Eine dritte Interpretation ist über das Verhältnis der die Formalisierung hervorbringenden Menschen zu den formalisierten rechtlichen Zusammenhängen möglich. Hier drängen sich Fragestellungen auf, die etwa die Funktionalität der formalisierten rechtlichen Zusammenhänge betreffen und die Bedingungen ihrer Durchsetzung oder schlicht nur die Einbettung dieser 'Endprodukte' in den gesellschaftlichen Kontext.

Diese Reihe von Interpretationen ließe sich fortsetzen. In diesem Bericht wurde Formalisierung weniger in der ganzen Breite untersucht als vielmehr unter dem besonderen Aspekt der Formalisierung als Grundlage und Voraussetzung des DV-Einsatzes bei der Rechtsanwendung. Hier verknüpft sich einerseits das Erkenntnisinteresse der Theorie mit Anwendungsinteresse an der Datenverarbeitungstechnik aus der Praxis mit der Folge, daß sich das Wirkungsgefüge nur noch als Gesamtheit behandeln läßt.

So ergibt sich aus den verschiedenen Perspektiven ein facettenreiches Bild der Formalisierung, deren jeweils sichtbare Eigenschaften von dem Betrachtungsstandpunkt abhängt. Dieser Bericht versucht einige Aspekte dieser einzelnen Komponenten von Formalisierung im Recht deutlicher herauszuarbeiten. Andere, gewiß vorhandene Aspekte mußten im Dunkeln bleiben. Versuche solche anzudeuten, fehlen im folgenden sicher nicht, doch konnten sie - aus den genannten Einschränkungen heraus - einfach nicht weiter verfolgt werden.

Der Untersuchung liegen folgende Hypothesen zugrunde:

- Nicht allein die Verwertung von Formalisierung (im Recht), sondern bereits die strukturellen Eigenschaften der Formalisierung (sowohl der Instrumente als auch der Methoden) bestimmen deren Auswirkungen.

und:

- Formalisierung von Recht ist eine unabdingbare Voraussetzung für die juristische Datenverarbeitung;

Aus beidem zusammen ergibt sich direkt, daß

- nicht nur der Verwertungszusammenhang des Einsatzes der Datenverarbeitung im Recht, sondern bereits die strukturellen Eigenschaften der Formalisierung von Recht die Auswirkungen der juristischen Datenverarbeitung bestimmen.

Diese Grundannahmen führen zu folgenden Forderungen: Recht sollte in seiner Funktion als Anwendungsgebiet und in seiner Funktion als gesellschaftliches Steuerungsinstrument in den Prozeß der Formalisierung so frühzeitig eingreifen, daß nicht erwünschte Ergebnisse der Formalisierung nicht erst durch Regelung der Verwendung von Ergebnissen dieses Prozesses, sondern gewissermaßen durch den Eingriff in diesen Prozeß selbst vermieden werden.

Um dieses Spektrum zu bearbeiten, geht die Untersuchung folgenden Weg: Zunächst wird in einer ersten Annäherung Formalisierung zum Zwecke des DV-Einsatzes ganz allgemein in den Kontext von Objektivierung (dem Oberbegriff) und Entfremdung gestellt. Hierbei soll die Funktion von Formalisierung als

Prozeß, Produkt und Verhältnis näher eingegrenzt werden (1.2.). Dann wird der Begriff der Formalisierung selbst in seiner Verwendung in der Rechts- und Verwaltungsinformatik umrissen und in seinen Aspekten - als Voraussetzung juristischer Datenverarbeitung - vorgestellt. Im weiteren wird der Prozeß der Formalisierung in seinen Voraussetzungen und Einzelschritten beleuchtet, um schließlich eine Annäherung an einen Formalisierungsbegriff in seiner hiesigen Ausprägung zu erlangen (1.3.). Hierbei ist die Unterscheidung zwischen der Formalisierung von Regelungen, Arbeit und Kommunikation wichtig.

Das zweite Kapitel umfaßt eine Bestandsaufnahme einiger wesentlicher Formalisierungsansätze im Recht, während im dritten Kapitel beispielhaft zwei Formalisierungsansätze desselben Normenkomplexes gegenübergestellt werden. Nach dieser Bestandsaufnahme werden einschlägige Konzepte der Rechtstheorie betrachtet mit dem Ziel, die Verbindung von Formalisierung und Recht konkreter zu beleuchten (Kapitel 4.).

Im fünften Kapitel werden die einzelnen Formalisierungsmethoden noch einmal einem Kriterienkatalog gegenübergestellt und so miteinander verglichen. Im Schlußkapitel werden einerseits - mangels eigener empirischer Möglichkeiten der Überprüfung - die Ergebnisse einer langjährigen Untersuchung der Auswirkungen des Einsatzes der DV-Technik in der öffentlichen Verwaltung wiedergegeben, um diese andererseits mit den eigenen Beobachtungen zu den Anforderungen und Wirkungen der Formalisierung im Recht zu konfrontieren.

1.2. Objektivierung und Entfremdung

Der Begriff der Objektivität bzw. der Objektivierung (als Prozeß der Herstellung von Objektivität) erlangt in der Diskussion um gesellschaftliche Problemlösungen (z.B. bei der Formalisierung und Verrechtlichung von Entscheidungen) deshalb eine zentrale Stellung, weil seine Bedeutung als Garantie für Rationalität und Wahrheitsgehalt angesehen wird. Dabei wird Objektivität dann zum Wert an sich, den es allgemein anzustreben gilt. Diese Strapazierung des Begriffs ist deshalb problematisch, weil darin seine vielschichtige Bedeutung verloren geht [1]. Übersehen wird in diesem Zusammenhang meistens das eng mit der Objektivität und der Objektivierung zusammenhängende Phänomen der Entfremdung [2]. Objektivität selbst kann nicht Ziel, sondern nur Mittel bei gesellschaftlicher Problemlösung sein; den zur Verwirklichung eines gesellschaftlichen Zieles angewandten Methoden bzw. Techniken kann kein Wert an sich, allerdings jedoch ein relativer Wert zukommen. Auf diesen Aspekt wies z.B. Huning [3] hin, als er schrieb: "Technik will die Welt in Richtung auf Zwecke und Ziele verändern, wobei sie sich wissenschaftlich gewonnener Einsichten bedient: ihr Motiv ist die Erfüllung von Bedürfnissen, Wünschen und Aufträgen" [4]... "Wenn Technik verstanden wird als Ermöglichung und Sicherung menschenwürdigen Lebens durch Bereitstellung der erforderlichen Mittel, dann ist die Berücksichtigung des außertechnischen Systems der Bedürfnisse entscheidend, weil an ihnen gemessen wird, was menschenwürdig ist und was nicht." [5] Hier soll nun nicht eine Bestimmung jener Bedürfnisse geleistet werden, sondern eine kritische Betrachtung der zur Befriedigung jener Bedürfnisse anwendbaren Mittel. Gegenstand der Untersuchung ist die Form der Objektivierung im allgemeinen, und die Formalisie-

----

1) Eine auf solchen Mißverständnissen basierende 'Objektivitätsorientierung' veranschaulicht z.B. folgende Beschreibung mancher sozialwissenschaftlichen Forschung:
"Der Forscher achtet im Zweifelsfall weniger auf praktische Relevanz als auf methodische Signifikanz der Forschungsergebnisse und läßt den Kreis möglicher Themen durch den jeweils erreichten Stand der Forschungstechnik und Methodenentwicklung vorregulieren."
aus U.Beck, Objektivität und Normativität, Reinbek 1974, S.55

2) einige der wenigen Arbeiten, die auf diesen engen Zusammenhang hinwiesen, ist z.B. H.Fiedler, Vom Datenschutz zum Informationsrecht, GMD-Spiegel 1977 Heft 3, S.26 ff.

3) vgl. A.Huning, Technische Vernunft auf dem Weg zur Systemoptimierung, Weltkongreß für Philosophie 1978; abgedruckt in IBM-Nachrichten, 29.Jahrgang (Heft 244) S.13 ff.

4) A.Huning, a.a.O., S.16

5) A.Huning, a.a.O., S.15

rung und Automatisierung rechtlicher Regelungen im besonderen. Das vordringliche Interesse konzentriert sich hierbei auf die Voraussetzungen und die Wirkungen von Formalisierungsmethoden im Recht.
Die Betrachtung des Prozesses der Objektivierung und Entfremdung basiert auf folgender Beobachtung: [6)]

- Menschen schaffen die gegebenen Dinge, Ideen und Institutionen in Gedanken an die Befriedigung gesellschaftlicher Bedürfnisse und im Streben nach diesbezüglichen Zielen; in Bezug auf geistige Produkte wird dieser Vorgang auch als Entäußerung bezeichnet;
- diese verschiedenartigen Produkte des Menschen sind in den (zeitlich und räumlich gesehen) jeweiligen gesellschaftlichen Mechanismus eingebettet und den Gesetzen, die diesen Mechanismus regieren, unterworfen. Dadurch, daß die Produkte des Menschen nach ihrer Entäußerung eine von diesem (ganz oder teilweise) unabhängige Existenz bekommen, wirken sie zuweilen auf eine - vom 'Schöpfer' - unbeabsichtigte Art und Weise und gewinnen eine Selbständigkeit ihrer Funktionsweise gegenüber den von ihrem Schöpfer gesetzten Zielen; sie tragen so zur Spontaneität der gesellschaftlichen Entwicklung eigenständig bei;
- die Produkte des Menschen können sich gegenüber ihrem Schöpfer so in eine von ihm entfremdete Macht verwandeln, die sich seinem Willen entgegenstellt, seine Pläne durchkreuzt, ja selbst seine Existenz bedroht und über ihn herrscht. Dieses Verhältnis des Menschen zu seinem Produkt wird als Entfremdungsverhältnis bezeichnet.

Versuchen wir die Anwendung dieser allgemeinen Beobachtungen auf die Objektivierung geistiger Prozesse; Grundvoraussetzung der objektiven Erkenntnis ist die vollzogene Loslösung des Objektivierten vom konkreten Zusammenhang, von den subjektiven Lebensbedürfnissen. Dieser Prozeß der Loslösung bedeutet die Transformation der je besonderen Empfindungen oder Urteile in allgemeine Empfindungen oder Urteile, in neutralisierte Informationen [7)]. Dieses Problem ist zum Beispiel im Zusammenhang mit Sprachuntersuchungen unter dem Gesichtspunkt der Semantik ausführlich behandelt worden.

----

6) in Anlehnung an die Beschreibung der objektiven Entfremdung von A.Schaff, in: ders., Entfremdung als soziales Phänomen, Wien 1977, S.143

7) vgl. B.v.Greiff, Gesellschaftsform und Erkenntnisform, Frankfurt/New York 1977

Bei der Objektivierung müssen zwei verschiedene Aspekte der Objektivität voneinander unterschieden werden, die (in Anlehnung an Hartmann [8]) als 'äußere' und 'innere' Objektivität bezeichnet werden können. 'Äußere Objektivität' bedeutet, daß das erkennende Subjekt einen äußeren Gegenstand zum Objekt macht. Diese Objektivitätsbegriff enthält insofern ein Wahrheitskriterium, als daß Wahrheit "die Übereinstimmung der Erkenntnis mit ihrem Gegenstande sei." [9] Die 'innere Objektivität' dagegen nimmt nicht äußere Gegenstände zum Objekt, sondern (innere) geistige Inhalte, wie Meinungen, Ideen, Ansichten, Urteile einer konkreten Person. Dies bedeutet, eine persönliche Ansicht, ein subjektives Urteil wird durch einen bestimmten Code (z.B. Sprache, Mimik) für andere aufnehmbar und verstehbar. Die 'innere Objektivität' bezieht sich damit nur auf die mögliche Weitergabe an andere Personen und nicht auf die Übereinstimmung mit einem äußeren - für andere ebenso wahrnehmbaren - Gegenstand [10]. Sie enthält daher kein Wahrheitskriterium im o.a. Sinne und bleibt - bezüglich ihres Inhaltes - ausschließlich subjektiv geprägt.

In Bezugnahme auf die Formalisierung und Automatisierung wird demnach durch den Begriff der 'innere Objektivität' der formalisierte Entscheidungsablauf bzw. das Programm des Computers gekennzeichnet. Durch die Formalisierung und Automatisierung werden Entscheidungen vom einzelnen Individuum abgelöst, ihre Grundlage bilden aber nach wie vor persönliche Erfahrung und persönliches Urteil, die zu verbindlichen Richtlinien objektiviert wurden. [11]

---

8) N.Hartmann, Das Problem des geistigen Seins, Berlin, 3.Auflage 1962

9) I.Kant, Kritik der reinen Vernunft, in der von Weischedel besorgten Ausgabe A 58/B 82
Die äußere Objektivität reicht allerdings nicht als Wahrheitskriterium aus. Nach dem herrschenden, positivistischen Wissenschaftsverständnis ist von einer wissenschaftlichen Arbeit neben Objektivität außerdem Reliabilität und Validität gefordert. Davon abweichend gibt es Wissenschaftsansätze, die auf alle drei der genannten Wahrheitskriterien verzichten und - wie im Falle der Aktionsforschung - zum Beispiel das Kriterium der Transparenz eines Forschungsvorganges hervorheben.

10) vgl. N.Hartmann, a.a.O., S.180 f.

11) Diese Aussage macht das folgende Beispiel Joseph Weizenbaums in einem Brief in: CACM Band 17 Heft 7 (1974), S.543 deutlich:
"...Below is a listing of a PL/1 program that causes a typewriter console to imitate the verbal behavior of an autistic patient. (...) (The methodological assumption here is that if two processes have identical input/output behaviors, then one constitutes an explanation of the other) ...

```
AUTISM;PROCEDURE OPTIONS (MAIN);
  DECLARE C CHAR (1000) VARYING;
  DO WHILE TRUE;
    GET LIST (C);
    PUT LIST (' ');
  END;
END AUTISM; "
```

Der 'äußeren Objektivität' hingegen entspricht die Überprüfbarkeit der Daten und Regeln, mit denen der Verwaltungsapparat bzw. der Computer arbeitet. Richtigkeit und Falschheit von Daten sollen sich am realen Gegenstand, an der konkreten Person überprüfen lassen. Am deutlichsten ist dies bei den sogenannten harten Daten, z.B. dem Geburtsdatum einer bestimmten Person. Ferner ist zu beachten, daß die Auswahlkriterien bei der Datensammlung ebenfalls ein bestimmtes 'Programm' darstellen: die Kriterien dafür, welche Daten benötigt werden, sind also ursprünglich auch von subjektiven, zum allgemeinverbindlichen Kriterienkatalog objektivierten Entscheidungen geprägt[12]. Bei der Vielzahl von Daten, bei denen es sich nicht um die Feststellung eindeutiger Tatbestände handelt, bei denen also auch keine eindeutigen gesellschaftlichen Konventionen vorliegen, deren genau fixierter Rahmen eine unstrittige Antwort ermöglicht, ist die Gewinnung der Daten bereits abhängig von dem auffassenden und verstehenden Akt desjenigen Menschens, der sie sammelt und/oder auswertet. Bei der Frage nach dem Gesundheits- oder Krankheitszustand einer Person z.B. bleibt immer ein gewisser Spielraum für die Antwort.[13] Um eine eindeutige und widerspruchsfreie Antwort zu bekommen, muß aus einer Mehrzahl möglicher Interpretationen eine für die Datensammlung ausgewählt werden, wobei die ursprüngliche Vieldeutigkeit des erfragten Sachverhaltes verloren gehen muß.

Im Ergebnis bedeutet dies, daß sowohl die Prozesse der Programmierung von Computern als auch die Prozesse der Datengewinnung Prozesse der 'inneren' und 'äußeren'Objektivierung sind. Soweit es sich um solche der 'inneren' Objektivierung handelt, können und dürfen sie keine Rolle als Wahrheitskriterium für sich in Anspruch nehmen; sie können im Hinblick auf ein angegebenes Ziel sich lediglich als sinnvoll ausweisen und bedürfen zur Erlangung ihrer gesellschaftlichen Legitimität eines demokratischen Vorgehens[14].

Nachdem die unterschiedlichen Ausprägungen des Prozesses der Objektivierung dargestellt wurden, soll im weiteren untersucht werden, welche Wirkung dieser Prozeß bei den verschiedenen Formen der Objektivierung geistiger Inhalte

----

12) vgl. J.Weizenbaum, a.a.O., S.543 bzw. auch die verschiedenen Persönlichkeitstests.

13) Die Frage nach dem Gesundheitszustand einer bestimmten Person wird im Zweifelsfall in Abhängigkeit von dem Gesundheitsbegriff beantwortet. Ist der Beantworter der Frage beispielsweise der Auffassung, Gesundheit sei ein Zustand, der durch die Abwesenheit von Krankheit oder gar von Krankheitssymptomen charakterisiert sei, dann unterscheidet sich die Antwort von der eines Verfechters eines umfassenderen - auf die subjektive Befindlichkeit eines betroffenen Menschen abstellenden - Begriffs von Gesundheit.

14) so wenigstens in einem demokratischen Gemeinwesen

entfaltet. Betrachten wir einen Kommunikationsverlauf, so kann zunächst unterschieden werden zwischen direkter interpersonaler Kommunikation (z.B. ein Gespräch), die sich zusammensetzt aus Produzent, Information und Rezipient, und technischer Kommunikation, bei der als weiterer Faktor das technische Medium zu den genannten Faktoren hinzutritt. Ein technisches Medium kann ein mit visuellen Zeichen versehener Stein oder Papier sein, aber auch ein codiertes Zeichen auf einer Lochkarte oder einem Magnetband[15)].
Die durch den ersten Schritt der Objektivierung, d.h. durch die Loslösung vom konkreten Subjekt oder vom konkreten Gegenstand entstandene Information erlangt durch die Verwendung des technischen Mediums ein gewisses Eigenleben: Sie wird dadurch zeitlich und räumlich unabhängig von ihrem Urheber.
Der Grad der Unabhängigkeit von Informationen vom 'Entäußerer' wird weitestgehend durch die Form der Entäußerung und die u.U. gewählten technischen Medien bestimmt. Von der Form der Entäußerung ist die Verbreitungsmöglichkeit von Informationen deshalb abhängig, weil bestimmte Informationen (z.B. alle nicht verbalen Äußerungen) naturgemäß stärker von der körperlichen Präsenz des entäußernden Subjektes abhängig sind als andere (vordringlich intellektuelle, sprachlich gefaßte) Informationen[16)]. Ein gewähltes technisches Medium zur Fixierung geistiger Inhalte beschränkt einerseits die Vielfältigkeit menschlicher Ausdrucksformen auf eine jedem Medium eigene Weise und erlaubt andererseits eine bestimmte Aus- und Verbreitung von Informationen, die je nach dem Medium eine spezifische räumliche und zeitliche Dimension annehmen kann. Papier hat z.B. andere Verbreitungsgrade und -gesetzmäßigkeiten als digitalisierte, gespeicherte Informationen auf einem Computer. Dafür ist der Objektivierungsgrad von digitalisierter Information größer. Oder um-

----

15) vgl. hierzu z.B. F.L.Bauer/G.Goos, Informatik, Band 1, Berlin/Heidelberg/New York, 2.Auflage 1973, S.19 f.

16) Das Nicken mit dem Kopf - als zustimmende Geste - läßt sich als solche nur auf wenigen technischen Medien abbilden, zum Beispiel einem Film. Bei der Festlegung auf sprachliche Kommunikation ist diese Geste nicht transportierbar und bleibt damit an die körperliche Präsenz des konkreten Subjekts gebunden. Dennoch kann sie zu dem Verständnis einer sprachlichen Information äußerst wichtig sein, dann nämlich, wenn z.B. am Telefon eine sprachliche Information gegeben wird, die im Widerspruch zu dieser Geste steht. Dieser, in der Psychologie als 'double-bind'-Effekt bekannte Kommunikationstyp wird durch den Gebrauch von nur einzelne Aspekte der Kommunikation abbildenden Medien stark verzerrt, wenn nicht sogar undechiffrierbar.
vgl. z.B. P.Watzlawick/J.Beavin, Einige formale Aspekte der Kommunikation in: B.Badura/K.Gloy (Hrsg.), Soziologie der Kommunikation, eine Textauswahl zur Einführung, Stuttgart/Bad Cannstatt 1972, S.179 ff.

gekehrt ausgedrückt ist der Grad der Entsubjektivierung von digitalisierter Information größer[17]. In beiden Fällen wird durch die Ablösung von der konkreten Person sowohl die Lebensdauer des objektiv Bestehenden als auch dessen räumliche Verbreitung nicht nur unabhängig von der hervorbringenden Person, sondern darüber hinaus in einer Weise möglich, wie sie jeder natürlichen Person versagt bleibt. Dabei kann der geistige Inhalt schließlich zu einer Art Gemeinbesitz werden, wenn wir z.B. an die Inhalte der Wissensvermittlung in den Schulen denken.
Abhängig vom Grade der Freiwilligkeit und dem der Selbstbestimmung bei der Entäußerung von Informationen, bei der Ausdrucksform, bei der Wahl des technischen Mediums und bei der Verwendung der Informationen ist die Entfremdung des Subjektes von diesen Informationen.[18]

Betrachten wir einen weiteren Faktor des Kommunikationsvorganges, den Rezipienten. Neben dem Aspekt der Ablösung und des 'Transportes' durch ein Medium ist die Verbreitung geistigen Inhaltes auch von der Aufnahme, die dieser durch andere Personen erfährt, abhängig. Eine Information, die nicht verstanden wird, bleibt wirkungslos. Damit kommt der Objektivierung - neben dem Fortbestehen über den hervorbringenden Akt der Ablösung hinaus - eine Gebundenheit "an den auffassenden und verstehenden Akt der jeweiligen Träger"[19] zu.
Die Komplexität dieses Vorganges des 'auffassenden und verstehenden Aktes' im Rahmen menschlicher Kommunikation[20] umreißt ein Beispiel, das Watzlawick

----

17) Digitalisierte Informationen (bzw. Daten) sind - verglichen mit einer handschriftlich übermittelten Information - beispielsweise um die Informationen, die die Handschrift selbst noch vermitteln kann, 'erleichtert', die sich durch die Wahl des Papiers, die Wahl des Stiftes und die Schrift selbst vermitteln, was im übrigen die Anwendbarkeit des Schriftformbegriffs auf digitalisierte Informationen ausgeschlossen hat und weiterhin ungeklärte Rechtsfragen über die Rechtsverbindlichkeit technischer Kommunikation offen läßt. Vgl. U.Seidel, Ungeklärte Rechtsfragen moderner Kommunikation, in: Online 1980 Heft 4, S.260 ff.

18) vgl. S.4 sowie H.Fiedler, a.a.O., S.26

19) N. Hartmann, a.a.O., S.181

20) wobei hier nicht das 'Verstehen' im Sinne neuerer naturwissenschaftlicher Auffassungen gemeint ist; vgl. hierzu J.Weizenbaum, Die Macht der Computer und die Ohnmacht der Vernunft, Frankfurt 1977, S.211 f.

und Beavin[21] betrachteten: das 'Gefangenen-Wärter-Türen-Problem'[22]. Dies macht deutlich, daß es im Rahmen menschlicher Kommunikation viele Informationsebenen gibt und eine davon immer die Beziehung zwischen den Partnern betrifft, zwischen denen die Kommunikation stattfindet. Die beiden Kommunikationsforscher ziehen das Resümee:

> "Nicht allein in der Abstraktion dieser Geschichte, sondern auch im wirklichen Leben finden sich diese beiden Kategorien der Information bei jeder Kommunikation. Man bezeichnet sie als den Inhalts- und den Beziehungsaspekt des Nachrichtenmaterials; (...). Der Bezugs- und der Inhaltsaspekt zusammen bilden eine grundlegende, stets vorhandene Eigenschaft der Kommunikation".[23]

Die Frage, die sich in diesem Zusammenhang stellt, ist, inwieweit durch die Objektivierung menschlicher Kommunikationsaspekte - und das Weglassen anderer Aspekte, wie dem der Beziehungsebene von Kommunikation - notwendigerweise Behinderungen oder Verfremdungen systemimmanent werden, mit der Folge, daß die Bedeutung der Informationsgehalte eine gewisse Beliebigkeit bekommt und die Beziehungsebene auf formale Rollenzuschreibungen (außerhalb des Systems) angewiesen ist. An einem konkreten Fall dargestellt, wird dieses vielleicht deutlicher: Welche Relevanz kann im Rahmen eines Beurteilungssystems die Beurteilung x, erstellt von der Person A über die Person B, haben, wenn zwar die Beurteilung, vielleicht auch noch der Zeitpunkt der Beurteilung in Form von Daten festgehalten wird, aber der Beziehungsaspekt (Wie vertrugen sich A und B zum Zeitpunkt der Beurteilung und wie hat sich A dem B gegenüber vor und während der Beurteilung verhalten?) außen vor bleibt? Reicht zur Inter-

----

21) P.Watzlawick/J.Beavin, a.a.O., S.183 ff.

22) "Ein Gefangener wird von zwei Wärtern in einem Zimmer mit zwei Türen festgehalten. Er weiß, daß die eine Tür abgeschlossen und die andere nicht abgeschlossen ist; aber er weiß nicht, welche von beiden es ist. Er weiß auch, daß einer der Wärter immer die Wahrheit sagt und daß der andere immer lügt; aber wiederum weiß der Gefangene nicht, welcher von beiden es ist. Schließlich hat man ihm noch gesagt, daß der einzige Weg, seine Freiheit wiederzugewinnen, darin liegt, die nicht abgeschlossene Tür dadurch zu erkennen, daß er an einen der Wärter eine Frage richtet. Lange grübelt der Gefangene über dieses scheinbar unlösbare Problem nach, aber schließlich stellt er die richtige Frage: Er zeigt auf eine der Türen und fragt einen der Wärter (gleichgültig, welche Tür und welchen Wärter): "Wenn ich Ihren Kollegen fragen würde, ob diese Tür nicht geschlossen ist, was würde er dann sagen?" Lautet die Antwort JA, so ist die Tür abgeschlossen und umgekehrt, lautet sie NEIN, so ist sie offen."
P.Watzlawick/J.Beavin, a.a.O., S.183 f.

23) P.Watzlawick/J.Beavin, a.a.O., S.184

pretation der Beurteilung x aus, daß man außerdem weiß: A war zu diesem Zeitpunkt Vorgesetzter von B?[24)]
Im Zusammenhang mit technischer Kommunikation ist allerdings nicht nur die Frage des Kontextverlustes in dieser Allgemeinheit relevant, sondern auch zunehmend die Diskussion über eine Verständlichkeit unter den Konditionen einer - technisch bedingten - restringierten Form von Kommunikation von Bedeutung. Wenn nämlich Informationen zu Daten reduziert werden und dabei 'naturgemäß' subjektive Faktoren ausgeblendet werden (soweit diese nicht ausdrücklich sprachlich formuliert werden konnten oder im Falle von Daten nicht bereits in einen zugehörigen, vorformulierten Interpretationsschema vorgesehen waren), ist die Auffassung und das Verstehen gerade dieser Ebene, der subjektiven nämlich, in einem gewissen Sinne erschwert. Umgekehrt bedeutet dies, daß bestimmte technische Medien für eine Kommunikation, die sich entweder auf diese Bereiche menschlicher Kommuniaktion bezieht oder die darauf angewiesen ist, diesen subjektiven Bereich menschlicher Kommunikation zur Kenntnis zu nehmen, wenig geeignet sind.[25)]

Stellt man nun eine Beziehung her zwischen den bereits erörterten Merkmalen der technischen Kommunikation im allgemeinen und der Automatisierung mittels eines Computers im besonderen, so zeigt sich die Besonderheit eines Computers zunächst in der Verschiebung bisher bestehender Grenzen[26)]. Es tritt also eine Veränderung ein, die auf den ersten Blick lediglich quantitativer Art

----

24) P.Watzlawick/J.Beavin (a.a.O., S.186) bemerken dazu kritisch: "Um es mit Heisenberg zu sagen: Es gibt außer den in Beziehungskontexten erlebten keine objektiven Fakten. Auch - und vielleicht erst recht - sollten diejenigen interpersonellen Situationen, aus denen wissenschaftliche Daten über menschliches Verhalten ermittelt werden, aus dieser Sicht überprüft werden."

25) vgl. A.Bammé u.a., Maschinen-Menschen/Mensch-Maschinen, Reinbek 1983, S.17: "Die Vorteile (...) gelten generell, wenn Menschen durch Maschinen ersetzt werden: denn letztere haben keinen eigenen Willen; sie können nach Wünschen des Besitzers angewandt und instrumentalisiert werden, über sie kann verfügt werden. Das Verhältnis zwischen Subjekt und Objekt scheint zumindest auf dieser Ebene noch eindeutig".

26) A.Bammé, a.a.O., S.16: "Als der Glaube an den technischen Fortschritt noch ungebrochen war, wurden Maschinen vor allem als Instrumente angesehen, die den Handlungsspielraum des Menschen erweitern und ihn befreien konnten aus der Abhängigkeit von der Natur: Der Mensch, als "Mängelwesen" nur mit bescheidenen körperlichen Möglichkeiten ausgestattet, schafft sich dank seiner "Erfindungs-Intelligenz" selbst die Werkzeuge, die er für sein Überleben benötigt".

zu sein scheint, die aber, hat sie ein gewisses Maß überschritten, offensichtlich qualitative Veränderungen "nach sich zieht"[27]).
Die bereits angesprochene zeitliche und räumliche Unabhängigkeit der Informationen und Daten von ihrem Urheber bedeutet in unserem Fall, daß sich die Dauer des Überlebens geistiger Inhalte nun z.T. nach der Lebensdauer des technischen Mediums bzw. der Maschine bestimmt, also nach der Hard- und Software des Computers (und zunehmend nur noch nach der Software und ihren Krisen). Das heißt, daß technische Eigengesetzlichkeiten und weniger die Einsichten über Inhalte deren 'Lebensdauer' bemessen. Ein geistiger Inhalt braucht - zeitlich gesehen - damit nicht mehr verstanden zu werden (jedenfalls nach der Fertigstellung eines Programmes), sondern er muß mittels eines Computers nur noch maschinell exekutierbar sein. Damit wird teilweise die Gebundenheit an den auffassenden und verstehenden Akt (eines Menschen) aufgehoben. In Computersystemen einer bestimmten Größenordnung, wie etwa dem der Rentenversicherungen, läßt sich sogar sagen, daß ein bestimmtes System weiter angewendet wird, auch wenn seine Anwendung als problematisch erkannt worden ist. Dabei fehlt es nicht etwa an besseren Lösungen, sondern an Möglichkeiten, das jetzige System in ein neues, anderes zu überführen. Hierfür gibt es mehrere mögliche Gründe, die häufig zusammentreffen. Einmal ist durch eine mangelnde Flexibilität bestimmter Programmsysteme der Aufwand für eine Änderung oder für die Erstellung eines neuen Programms und die Verwendung neuer, zusätzlicher Daten zu groß. Zweitens sind Programmsysteme einer bestimmten Größenordnung von ihrer Funktionsweise her praktisch für den einzelnen Menschen (auch den Programmierer) nicht mehr zu durchschauen. Die Versuche, eine automatische Programmverifikation zu realisieren, stecken

----

27) A.Bammé, a.a.O., S.16 f.:
"Folgt man dieser These (siehe Fn 26), dann hat der Mensch in der Tat seine ursprüngliche organische Ausstattung weit übertroffen. Sein verlängerter Arm kann in Gestalt des Gewehres Menschen oder Tiere über weite Distanzen hinweg niederstrecken, in Form der Rakete über ganze Erdteile hinweg; sein "Bewegungsapparat" hat sich längst vom Erdboden gelöst und trägt ihn mit Überschallgeschwindigkeit durch die Luft; seine Augen sehen mit "Restlichtverstärkern" und Infrarotgeräten auch nachts, seine Radio-Ohren horchen bis in Milliarden von Lichtjahren entfernte Galaxien. Mit diesen Hilfsmitteln scheint der Mensch sich zum sichtbaren Beherrscher dieser Welt aufgeschwungen zu haben. (...) Die Fortschritte, die der Mensch in dieser Entwicklung macht, erreicht er, indem er sein Werkzeug perfektioniert, die Maschine erschafft; und indem er dann die Maschine perfektioniert, perfektioniert er sich selbst: mit dem Fernrohr kann er besser sehen, mit dem Auto kann er schneller und komfortabler fahren."
Hinzugefügt werden muß hier: mit dem Computer kann er schneller rechnen, verwalten, steuern.

noch in den Anfängen[28]. Solche Programmsysteme sind - vor allem wenn sie mehrfach geändert worden sind - undurchschaubar und damit unbeherrschbar geworden[29]. Schließlich bedarf es bei einer grundsätzlichen Änderung - neben einem enormen finanziellen Aufwand - noch eines großen zeitlichen Planungs- und Programmieraufwandes[30]. Hierin unterscheiden sich rechnergestützte Verwaltungssysteme erheblich von nichttechnisierten Verwaltungen. Der berühmte 'Federstrich des Gesetzgebers', der von einem Tag auf den anderen (wenigstens annähernd) ausgeübte Verwaltungspraxis veränderte, ist in jenem System undenkbar geworden.

Die Einführung rechnergestützter Verwaltungssysteme wird gelegentlich motiviert mit einer besseren Vorhersehbarkeit von Verwaltungsentscheidungen. Genauer betrachtet bedeutet die Automatisierung von Aufgaben der Rentenversicherung gerade nicht, daß besser als früher vorhergesagt werden kann, was sich jeder einzelne mit seiner zu erwartenden Rente für einen Lebensstandard wird leisten können. Die Höhe eines Rentenanspruchs ließ sich auch früher berechnen. Sicher ist auch nach wie vor, daß sich die Leistungen der Rentenversicherung ausschließlich auf finanzielle Hilfe bezieht. Da der Bürger letztlich nie sicher sein kann, daß durch die automatisierten Verwaltungsverfahren keine Fehler auftreten, erfordert dieses Verfahren eher ständige Aufmerksamkeit und größeres Geschick im Umgang mit der Verwaltung als vorher[31]. Darüber hinaus vermag die automatisierte Verwaltung den Bürger auch nicht vor der Unwägbarkeit gesetzgeberischer Entscheidungen zu schützen. Gerade die

----

28) Dies hängt einmal mit der Tatsache zusammen, daß (technisch) zwar die Anwesenheit, niemals aber die Abwesenheit von Programmfehlern nachweisbar ist. Zweitens ist die Verarbeitung von Daten in modernen Großrechenanlagen so komplex geworden, daß die Komplexität der verschiedenen Interaktionsmöglichkeiten einzelner Prozesse selbst nicht durch Programme berechenbar ist. Die bisher entwickelten Verifikationsverfahren für Programme versuchen deshalb für kleine, begrenzte und somit überschaubare Teilprogramme nachzuweisen, daß diese das und nur das tun, was sie tun sollen. Damit kann allerdings nur begrenzt ausgeschlossen werden, daß ein Gesamtprogramm Fehler enthält. Einen Überblick über die bisher bekanntenVerifikationsverfahren gibt R.Budde u.a., a.a.O., S.185 ff. (mit entsprechenden Literaturhinweisen)

29) Auf dieses Problem verweist in besonders anschaulicher Weise J.Weizenbaum in 'Die Macht der Computer und die Ohnmacht der Vernunft', Frankfurt 1977, S.301 ff., und vor allem ders. in 'On the Impact of the Computer on Society' in: Science Band 176 (12.5.1972), S.612 f.

30) Bei großen Systemen nimmt der Programmieraufwand bis zu der Hälfte der als Lebenszyklus eines Programmsystems angenommenen Zeit in Anspruch. Vgl. hierzu z.B. R.Budde u.a., Untersuchungen über Maßnahmen zur Verbesserung der Software-Produktion, München/Wien 1980, S.272 f.

31) H.Brinckmann u.a., Automatisierte Verwaltung, Frankfurt/New York 1981 und K.Lenk, Gesellschaftliche Auswirkungen der Informationstechnik, in: Nachrichten für Dokumentation 33/1982 Nr.6, S.200 ff. (S.203 ff.)

Streichungen von Leistungen in der jüngsten Vergangenheit bzw. die Beschneidungen der Leistungen der Rentenversicherung zeigen, daß die Unvorhersehbarkeit politischer Entscheidungen nach wie vor für den Betroffenen weiterbesteht. Die Unberechenbarkeit umfaßt anscheinend nicht mehr sämtliche Naturereignisse, sondern die Höhe und den Umfang monetärer Leistungen an das betreffende Individuum. Hiermit liegt eine Projektion der Unvorhersehbarkeit auf wenige Variablen einer an sich fest definierten Funktion vor. Durch eine rechnergestützte Abarbeitung von Verwaltungsaufgaben wird allerdings - aus der Sicht der Politik - das Agieren des Verwaltungsapparates selber vorhersehbarer und gleichmäßiger.

Nicht nur die 'Lebensdauer' von geistigen Inhalten und damit verbundenen Entscheidungsabläufen verändert sich durch ihre maschinelle Verarbeitung als Daten und Algorithmen, sondern auch die Zeiträume der Betroffenheit und der Umfang der davon betroffenen Personenzahl erfahren eine qualitative Veränderung. Zeitlich insofern, als daß - in Abhängigkeit von der Komplexität des Problems und der Anzahl der betroffenen Personen - einmal funktional definierte (gesellschaftliche) Zusammenhänge festgeschrieben werden. Hier ist einerseits zu unterscheiden zwischen den Festschreibungseffekten, die die Informationstechnik als technologische Voraussetzung des Prozesses der Bürokratisierung[32], also als ganz bestimmte Form des Aufgreifens und der Abarbeitung gesellschaftlicher Problemfelder, erfüllt. Andererseits wird durch jede einzelne Anwendung aufgrund ihrer technischen, organisatorischen und ökonomischen Bedingungen ein irreversibler Prozeß gesellschaftlicher Entwicklung in Gang gesetzt, der primär nach den Vorstellungen und im Interesse der 'Systemherren' gestaltet wird[33]. Die Anzahl der von der automationsorientierten Objektivierung betroffenen Personen kann in informationstechnikgestützten Verwaltungen weitaus größere Dimensionen annehmen als dies andere,

----

32) vgl. H.Brinckmann, Datenverarbeitung und öffentliche Aufgaben, in: ÖGI (Hrsg.), Informationssysteme für die 80er Jahre, Band 1, Linz 1980, S.15; K.Lenk/K.Grimmer, Datenverarbeitung und Rationalisierung in der Steuerverwaltung, Vortrag bei der deutschen Vereinigung für politische Wissenschaft, Arbeitsgruppe A2, Bonn, 4.bis 7.10.1977

33) K.Lenk/K.Grimmer, ebd.;
erst in neuerer Zeit gibt es erste Ansätze einer größeren Mitarbeiter- und Bürgerbeteiligung beim Aufbau von DV-Systemen:
vgl. A.Tepper, Zwischenbilanz der Beteiligung an der Systementwicklung im Projekt EBÖRG - Erste Erfahrungen bei der Zusammenarbeit von Mitarbeitern, Bürgern und Systementwicklern, Arbeitspapiere der GMD Nr. 22,

vorher bekannte nichttechnische Varianten von Verwaltungen ermöglicht haben[34]. Dies erlaubt und fördert zugleich Formen von formaler Organisation[35] und gegebenenfalls auch zentralisitischer Verwaltung mit einer Stabilität des Verwaltungsprogramms, wie sie vor Anwendung moderner Informationstechnik unbekannt waren. Die Formen zeichnen sich durch stärkere systembedingte Invarianz, also die Entpersönlichung von Herrschaft aus, die wiederum insbesondere geprägt ist von eiher Sicherung gegenüber zeitlichen Abweichungen, inhaltlichen Widersprüchen und Zusammenhangslosigkeit sowie gegenüber Dissens[36]. Im Vordergrund informationstechnikgestützter Verwaltungen stehen immer präzisierbare Aspekte, die mit dem Computer auch bewältigbar sind; hierin liegt ja gerade der große Vorteil des Rechners[37]. Die Objektivierung kann damit auch eine bestimmte technik- und methodenabhängige Richtung annehmen. Andere, nicht mit diesen Methoden handhabbare Aspekte können mit Hilfe dieser Technik, die immer mehr die Infrastruktur von Organisationen bestimmt, nicht abgearbeitet werden. Solche 'Restfaktoren' müssen gewissermaßen nebenher aufgefangen werden und werden damit tendentiell an den Rand gedrängt[38].

Ein drittes Merkmal des Computers als technisches Medium ist die Trennung der objektivierten Daten einerseits von den objektivierten Entscheidungsprozessen in Form von Alogrithmen (Programmen) andererseits. Durch die Trennung von Daten und Programmen werden neue Kombinationen von Realitätsbeschreibungen und Entscheidungsabläufen möglich, die bei der Datenerhebung und Programmierung noch nicht berücksichtigt wurden. Die Erhebung von Daten geschieht jedoch in vielen Fällen im Hinblick auf einen bestimmten Verwendungszweck, nämlich immer dann, wenn bei dem erfragten Sachverhalt Interpretationsspielräume vor-

----

34) vgl. etwa den Entwicklungsprozeß in der kommunalen Datenverarbeitung, wo ein starker Zentralisierungs- und Standardisierungstrend von der Einrichtung kommunaler Datenzentralen ausgegangen ist. vgl. H.Brinckmann, Dezentrale Datenverarbeitung für eine dezentrale Verwaltung - 2.Teil, in: ÖVD 1979 Heft 11, S.19 ff.; siehe auch H.-P.Bull, Zweiter Tätigkeitsbericht des Bundesbeauftragten für den Datenschutz, Bonn 1980, S.5 ff.

35) vgl. N.Luhmann, Funktion und Folgen formaler Organisation, Berlin, 2.Auflage 1972, S.54 ff.
relativierend hierzu K.Lenk, Informationstechnik und Gesellschaft, in: G.Friedrichs/A.Schaff, Auf Gedeih und Verderb - Mikroelektronik und Gesellschaft, Wien/München/Zürich 1982, S.292 ff.

36) vgl. N.Luhmann, a.a.O., S.56

37) H.Brinckmann, a.a.O., S.21 f.

38) K.Lenk, Probleme der Verwaltungsinnovation durch DV-gestützte Verfahren, in: ÖVD 1980 Heft 10, S.4

handen sind, sowie im Hinblick auf die Subsumtion unter einen bestimmten Tatbestand (ein Aspekt, auf den bei der Erörterung der 'äußeren Objektivität' bereits eingegangen wurde). Hier spielt einmal der Gesichtspunkt des nicht mehr erforderlichen Sinnverständnisses bei der Programmexekution eine Rolle[39], was sich aus der Oberflüssigkeit des auffassenden und verstehenden Aktes des 'rezipierenden' Sachbearbeiters bei der Veranlassung einer konkreten Subsumtion bzw. Normausführung in Form der Dateneingabe und gegebenenfalls des Programmstartes ergibt.

Bei der Verwendung (und damit Zweckentfremdung) bereits gewonnener Daten für andere, neu definierte Zwecke, kann sich die 'äußere Objektivität' der Daten stark vermindern, d.h. der Realitätsbezug schwindet. Dadurch verändert sich das Verhältnis zwischen äußerer und innerer Objektivität. Die 'innere Objektivität', d.h. die auf das Computerprogramm übertragene subjektive Entscheidung und Zielsetzung des Programmierers bzw. seiner Auftraggeber wird zum bestimmenden Faktor. In Verbindung mit gesellschaftlichen Machtbefugnissen kann sich so der Sinn des Prozesses der Datengewinnung umkehren: statt eine möglichst genaue Beschreibung des konkreten Gegenstandes, der konkreten Person in Form von Daten zu erzeugen, konstituiert die Verwaltung mit Hilfe eines Datenabbildes eine neue Ebene der Realitätsbeschreibung, die nicht nur tendentiell vielfältig auswertbar ist, sondern an der sich die Gegenstände bzw. Personen orientieren, d.h. an die sie sich anpassen müssen. Fiedler hat dieses Phänomen in folgender Grundthese zusammengefaßt:

> "Durch die moderne Informationstechnik wird die Objektivierung und zugleich Entfremdung geistiger Zusammenhänge kritisch und macht umfassende soziale Regulation notwendig."[40]

Dort stehen allerdings weniger die methodischen Gesichtspunkte im Vordergrund, etwa mit dem Ziel, kritische Stellen und Grenzen einzelner Objektivierungen zu betrachten, als vielmehr die Darstellung von Ansatzpunkten für kompensatorische Regelungen. Hier soll es hingegen nur darauf ankommen, einzelne Effekte von Formalisierungsansätzen so klar wie möglich an den Methoden selbst aufzuzeigen.

----

39) siehe oben S.12 f.

40) H.Fiedler, Vom Datenschutz zum Informationsrecht, im GMD-Spiegel 1977 Heft 3, S.26 ff.

Wurden bisher die Eigenschaften der Objektivierung und ihre spezeillen Eigenheiten hinsichtlich des Einsatzes von Informationstechnik im Kommunikationszusammenhang betrachtet, so gilt es nun, auf die Auswirkungen, die sich für die beteiligten Personen im konkreten Lebenszusammenhang ergeben, näher einzugehen. Dabei müssen drei Bereiche unter den Beteiligten voneinander unterschieden werden:

a) die Rolle des Systemgestalters, der die Informationen und Entscheidungsprozesse zu Datenstrukturen und Programmen objektiviert,

b) die Rolle der Informationsträger, also beispielsweise der Verwaltungsbeamten, und

c) die Rolle der Betroffenen, z.B. des Verwaltungsklienten.

Das Verhältnis des objektivierten Inhaltes in Form von Daten-Strukturen und Programmen zu den ihn hervorbringenden Personen (a) stellt sich als eine (auch die Persönlichkeitsstruktur stark prägende) Abstraktionsleistung dar, die von ihnen selbst schon nach kurzer Zeit in allen Einzelheiten und Verästelungen nur noch schwer nachzuvollziehen ist. Die Beobachtung, daß selbstgeschriebene Programme schon nach wenigen Monaten genauso schwer 'wieder zu verstehen' sind wie von anderen Menschen erarbeitete, ist häufig, auch wenn dieser Effekt mit der Verwendung von zunehmend komfortableren Programmiersprachen weniger deutlich sichtbar wird. Mit den immer komplexer werdenden Programmen und Systemen, bei denen es niemanden mehr gibt, der die Gesamtheit in allen Einzelheiten zu übersehen in der Lage ist, wo der einzelne also wohl einen kleinen, von ihm selbst programmierten oder entworfenen Abschnitt, nicht aber sämtliche Wirkungen und Nebenwirkungen mehr kennt bzw. zu kennen vermag, ist eine Stufe erreicht, auf der das Ganze (das System) auf den einzelnen (Programmierer oder Systemgestalter) wie etwas gänzlich Fremdes wirkt.
Wenn Fiedler schreibt,

> "daß Computer hochkomplexe formale Sachverhalte differenziert darstellen und rasch bearbeiten können, insofern dem Menschen weit überlegen (sind)"[41)],

so deutet sich darin schon an, daß diese Überlegenheit schließlich auch

----

41) H.Fiedler, Rechtsinformatik und juristische Tradition, Festschrift für H.Welzel 1974, S.172

zur Überforderung des Menschen werden kann: der Mensch kann die von ihm hervorgebrachte Technik in ihrer Komplexität selbst nicht mehr erfassen[42]. Der Begriff der 'undurchschaubaren Systeme'[43] gibt diesem Zustand den passenden Namen. Und dieses trifft zu, obwohl - theoretisch wenigstens - von jedem erkennenden Subjekt objektiv nachprüfbar sein müßte, was dieses System unter ganz bestimmten Bedingungen tut.

Das Verhältnis des objektivierten Inhalts zu den ihn tragenden Subjekten (zum Beispiel den Verwaltungsbeamten) (b) ist gleichermaßen unterschiedlich wie diffus, wenn man sich einmal größere Systeme, (wie zum Beispiel wieder die Systeme der Rentenversicherung) ansieht. Unterschiedlich vor allem im Hinblick auf die Position zu dem System; ein Sachbearbeiter, dessen Wissen und Erfahrung in einem solchen System objektiviert wurde, um nun ihm gegenüber seine Arbeitsinhalte und -schritte sowie sein Arbeitstempo als verbindliche Arbeitsanweisung vorzugeben, wird das System als Instrument tendentiell eher ablehnen, während der Behördenleiter mit der Funktion, die das System in seiner Behörde erfüllt, schon zufriedener sein dürfte. Durchschauen können beide das System allenfalls nur in einem sehr begrenzten Maße. Trotzdem wird tagein, tagaus damit gearbeitet, solange nicht in größerem Umfang offensichtlich Fehler auftreten. Daraus resultiert die Diffusität des Verhältnisses, das eben nicht durch das 'Nachvollziehenkönnen', sondern durch Vermutungen bzw. Annahmen über Zusammenhänge geprägt wird.

Schließlich stellt sich das Verhältnis des objektivierten Inhalts zu den Verwalteten (in Form ihrer Daten und der diese bearbeitenden Programme) (c), also zu den betroffenen Verwaltungsklienten, überwiegend so dar, daß diese von den sie betreffenden Daten entfremdet werden können. Die Auswahl der Daten (Entscheidungskriterien), die sie repräsentieren sollen, wurden ihnen von der Verwaltung (also von anderen) vorgeschrieben. Häufig haben die Daten, die aus den Angaben der Verwaltungsklienten gewonnen wurden, wenig mit dem Problem der Betroffenen, aber viel mit den fremdbestimmten Einzelheiten zu tun. Dabei bedarf es vielfach schon sachkundiger Hilfe, um die Fragen bzw. Fragebögen der Verwaltung zu verstehen und beantworten zu können.

----

42) vgl. G.Anders, Die Antiquiertheit des Menschen, Band 1, München, 5. Auflage 1980, S.23 ff.

43) J.Weizenbaum, Die Macht der Computer und die Ohnmacht der Vernunft, Frankfurt 1977, S.301 ff., ders., On the Impact of Computer on Society, in: Science Band 176 (12.5.1972), S.612 f.

Verantwortlich für diese Erscheinungen ist eine in der Vergangenheit zunehmend zentralisierte Form der Problemdefinition und Problemabarbeitung seitens der Politik und der Verwaltungsapparate, die sich notwendigerweise auf die Objektivierung der Problemverarbeitung stützte und dabei regionale und andere Unterschiede nivellierte. Auch die im Ansatz wohlwollenden Versuche zur Einbeziehung der Interessen der Betroffenen müssen sich zwangsläufig auf Randkorrekturen beschränken. Eine in diesen Ausmaßen betriebene und auf diese Hilfsmittel gestützte Objektivierung bedeutet zugleich auch Entsubjektivierung, deren soziale Folgen von der Passivierung bis hin zur sozialen Isolation reichen können.[44]

Aus den Beispielen ergibt sich bereits, daß es einen erheblichen Unterschied zwischen der bloßen Objektivierung (zum Beispiel zum Zwecke der Präzisierung eines Erkenntniszusammenhangs durch ein erkennendes Subjekt zu einer bestimmten Zeit) einerseits und der Gestaltung eines Programmsystems zur automatischen Problemabarbeitung andererseits gibt. Geht es im ersten Fall um das Streben nach Wahrheit, also die Übereinstimmung der Erkenntnis mit ihrem Gegenstand, so geht es im zweiten Fall um die Erfüllung der technischen Voraussetzungen der Automatisierung von Verwaltungsarbeit. Unterschiede lassen sich vor allem in den Wirkungszusammenhängen und in dem Ausmaß der Betroffenheit durch die Zementierung sozialer Zusammenhänge erkennen. Hieraus ergibt sich, daß die Analyse von Objektivierung zum Zwecke der Automatisierung bisher weite Bereiche vernachlässigt hat. Es reicht nicht aus, alleine eine Norm und deren funktional äquivalente Anwendung auf dem Computer zu betrachten. Vielmehr muß der gesamte Kontext ihrer Anwendung gesehen werden: der Zusammenhang, in dem eine Norm angewendet wird, also die Verwaltungsarbeit, die bei ihrer Anwendung geleistet wird und der Kommunikationszusammenhang, in dem die Normanwendung stattfindet.
Unter dem Gestaltungsaspekt muß gerade wegen der erheblichen Auswirkungen gefragt werden, ob bestimmte Ziele - wie z.B. größere Verteilungsgerechtigkeit bestimmter Versorgungsleistungen - überhaupt durch Objektivierung einer rechtlichen Regelung besser erreichbar sind als durch eine ganz be-

----

44) vgl. H.-P.Bull, 2.Tätigkeitsbericht des Bundesbeauftragten für den Datenschutz, Bonn 1980, S.4 f.

stimmte Abfassung des Kodifikates, durch welches z.B. die selbstverwaltete Problemlösung gefördert wird[45]. Die Objektivierung geistiger Inhalte, wie z.B. von Arbeits- und Entscheidungsabläufen, steht in Form der (heute üblichen,zentralistisch ausgeführten) Programmierung in einem Konflikverhältnis zu dem Ziel der Erhaltung gesellschaftlicher und arbeitsorganisatorischer Freiräume, nämlich der persönlichen und gesellschaftlichen Autonomie. In Form von Programmen bedeutet die Objektivierung immer vollständige Positivierung (bzw. Explizierung) und dauerhafte Festlegung menschlicher Arbeit und Entscheidung, während eine solche ohne Automatisierung nur gelegentlich - und dann auch nur kurzzeitig - erreicht werden kann.
Vor diesem Hintergrund der Ambivalenz des Objektivierungs/Entfremdungszusammenhangs ist im folgenden der Formalisierungsbegriff zu entwickeln. Hierzu werden vor allem die verschiedenen Bestandteile des Formalisierungsvorganges noch genauer zu betrachten sein.

1.3. Ansätze zu einer Theorie der Formalisierung

Im Rahmen des aufgespannten Bedeutungsfeldes gilt es, einen geeigneten Begriff der Formalisierung rechtlicher Regelungen auszumachen, mit dem die genannten Phänomene greifbar werden. Die Literatur bietet zwar ein vielfältiges Bild der Begriffsdefinition und -verwendung, das hier auch analysiert wird, soweit eine einschlägige Behandlung des Themas erfolgt. Gemessen an den oben umrissenen Sachverhalten werden aber immer nur einzelne Aspekte des Begriffs abgedeckt. Im Verlaufe dieses Abschnittes soll deshalb der Begriff der Formalisierung rechtlicher Regelungen als Grundlage juristischer Datenverarbeitung umfassender beschrieben werden. Zu diesem Zwecke werden zunächst einschlägige Konzepte der Formalisierung kritisch gewürdigt (Abschnitt 1.3.1.). Aus einer Reihe von grundlegenden Bestandteilen des Formalisierungsvorganges, durch die der Vorgang der Formalisierung und dessen Produkt näher beschrieben wird, ergibt sich das Grundgerüst für einen angemesseneren Begriff (Abschnitt 1.3.2.). Zugleich wird hier ein Ansatz zu einer Theorie der Formalisierung juristischer Datenverarbeitung vorbereitet, der im dritten Teil dieses Abschnittes folgt (Abschnitt 1.3.3.).

---

45) vgl. hierzu insbesondere H.Brinckmann, Datenverarbeitung und öffentliche Aufgaben in:ÖGI (Hrsg.), Informationssysteme der 80er Jahre, Linz 1980, S.37

Das Vorgehen in diesem Abschnitt ist analytisch und wird geleitet von dem Ziel, die in Kapitel 2. und 3. zu betrachtenden konkreten Formalisierungsansätze miteinander vergleichen und bewerten zu können. Der Vergleich erfolgt, obwohl von den Formalisierungsansätzen nicht sämtliche Aspekte der Formalisierung abgedeckt werden können, oder die Einschlägigkeit einzelner Aspekte für Fälle einer späteren Anwendung der Spekulation überlassen bleiben muß.
Für die Formalisierung im hier zu betrachtenden Fall setzt sich die am Begriff der Objektivierung entwickelte Ambivalenz der Wirkungen fort. Konkreter werden wir in den einzelnen Beispielen auch auf die Entfremdungswirkung bestimmter Formalisierungsvorhaben einzugehen haben.

1.3.1. Begriffe und Formalisierungsgebiete (Regelungen, Arbeit, Kommunikation)

Der Begriff der Formalisierung wird heute in den verschiedenen Wissenschaftsgebieten höchst unterschiedlich gebraucht. Hier sollen die verschiedenen Bedeutungskomponenten des Formalisierungsbegriffes herausgearbeitet werden und - in Abgrenzung zu verwandten Begriffen - die einschlägigen, verschiedenen Sachverhalte bestimmt werden. Dabei werden die Beziehungen zwischen den Begriffen zu verdeutlichen sein. Der Begriff der Formalisierung ist in seinen unterschiedlichen Anwendungszusammenhängen wertungsmäßig auch sehr unterschiedlich besetzt, je nachdem, ob das Untersuchungsinteresse stärker den Objektivierungs- oder den Entfremdungsaspekt unterstreicht; z.B. in den Formalwissenschaften liegt die Betonung auf dem ersteren, in den Sozialwissenschaften auf dem zweiten Aspekt.
An dieser Stelle interessieren jedoch nur die Begriffsverwendungen von Fachgebieten, die zur Grundlagenforschung juristischer Datenverarbeitung beitragen. Namentlich sind dies die Formalwissenschaften (worunter hier die Fachgebiete der Logik, Mathematik und Informatik verstanden werden), die Rechtswissenschaften und die Verwaltungswissenschaften.

In diesem Abschnitt werden vor allem die drei Bedeutungsdimensionen entwickelt werden, die für die Analyse in dieser Untersuchung wesentlich sind, nämlich

- die Formalisierung rechtlicher Regelungen,
- die Formalisierung von Arbeit,
- die Formalisierung von Kommunikation.

Als erste Annäherung sollen hier zunächst einige typische Vertreter verschiedener Auffassungen zu Worte kommen.

Der Rechtsinformatiker Reisinger[46] meint, aus dem Gebrauch des Wortes 'Formalisierung' in der rechtsinformatischen Diskussion ableiten zu können, "daß darunter regelmäßig die Darstellung eines rechtlich relevanten Bedeutungsinhaltes in 'Formeln', d.h. in formallogischen und/oder mathematischen Ausdrücken" verstanden wird[47]. "Deshalb", fährt er fort, "geht man von dieser Verwendung des Wortes Formalisierung aus, so läßt sich der Begriff über den Umweg des Kalkülbegriffs bestimmen." Er definiert also:

> "Unter einer Formalisierung können wir daher die Beschreibung eines substanzwissenschaftlichen Objektbereiches mittels eines Kalküls verstehen."[48]

Außer einigen Hinweisen auf die Notwendigkeit der Formalisierung als Voraussetzung für die Automatisierung juristischer Entscheidung(-sfindung) geht Reisinger jedoch nicht auf den Stellenwert und die Problematik der Formalisierung im Recht ein. Diese erscheint deshalb nicht problematischer als andere 'substanzwissenschaftliche Objektbereiche'.

Differenzierter formuliert Fiedler[49] die Zusammenhänge durch die konkrete Bezugnahme auf den Prozeß der Rechtsfindung:

> "Allgemein gesprochen ist Rechtsfindung nicht primär Ableitung in objektivierten Systemen, sondern ein Prozeß der Willensbildung in menschlichen Organisationen. Nur teilweise gelingt jeweils die Objektivierung und Formalisierung dieses Prozesses soweit, daß er seinem Inhalt nach als logische 'Gesetzesanwendung' aufgefaßt werden kann. Auch insoweit wird jedoch eine präzisierende Umschreibung der Zusammenhänge (Modellbildung) vorausgesetzt, welche erst die Grundlage zur Anwendung der formalen Logik schafft, indem sie bereits auf ihre Erfordernisse Rücksicht nimmt."

----

46) L.Reisinger, Rechtsinformatik, Berlin/New York 1977

47) L.Reisinger, a.a.O., S.203

48) L.Reisinger, a.a.O., S.209

49) H.Fiedler, Die Bestimmtheit der gesetzlichen Straftatbestände als methodisches und verfassungsrechtliches Problem, Habilschrift 1969, S.107

An anderer Stelle präzisiert er die Modellbildung im Vorfeld der eigentlichen Formalisierung der Rechtsfindung wie folgt:

"Bei dieser Betrachtungsweise der Rechtsanwendung als 'Modellbildung' wird weder der Sachverhalt noch rechtlicher Obersatz als fertig vorgegeben betrachtet. Beide werden erst im Verlaufe des Vorganges durch präzisierende Umschreibungen erfaßt, welche in mehrmaligem Vergleich aufeinander abgestimmt werden. Ihren eigentümlichen Ausdruck findet diese Abstimmung im 'Untersatz' der Subsumtion, welcher die Zuordnung zwischen den Merkmalen des Sachverhalts und des Rechtssatzes ausspricht. Die endgültig erreichte Struktur des Modells aber ist dann die einer Deduktion oder Subsumtion:
Vermöge der Zuordnung der Merkmale des Sachverhalts zu den Tatbestandsmerkmalen des rechtlichen Obersatzes erscheint die konkrete Entscheidung als Folgerung aus der generellen rechtlichen Regelung." [50)]

Der Prozeß der Formalisierung - und die diesen in seiner engsten Bedeutung kennzeichnende "Verwendung künstlicher Sprachen, namentlich logischer Symbole" [51)] - steht demnach in einem engen Zusammenhang mit weiteren (Denk-)Prozessen bzw. setzt diese voraus.

"Neben dem strukturbildenden Einfluß der Logik und der Festlegung durch sprachlich vorformulierte Elemente von Sachverhalt und Rechtsregeln wirken auf das juristische Modell auch sprachlich unformulierte Determinanten ein, etwa unmittelbare Eindrücke bei der Beweiserhebung oder konkrete Zwecksetzungen des Richters. Methodisch gesehen sind an der juristischen Modellbildung im allgemeinen Prozesse der Informationsverarbeitung beteiligt, welche nicht in rein logischer Umformulierung vorgegebener Informationen bestehen; so etwa Prozesse der Auslegung und Präzisierung von Rechtsregeln, welche informationstheoretisch eine 'Unbestimmtheitsreduktion' bedeuten; oder Prozesse der Abstraktion und 'Informationsverdichtung' bei der Sachverhaltsbildung, welche zudem durch die Auffassungsweise der Rechtsregeln vorbestimmt ist ....
Gerade die neueren Theorien der Rechtsfindung scheinen stärker die oben geschilderten Zusammenhänge zu beachten, welche über die formallogische Struktur der 'Gesetzesanwendung' hinaus auf ihre pragmatischen Vorbedingungen hinweisen." [52)]

----

50) H.Fiedler, a.a.O., S.98

51) J.Rödig ,Axiomatisierung juristischer Systeme,in: A.Kaufmann,Müchner Ringvorlesung.EDV und Recht,München 1973,S.49ff.(S.52)

52) H.Fiedler,a.a.O.,S.107

Diese Äußerungen betreffen nur die Anwendung einer bestimmten Formalisierungsmethode (der formalen Logik) sowie die dabei untersuchten Zusammenhänge der Modellbildung bzw. Präzisierung des Rechtsanwendungsprozesses. Dadurch sind die dort gewonnenen Ergebnisse natürlich nicht so ohne weiteres verallgemeinerungsfähig, zeigen aber doch, daß der Prozeß der Formalisierung wesentlich komplexer gesehen werden muß, als dies Reisinger tut.

Die Autoren äußern sich nicht zu

- der Ebene der automatisationsorientierten Formalisierung: Hier wird an dem von Fiedler untersuchten Beispiel deutlich, daß die jeweilige Formalisierung dort nur auf den Einzelfall eines ganz bestimmten Rechtsproblems anwendbar ist. Von daher ist keine Allgemeingültigkeit des formalen Modells erreichbar bzw. auch gar nicht angestrebt. Gerade der Einfluß der sprachlich unformulierten Determinanten auf das juristische Modell verbietet dies sogar.
- der Ebene funktional anders zu bewertender Formalisierung im Recht zum Zwecke der Gesetzesplanung. Dort stellen sich besondere Probleme der Formalisierung, ob nun zum Zwecke der Präzisierung (Beispiel: Anwendung der Kombinatorik, vgl. Fiedler[53]) oder der Strukturierung von rechtlichen Regelungen, vgl. Barthel[54]) oder auch zum Zwecke der Anwendung automatisierter Planungsverfahren oder gar bei der Schaffung von Normkomplexen, die für den automatisierten Normvollzug vorgesehen sind[55].

Diese Überlegungen sind im folgenden verstärkt in eine Konzeption von Formalisierung einzubeziehen.

Eine - von der Rechtsinformatik noch weitgehend unberücksichtigte - ganz andere Bedeutungsdimension ergibt sich bei der Betrachtung des Aspekts der Formaliserung von Arbeit zum Beispiel beim automatisierten Verwaltungsvollzug. Hierzu stellt Rolf[56] folgende Definition auf:

----

53) H.Fiedler, Juristische Logik in mathematischer Sicht, in: ARSP LII/I (1966), S.93 ff.

54) Th.Barthel, Structured Programs as a Paradigm of Structured Laws in: B.Niblett (Hrsg.), Computer Science and Law, Cambridge 1980, S.151 ff.

55) H.Fiedler, Automationsgerechte Rechtsetzung im Rahmen der Gesetzgebungstheorie, in: J.Rödig (Hrsg.), Studien zu einer Theorie der Gesetzgebung, Berlin/New York 1976, S.666 ff.

56) A.Rolf, Zur Veränderung der Arbeit in Büro und Verwaltung durch Informationstechnik, Münster 1983, S.28

"Werden Arbeitsschritte oder -abläufe (...) eindeutig, d.h. durch formale, auf die Dauer angelegte Regeln und Verfahren festgelegt und (von der Arbeitsorganisation her) für verbindlich erklärt, so liegt Formalisierung von Arbeitsprozessen vor." [57]

Wichtig scheint hier im Unterschied zu den oben betrachteten Varianten des Formalisierungsbegriffs, daß der Begriff sich nunmehr nicht an der Formbestimmtheit eines Ausdrucks, sondern an der Formbestimmtheit eines Arbeitsprozesses orientiert. Auf dieser Ebene gibt es nun wieder eine Reihe von Parallelen, zum Beispiel die Positivierung, die Standardisierung, die zeitliche Lebensdauer unabhängig vom schaffenden Subjekt, etc. (näheres hierzu siehe in den Abschnitten 1.2. und 1.3.).

Schließlich ist die Frage der Formalisierung der Kommunikation (insbesondere zwischen Bürger und Verwaltung) schon behandelt worden [58]. Einerseits hat diese Formalisierung ihren Ursprung wiederum in der Rationalisierung der Arbeitsprozesse und -abläufe der Verwaltung. Andererseits bedingt sie - teilweise im Zusammenhang mit dem automatisierten Verwaltungsvollzug - eine spezifische Einengung der Leistungen für die Verwaltungsklienten in der Art, daß hier persönliche Kontakte zwischen dem Verwaltungspersonal und dem Klienten auf ein Minimum reduziert werden.
In diesem Zusammenhang werden zudem Leistungen, die ehemals von der Verwaltung ausgeführt wurden, externalisiert, d.h. auf den Verwaltungsklienten abgewälzt. Hierunter fällt vor allem das Ausfüllen von (computergerechten) Formularen an Stelle des persönlichen Gesprächs zwischen Verwaltungsklienten und Verwaltungsbeamten.
Auch hier finden sich ähnliche Strukturelemente von Formalisierung wieder: Die Bürger-Verwaltung-Kommunikation wird in bestimmte Formen gegossen, positiviert, standardisiert und unabhängig vom Sachbearbeiter organisiert in einer Weise, die Rückfragen des Bürgers vermeiden hilft und es damit gestattet, den "Verwaltungsvorgang von der betroffenen Person abgelöst" [59] zu behandeln. Die widerspruchsbehaftete Alltagssituation des Verwaltungsklienten wird auf diese Weise widerspruchsfreien Tatbestandsmerkmalen zugeordnet.

----

57) A.Rolf, ebd.

58) vgl. Kasseler Projekt Verwaltungsautomation Heft 17: Die Abbildung von Gesetzestexten auf Formularen in der Rentenversicherung, März 1979, S.3

59) Kasseler Projekt Verwaltungsautomation, Heft 17, S.3

Typisch für diese Veränderungen ist, daß diese Abwälzungen in erster Linie im gesetzlich nicht geregelten Raum der Leistungserstellung und Leistungserwartung der Verwaltung angesiedelt sind, d.h. sie betreffen gerade weniger den Kern der Leistung, sondern eher die Form und den Umstand der Leistungserbringung. Daß dabei der Charakter der Leistungen selber auch verändert wird, ist als eher langfristiger Effekt zu beobachten.

Die Effekte der Formaliserung weisen auf allen drei Bedeutungsebenen Ähnlichkeiten auf; Vermutungen über gemeinsame Ursachen erscheinen daher hinsichtlich einheitlicher 'Ausstrahlungswirkungen' der gewählten Methoden berechtigt.

1.3.2. Der Prozeß der Formalisierung und verwandte Begriffe

Formalisierung - als Grundlage juristischer Datenverarbeitung - ist als Prozeß betrachtet ein mehrstufiges, teilweise selbst schon wieder formalisiertes[60)] Verfahren, in dessen Verlauf verschiedene unterscheidbare Denk- und Arbeitsschritte vollzogen werden. Soweit Fiedler[61)] dies für den Prozeß der Rechtsfindung analysiert hat, waren dies die

- Präzisierung von Begriffen und Bezeichnungen und ihres Zusammenhanges
- Modellbildung eines konkreten Rechtsanwendungsfalls
- Auslegung und Präzisierung von Rechtsregeln
- Abstraktionsprozesse.

Im Zusammenhang mit der Formalisierung von Arbeitsprozessen treten hierzu die

- Positivierung bzw. die Explizierung von Arbeits- und Entscheidungsschritten
- Standardisierung von Arbeitsabläufen[62)].

Außerdem gehen damit Prozesse wie z.B. die Explizierung und Standardisierung eines Kommunikationsverhaltens im Bürger-Verwaltung-Kontakt einher.

----

60) vgl. die Verfahren der Systemanalyse usw.. Das Vorhandensein formalisierter Verfahren bedeutet nicht, daß hier ein deterministischer Ablauf existiert. Gerade bei der Systemanalyse werden einzelne Phasen mehrmals - iterativ - durchlaufen; siehe beispielsweise H.Wedekind, Systemanalyse, München 1973, S.17

61) vgl. H.Fiedler, Die Bestimmtheit der gesetzlichen Straftatbestände als methodisches und verfassungsrechtliches Problem, Habilschrift 1969, S.98 ff.

62) vgl. A.Rolf, a.a.O., S.28

Diese sind allerdings bislang selten bei der Planung und Realisierung einzelner Formalisierungsprozesse Gegenstand eines bewußten Gestaltungsprozesses, sondern vielmehr Randerscheinungen, die vielfach erst als Innovationshemmnisse oder Akzeptanzschwierigkeiten bei der Einführung automatisierter Verfahren als Defizite in Erscheinung treten.
Wird eine formalisierte Regelung bzw. ein formalisierter Arbeitsprozeß zum Zwecke der Automatisierung ganz oder teilweise in Form eines Computerprogramms festgehalten, dann sprechen wir von einer Algorithmisierung[63].
Diese Denk- und Arbeitsprozesse, die im Prozeß der Formalisierung ineinandergreifen, haben jeder für sich genommen selbst wieder spezifische Voraussetzungen und Wirkungen, die den gesamten Prozeß bestimmen und determinieren. Insoweit soll an dieser Stelle herausgearbeitet werden, welchen Beitrag diese einzelnen Prozesse zum gesamten Prozeß der Formalisierung liefern. Der Begriff der Formalisierung wird in diesem Zusammenhang greifbarer und kann damit auch konkretisiert werden, wie dies in dem anschliessenden Kapitel unternommen wird. Betrachten wir nun der Reihe nach die einzelnen oben genannten Punkte.

Präzisierungsansätze

Eine Präzisierung von Begriffen und Bezeichnungen ist die Grundvoraussetzung der Anwendung formaler Methoden, namentlich der Verwendung künstlicher Sprachen und logischer Symbole. In der Logik ist beispielsweise die Charakterisierung und Definition der Aussagen der allererste Schritt, der bei ihrer Anwendung unternommen wird. Hierzu muß eindeutig festliegen, wie die gebrauchten Begriffe verwendet und welche Bezeichnungen für welche Aussage jetzt und in Zukunft benutzt werden sollen. Daß auch im Gesetzgebungsprozeß eine über den umgangssprachlichen Gebrauch hinausgehende Präzisierung von Begriffen und Bezeichnungen stattfindet, soll an dieser Stelle nicht übersehen werden. Begriffsumfang und Begriffsinhalte[64]

----

63) Da es an dieser Stelle noch nicht darauf ankommt, welche Programmiersprache gewählt wird, sprechen wir nicht von Programmierung oder Codierung, wie dies häufig der Fall ist.

64) oder 'Extension' und 'Intension' der Begriffe; zur Gegenüberstellung von Begriffsumfang und Begriffsinhalt siehe die Beispiele bei M.Herberger/D.Simon, Wissenschaftstheorie für Juristen, Frankfurt 1980, S.243, 248 f.

werden jedoch nach gängiger Auffassung der modernen Logik als statisch vorausgesetzt, welches Russell zu seiner Bemerkung veranlaßte:

"All traditional logic habitually assumes that precise symbols are being employed. It is therefore not applicable to this terrestial life, but only to an imagined celestial existence." [65]

Diese radikale Eingrenzung der Anwendbarkeit der Logik für 'irdisches Leben', also soziale Zusammenhänge, wirft hier zwei Fragen auf. Einmal die nach dem Stellenwert präzisierter Begriffe und Bezeichnungen für die hier zu untersuchenden Ansätze und zum anderen die Frage nach den Auswirkungen, die diese Anwendungsvoraussetzungen auf die Gestaltbarkeit objektivierter Rechtsanwendung hat.

Die Diskussion um die Bestimmtheit von Begriffen und Bezeichnungen in der Logik weist - wie das Zitat von Russell deutlich macht - "zugleich auf gewisse Grenzen der logischen Methoden überhaupt hin"[66]. In der klassischen Logik stand die Betrachtung des Begriffes im Mittelpunkt des Interesses, was ihr zum Teil auch die Einschätzung als 'Begriffslogik' einbrachte[67]. Ergebnis dieser Betrachtung der Bestimmtheit von Begriffen war die Einsicht, daß Begriffe entweder durch Umschreibungen ihres Inhaltes präzisiert werden könnten oder durch eine Definition, während der Umfang eines Begriffes durch die Gegenstände festgelegt wurde, die unter ihn subsumiert werden können. Die moderne Logik hingegen wendete sich stärker der Untersuchung von 'Bezeichnung' zu und vermied teilweise sogar die Beschäftigung

----

65) B.Russell, Vagueness, in: The Australian Journal of Psychology and Philosophy, Band 1 (1923) S.84 ff. (88 f.) zitiert nach H.Fiedler, a.a.O., S.111, Fußnote 4

66) H.Fiedler, a.a.O., S.111

67) H.Fiedler, a.a.O., S.112; siehe auch W.Burkamp, Begriff und Beziehung, Leipzig 1927, S.4

mit dem 'Begriff'[68]. Einige Ergebnisse der Begriffslogik hinsichtlich der Bestimmtheit von Begriffen fanden sich jetzt bei der Beschäftigung mit den Bezeichnungen wieder, so z.B. die Fragen der Definitionen[69].

Im Gegensatz zu der klassischen Logik, die sich mit der Unbestimmtheit von Begriffen in der Weise auseinandersetzte, daß Unbestimmtheit im Sinne eines Mangels der Begriffsbildung verstanden wurde, wird in der modernen Logik die Unbestimmtheit von Bezeichnungen einmal als methodologisches Problem behandelt, das es zu untersuchen gilt[70]. Zum anderen wird bei der Be-

----

68) vgl. H.Fiedler, a.a.O., S.115:
"Soweit in der modernen mathematischen Logik der 'Begriff' erwähnt wird, wird ihm im Formalismus meist das 'Prädikat' an die Seite gestellt, d.h. ein Ausdruck zur Bezeichnung einer Eigenschaft oder Beziehung. Ebenso wie bei Begriffen spricht man auch bei Prädikaten von ihrem 'Umfang'. So ist z.B. der Umfang eines einstelligen Prädikats eine Klasse, welche in der Formulierung der traditionellen Logik dem Umfang eines Eigenschaftsbegriffs entspricht. Hier zeigt sich einer der Gründe für die Zurückhaltung der modernen Logik gegenüber dem 'Begriff'. Es ist für die üblichen Formalismen der mathematischen Logik wesentlich, daß in Aussagen gewisse Ersetzungen von Ausdrücken durch gleichbedeutende Ausdrücke vorgenommen werden können, ohne die Wahrheit der Aussage zu berühren. Als 'gleichbedeutend' sollen dabei hier zwei Ausdrücke dann gelten, wenn sie denselben Gegenstand bezeichnen, d.h. als Begriffe interpretiert: wenn sie denselben Umfang besitzen. Dies hängt mit der 'Extensionalitätsthese' zusammen, welche z.B. von Carnap ausgesprochen wird und die besagt, daß es im wesentlichen nur auf den Umfang (nicht auf den Inhalt) der Bezeichnungen ankomme. Nun ist aber für den 'Begriff' i.S. der traditionellen Logik nicht nur sein Umfang, sondern gerade auch sein Inhalt maßgebend. Teilweise hebt man ausdrücklich hervor, daß gerade der Inhalt das Primäre am Begriff sei, nicht der Umfang."

69) vgl. H.Fiedler, a.a.O., S.117:
"An die Seite der Lehre vom Begriff tritt nun in der modernen Logik und Methodenlehre eine weit ausgebaute Lehre von den Bezeichnungen, welche viele Funktionen der alten Lehre vom Begriff übernommen hat. Dazu zählen zum Beispiel alle diejenigen Theorien, welche sich mit den Begriffsumfängen, den Klassen und ihren gegenseitigen Beziehungen beschäftigen. Darüber hinaus werden wichtige Fragestellungen neu aufgenommen, welche sich aus der sprachtheoretischen Betrachtung ergeben und z.T. auch den Zusammenhang zur linguistischen Semantik herstellen. Hierher gehören insbesondere die Probleme der 'Bestimmtheit' und 'Unbestimmtheit' von Bezeichnungen, welche gegenüber der klassischen Logik eine mehr systematische Bedeutung und neuartige Dimensionen gewinnen. Neben dem Einfluß der Sprachtheorie ist daran auch das verstärkte Interesse für die Lehre von den Definitionen und für die Anwendungen der formalen Logik beteiligt.";

70) vgl. H.Fiedler, a.a.O., S.118, 120

handlung der unbestimmten Bezeichnungen noch einmal zwischen der 'Mehrdeutigkeit' und der 'Unschärfe' unterschieden [71]. Dennoch muß die Frage nach der Anwendbarkeit der modernen Logik auf 'irdisches Leben' oder auch nur auf praktisch angewendete, lebendige Sprachen als strittig betrachtet werden [72]. An diesem Umstand kommt auch die moderne Logik nicht vorbei, obwohl sie eine gewandelte Auffassung z.B. hinsichtlich der unscharfen Bezeichnungen hat, die einerseits Bezug auf den pragmatischen Aspekt von Sprache nimmt und andererseits methodische Hilfsmittel und Techniken entwickelt hat, die etwa durch empirische Methoden, Meßverfahren oder Definitionen die Unschärfe gebrauchter Bezeichnungen vermindern helfen. Auch diese Verfahren zur Präzisierung von Begriffen, Bezeichnungen, ja von Sprache allgemein, sind immer auf einen Zeitpunkt bezogen und versuchen von daher, einen bestimmten Zustand so exakt wie möglich zu erfassen [73].

In der Informatik stehen sich heute noch zwei einander relativ widersprechende Auffassungen gegenüber: Einmal die eher an der Logik und der Mathematik orientierte Richtung [74] und zum anderen die eher auf eine stufenweise Präzisierung setzende, stärker an einer informalen Methodik orientierte Richtung [75], die sich in erster Linie mit Datenbankanwendungen beschäftigt. Der Streit um den Stellenwert der formalen Verifikation von Programmen entbrannte zwischen Dijkstra einerseits und DeMillo, Lipton und Perlis andererseits und wurde von Wedekind und seinen Mitstreitern vor allem auf die Entwicklung von Präzisierungsmethoden beim Entwurf von Anwender-

----

71) vgl. H.Fiedler, a.a.O., S.117 f.

72) siehe obiges Zitat von B.Russell (Fn.65)
vgl. auch die folgenden Ausführungen zu den Auslegungsfragen bei unbestimmten Rechtsbegriffen und Ermessensspielräumen, S.32 f.

73) Dem steht gegenüber, daß eine juristische Entscheidung immer zu einem anderen Zeitpunkt als die Formulierung eines Gesetzestextes und dem damaligen Zustand der Gesellschaft erfolgt. Zu dieser Frage vgl.z.B. K.Larenz, Methodenlehre der Rechtswissenschaft, Berlin/Heidelberg/New York, 3.Auflage 1975, S.338 ff.

74) vgl. hierzu vor allem die Stellungnahme zu diesem Konflikt von E.W.Dijkstra, On a Political Pamphlet from the middle Ages, in: ACM SIGSOFT Newsletter, vol.3 (1979) Nr.2, S.14 ff.

75) Vertreter dieser Richtung in diesem Streit waren zunächst R.A.DeMillo/R.J.Lipton/A.J.Perlis mit ihrem Beitrag "Social Processes and Proofs of Theorems and Programs" in: CACM vol.22 (1979) Nr.5, S.271 ff. und später vor allem H.Wedekind mit seinem Beitrag "Eine Methodologie zur Konstruktion des Konzeptionellen Schemas" in: J.Niedereichholz, Datenbanktechnologie, Stuttgart 1979, S.65 ff. und später auch A.L.Luft, Rationaler Sprachgebrauch und orthosprachliche Standardisierung als Grundlage des Software Engineering, in: Informatik-Spektrum Band 5 Heft 4 (1982), S.209 ff.

systemen ausgedehnt[76]. Hinsichtlich der Präzisierung von Bezeichnungen[77] schreibt Wedekind für die erste - fachliche Ebene -, "auf der die Formulierung der Aufgabenstellung zu erfolgen hat, müssen die Begriffe extensional (umfänglich) und intensional (inhaltlich) geklärt werden, um grobe Bedeutungs- und Gebrauchsunterschiede zu vermeiden."[78] Dabei hält er es für angebracht, 'Begriffe' - in Anlehnung an Frege - über eine Aussagefunktion extensional einzuführen. Bei der intensionalen Festlegung von 'Begriffen' müssen nach dessen Ansatz weitere Prädikate benannt werden. Auf der zweiten - von Wedekind 'konstruktiv' genannten - Ebene "kann der Begriff nicht als gegeben angesehen werden. Er muß konstruiert werden und jederzeit rekonstruierbar sein."[79] Dies kann entweder durch eine 'Abstraktion' genannte Bildung einer Äquivalenzklasse oder eine 'Aggregation' genannte Zuordnungsvorschrift erfolgen. Diese - rekonstruierbar eingeführten Begriffe nennt er 'orthosprachliche Begriffe' oder Objekttypen. Diese werden in dem Wedekind'schen Ansatz dann in 'orthosprachlichen Fachwörterbüchern' niedergelegt und durch Integritätsbedingungen abgesichert. Auf weiteren drei Ebenen wird mit den so präzisierten 'Begriffen' bis auf die maschinelle Ebene hinunter gearbeitet.
Schon durch die Begriffswahl in diesem Ansatz wird deutlich, daß diese Präzisierung nicht danach strebt, die Präzisierungsansätze der Logik und Mathematik zu ersetzen, sondern diese eher fortzusetzen. Anders ist es nicht zu erklären, daß 'Begriffe' einerseits extensional und intensional eingeführt werden, um andererseits über Aussagefunktionen charakterisiert zu werden[80]. Die Beispiele, die Wedekind zur Erläuterung seiner stufenweise Vorgehensweise nennt, sind demnach auch entsprechend trivial. Die oben schon im Zusammenhang mit der Logik erörterten Schwierigkeiten und Voraussetzungen der Präzisierung als Prozeß werden mit diesem Ansatz auch nicht beseitigt,

----

76) vgl. vor allem H.Wedekind, a.a.O., S.76 ff.

77) Wedekind verwendet hier allerdings nicht das Wort 'Bezeichnungen', sondern das Wort 'Begriff'. In der folgenden Darstellung Wedekind'scher Präzisierungsvorschläge folgen wir - der Zitate wegen - diesem Sprachgebrauch; vgl. die kritische Auseinandersetzung mit diesem Ansatz im folgenden.

78) H.Wedekind, a.a.O., S.70

79) H.Wedekind, a.a.O., S.71

80) H.Wedekind, a.a.O., S.70:
"Ein Begriff ist eine Aussagefunktion mit einer Variablen, die für jedes Argument ihres Wertebereiches eine wahre oder falsche Aussage ergibt".

sondern als beseitigt angesehen, bevor man diese Methodik anwenden kann[81]. Die extensionale oder intensionale Klärung der 'Begriffe' - und die Notwendigkeit hierzu - wird also durch dieses Instrumentarium - entgegen dem eigenen Anspruch[82] - nicht hinfällig.
In den Kodifikationen des Rechts wird davon ausgegangen, daß sich das 'Festhalten' an einem einmal festgelegten Begriffsumfang und -inhalt von Normen wegen der Veränderung der Sprache als Ausdruck der stetigen Veränderung der Gesellschaft[83] nicht oder nur sehr bedingt bewerkstelligen läßt. Entsprechend erklären sich auch die unterschiedlichen Auslegungsmethoden der juristischen Methodenlehre[84], die durchaus zu verschiedenen Ergebnissen führen können, je nach dem, welche Methode wann angewendet wird. Das Ergebnis der richterlichen Entscheidung ist also - zustandegekommen durch die Anwendung von einer oder mehreren Auslegungsmethoden in jeweils unterschiedlichen Modellen der Konstitution eines Rechtsfalles - eine Entscheidung (von mehreren möglichen) im Zielkonflikt u.a. zwischen Rechtssicherheit und Einzelfallgerechtigkeit, aber - wie Fiedler es im obigen Zitat[85] ausdrückte - gerade nicht primär Ableitung in einem objektivierten System.

----

81) Die extensionale und intensionale Klärung soll nach Wedekind erfolgen, um "grobe Bedeutungs- und Gebrauchsunterschiede zu vermeiden" (S.70). Wedekind meint weiter, daß "die volle Präzision (...) erst auf der konstruktiven Ebene erzielt (wird)" (S.70). Aus der Definititon der Begriffe durch Aussagefunktionen (s.obige Fußnote) ergibt sich jedoch zwingend, daß die Festlegung der 'Begriffe' schon auf dieser Ebene abgeschlossen sein muß, sonst könnte er sich nicht der Aussagefunktion bedienen. Wie die weiteren Ausführungen auch zeigen, meint er offensichtlich die abschließende Präzisierung der Beziehungen zwischen 'Begriffen', welche auf der 'konstruktiven' Ebene erfolgen soll, beziehungsweise eine Neudefinition von Begriffen auf der 2.Ebene.

82) vgl. die polemischen Äußerungen Wedekinds gegen die von ihm sogenannte 'Formalinformatik' (a.a.O., S.76 ff.)

83) W.Labov, Die Widerspiegelung sozialer Prozesse in sprachlichen Strukturen,
in: B.Badura/K.Gloy (Hrsg.), Soziologie der Kommunikation, Stuttgart/ Bad Cannstatt 1972

84) vgl. M.Thaler, Mehrdeutigkeit und juristische Auslegung, Wien/New York 1982, S.8 ff. und
W.Kilians Beispiel der Auslegung des Wortes 'Verlag' durch den BGH in: ders., Juristische Entscheidung und elektronische Datenverarbeitung, Darmstadt 1974, S.50 ff.

85) H.Fiedler, a.a.O., S.107, hier:S.22

Gerade die juristische Fachsprache operiert in speziellen Situationen besonders gern mit der Verwendung von Mehrdeutigkeiten und unscharfen Begriffen dort, wo der Gesetzgeber bestimmte Rechtsentwicklungen nicht vornehmen möchte, dort, wo im politischen Verfahren der Gesetzgebung Kompromisse geschlossen werden, und dort, wo sich der Gesetzgeber von vornherein einer kasuistischen Einzelfallregelung enthalten möchte. Ein - im Zusammenhang mit der Datenverarbeitung - treffendes Beispiel ist das Bundesdatenschutzgesetz, das an vielen entscheidenden Stellen mit Generalklauseln operiert[86)].

Im Laufe der Anwendung von Gesetzen - z.B. durch die öffentliche Verwaltung - kann eine sprachlich im Gesetzestext vorhandene Vagheit wiederum durch den Prozeß einer gleichmäßigen Gesetzesauslegung und -anwendung reduziert werden. Dabei kann in bestimmten Fällen die präzisierte Gesetzesanwendung selbst wieder eine Bindungswirkung für spätere Anwendungsfälle haben[87)]. In der Rechtstheorie wird die Vagheit von Gesetzesformulierungen noch einmal differenziert in unbestimmte Rechtsbegriffe und bewußt gesetzte Ermessensspielräume. Bei letzteren findet im Rahmen einer Selbstbindung der Verwaltung eine Schrumpfung des ursprünglich gegebenen Ermessensspielraumes unter bestimmten Umständen bis auf Null statt[88)].

In der Frage der Präzisierung von Begriffen und Bezeichnungen stehen sich also - zusammenfassend betrachtet - zwei Konzeptionen gegenüber: Einerseits setzt die Anwendung formaler Methoden entweder eine zeitpunkt- und zustandsbezogene oder eine zeitlich invariante Exaktheit von Begriffen und Bezeichnungen voraus, oder muß diese zumindest durch den Prozeß der Präzisierung anstreben. Demgegenüber steht andererseits die Anforderung der Gesetzgebungstheorie, mit abstrakten und generellen Normen sehr wohl zeitlich veränderliche gesellschaftliche Prozesse zu regeln, d.h. konkrete und individuelle Entscheidungen zu verschiedenen Zeitpunkten (d.h. auch

----

86) vgl. nur §23 BDSG mit Formulierungen wie "soweit es zu Wahrung berechtigter Interessen der speichernden Stelle erforderlich ist" oder "kein Grund zur Annahme besteht, daß dadurch schutzwürdige Belange des Betroffenen beeinträchtigt werden"; zu der speziellen Problematik der unbestimmten Rechtsbegriffe im BDSG siehe H.Fiedler, 'Unbestimmte Begriffe' in Datenschutzgesetzen, in: Datenschutz und Datensicherung 1980 Heft 2, S.75 ff.

87) vgl. z.B. K.Larenz, a.a.O., S.281 ff. (S.282)

88) vgl. z.B. H.J.Wolff/O.Bachof, Verwaltungsrecht, Band 1, München, 9.Auflage 1974, § 31 II d) 2 und e) 2, (S.201/203)

u.U. unterschiedliche gesellschaftliche Zustände mit einem entsprechend variierenden Sprachgebrauch) aus einer bestimmten Norm abzuleiten[89]. Diese unterschiedlichen Anforderungen, die sich z.T. widersprechen, können nur an einigen Stellen - meist dort, wo ein entsprechender ökonomischer Druck auf eine starre Gleichmäßigkeit des menschlichen Verhaltens durch entsprechende Verhaltensregeln hinwirkt - einander angenähert werden.
In einem solchen Fall ist der Prozeß der Objektivierung soweit vorangetrieben, daß alle subjektiven Momente durch die notwendige Verhaltensnormierung verdrängt werden (müssen) und das Verhältnis des handelnden Subjekts zu dem Produkt des Präzisierungs- (und auch Formalisierungs-)-prozesses stark entfremdet ist: Zeitlich abhängige Handlungs- und Entscheidungsstrukturen werden auf subjektunabhängige, zeitlich invariante Zustände reduziert, die formal - und das heißt gerade subjekt- und zeitunabhängig - entscheidbar[90] geworden sind.

Ein weiterer Schritt bei der Formalisierung von Rechtsnormen ist die Präzisierung der Beziehungen zwischen Bezeichnungen und Begriffen. Dabei setzt die Präzisierung der Beziehungen zwischen Bezeichnungen oder Elementen die Präzisierung der betreffenden Bezeichnungen, Begriffe oder Elemente voraus.
Betrachten wir das Recht, dann ist festzustellen, daß Recht selber schon in und durch Normen Beziehungen zum Teil recht präziser Art zwischen einzelnen Rechtsbegriffen herstellt. Weitere Beziehungen sind durch die Rechtsdogmatik präzisiert. Obgleich manche dieser Beziehungen auf den ersten Blick Ähnlichkeiten zu bestimmten logischen, mathematischen oder informa-

----

89) Hier wird bewußt von der Problematik der Formalisierung der bloßen Einzelfallentscheidung abgesehen, auf die Fiedler oben Bezug genommen hat (vgl. Abschnitt 1.3.1., S.22 ff.)

90) vgl. die Definition von 'Entscheidbarkeit':
M_1 und M_2 seien Mengen von Worten über einem festen Alphabet A, $M_1 c M_2$.
M_1 heißt entscheidbar relativ zu M_2, wenn es einen abbrechenden Algorithmus gibt, mit dessen Hilfe man für jedes Wort aus M_2 feststellen kann, ob es zu M_1 gehört oder nicht.

tischen Beziehungen aufweisen, kann nicht davon ausgegangen werden, es wären solche oder solche ließen sich mit geringem Aufwand dahingehend präzisieren. Allein das Vorhandensein von Ähnlichkeiten oder gar äquivalenten Beziehungen ist in der Rechtstheorie nach wie vor äußerst umstritten[91]. In einigen Fällen sind in Normen teilweise inkorrekte, teilweise überflüssige Formulierungen verwendet worden, deren Zustandekommen nur mit einer bewußten Interessensentscheidung begründbar ist. Andererseits ist häufig in Gesetzen eine bewußt redundante Sprache zu finden, die aus Verständlichkeitsgründen keine Reduzierung auf die logisch knappste Fassung einer Regelung aufweist[92]. An anderer Stelle wiederum sind Formulierungen so knapp gehalten, daß sie nur mit Kenntnissen logischer Gesetzmäßigkeiten richtig zu verstehen sind[93]. Die Formulierungen von Normen orientieren sich also nicht allein an logischen oder allgemeiner: an formalen Gesichtspunkten und dürfen dies auch nicht. Dies ist bei einer Analyse von Normen und bei der Präzisierung von Rechtsbegriffen und deren Beziehungen wesentlich im Auge zu behalten.

----

91) vgl. insoweit die Äußerungen J.Rödigs zu der Möglichkeit des Nachweises der Widerspruchsfreiheit von Normen; in: Ein Kalkül juristischen Schließens, abgedruckt in: J.Rödig, Schriften zur juristischen Logik, Berlin/Heidelberg/New York 1980, S.107 ff. (152 ff.);
anders H.Kelsen, Allgemeine Theorie der Normen, Wien 1979, S.166 ff. (168 f.)
"Daß zwischen Wahrheit einer Aussage und Geltung einer Norm keine Analogie besteht, wird besonders deutlich, wenn man einen logischen Widerspruch zwischen zwei Aussagen einem Normenkonflikt gegenüberstellt. (...) Im Falle eines solchen Normenkonfliktes kann aber nicht behauptet werden, daß wenn die eine der beiden Normen gilt, die andere ungültig sein muß, so wie im Falle eines logischen Widerspruchs, wenn die eine Aussage wahr ist, die andere unwahr sein muß. Im Falle eines Normenkonfliktes sind beide Normen gültig; andernfalls läge kein Normenkonflikt vor."

92) Die verschiedenen Strukturierungsmöglichkeiten von rechtlichen Regelungen wurden in ihrer Beziehung zu den Methoden der 'Strukturierten Programmierung' untersucht von Th.Barthel, Structured Programs as a Paradigm of Structured Laws, in: B.Niblett, Computer Science and Law, Cambridge 1980, S.151 ff.

93) vgl. z.B. §23 Satz 1 BDSG, in dem sich der einschränkende letzte Halbsatz "und kein Grund zur Annahme besteht, daß dadurch die Belange des Betroffenen beeinträchtigt werden" natürlich wegen des geltenden Distributivgesetzes im Aussagenkalkül auf alle drei vorstehenden Erlaubnistatbestände beziehen muß. Um es konkreter auszuführen: Benennt man die ersten drei Erlaubnistatbestände kurz mit A, B und C sowie den letzten (oben zitierten) mit X, dann ist die Formulierung im Gesetzestext folgende: $A \vee B \vee C \wedge X$. Diese Formel ist äquivalent mit der Formel $A \wedge X \vee B \wedge X \vee C \wedge X$ und nicht etwa mit $A \vee B \vee (C \wedge X)$.

Gibt es für die Präzisierung von Rechtsbegriffen und Beziehungen zwischen ihnen mit Hilfe der Logik Anhaltspunkte an der Syntax eines Normtextes, so wird bei der Präzisierung im Hinblick auf die Anwendung mathematischer und informatischer Methoden der Akzent stärker auf die Semantik - und gleichzeitig auch weiter weg von der verwandten Syntax - einer Norm gelegt[94]. Hierbei ist zur normadäquaten Präzisierung der Kontext einer Norm stärker mit einzubeziehen.

Präzisierungsansätze der Systemanalyse

Im Rahmen der Systemanalyse steht als erste Teilaufgabe der Ist-Analyse die Systemabgrenzung[95] an, bei der die sachliche Bildung eines Untersuchungsbereichs (nach Verrichtungen, Produkten und gegebenenfalls Hilfsmitteln), die formale Bildung des Untersuchungsbereiches (nach Entscheidungs- und Ausführungsrang oder der Phase des Planungsstandes (Planung, Ausführung und Kontrolle)), die persönliche Begrenzung des Untersuchungsbereiches und die Eingrenzung nach räumlichen und/oder zeitlichen Gesichtspunkten zu erfolgen hat. In weiteren Schritten folgt die Systemerhebung, in der inhaltliche Informationsflüsse und Tätigkeiten in abgegrenzten Systembereichen erhoben werden. Hierbei bedient sich der Systemanalytiker z.B. folgender Methoden:

- Interviews
- Fragebögen
- Mitarbeiterbesprechungen
- Beobachtungen von Arbeitsabläufen und/oder von Informationsflüssen
- Schätzungen (z.B. des Aufwandes oder von durchschnittlich bearbeiteten Mengen)
- Analyse von Belegen und Formularen.

In einem dritten Schritt folgt die (Ist-)Systembeschreibung sprachlicher Art (durch natürliche Sprache, eine Programmiersprache oder eine 'mathematische'[96] Sprache) und/oder sprachlicher Hilfsmittel (wie Diagramme, Formu-

----

94) betrachte hierzu vor allem die Beispiele in Kapitel 2. und die zusammenfassenden Bemerkungen in Abschnitt 2.3.

95) vgl. H.Wedekind, Systemanalyse, München 1973, S.35

96) so der Sprachgebrauch bei H.Wedekind, a.a.O., S.51; Die Mathematik und die Logik treten hier also als Hilfswissenschaften im Rahmen der möglichen Darstellungsmethoden der Systemanalyse auf. Insofern stellen die einzelnen Methoden der Systemanalyse sehr unterschiedliche Anforderungen an den notwendigen Präzisierungsgrad bei ihrer Anwendung.

lare und Tabellen, Koordinatendarstellungen oder technische Zeichnungen[97]). Schließlich wird in der Ist-Analyse eine Faktenanalyse - getrennt von der Erhebung[98] - durchgeführt mit dem Ziel, Vorschläge für eine Verbesserung des 'Systems' zu erlangen. Diese Teilaufgabe umfaßt nach Wedekind[99] folgende Detailaufgaben:

- das Erstellen einer Bedarfsliste mit Prioritäten und ihren Begründungen,
- das bereinigte und ergänzte Erhebungsmaterial,
- Vorschläge für die Verbesserung des Systems im Ist-Zustand,
- Kalkulationswerte für das System im Ist-Zustand.

Einzelne dieser Methoden zur Ist-Analyse lassen sehr deutlich erkennen, daß bereits bei der Anwendung nur einige Aspekte der Realität erfaßt werden sollen. Bei der Systemerhebung werden z.B. vorrangig Informationsflüsse untersucht nach[100]

- 'Eingabedaten' und gegebenenfalls auslösenden Ereignissen
- dem Arbeitsablauf in einem Teilfunktionsbereich
- Referenz- und Kontrolldaten bei der Bearbeitung einzelner Teilfunktionen
- und schließlich 'Ausgabedaten'

Mehrere untersuchte Teilfunktionsbereiche können dann wieder miteinander verknüpft werden. Bei diesen Erhebungen des Ist-Zustandes wird mehr oder weniger vorstrukturiert das Spektrum der einzelnen involvierten Tätigkeiten aufgenommen - ohne es vorzeitig in bestimmte formale Strukturen einzupassen[101]. Bei der Anwendung dieser Methoden wird nicht die Arbeit selbst - oder besser die Arbeitssituation - der betroffenen Arbeitnehmer in den betroffenen Teilfunktionsbereichen als Ganzes untersucht, sondern eben nur

----

97) zitiert nach H.Wedekind, a.a.O., S.51 ff.
siehe hierzu auch die einzelnen Betrachtungen der Methoden in Kapitel 2.

98) vgl. P.C.Lockemann/A.Schreiner/H.Trauboth/M.Klopprogge, Systemanalyse - DV Einsatzplanung, Berlin/Heidelberg/New York 1983, S.79

99) vgl. H.Wedekind, a.a.O., S.80 ff.

100) vgl. H.Wedekind, a.a.O., S.43; andere Autoren gliedern die informationsverarbeitenden Stufen noch weiter auf, wie z.B. W.D.Rauch, Büroinformationssysteme, Wien/Köln/Graz 1982, S.28 ff.

101) vgl. hierzu die formalen Anwendungsvoraussetzungen der Methoden der Logik, Mathematik und Informatik

bestimmte Aspekte des Teilbereichs der informationsverarbeitenden Tätigkeiten aufgenommen[102]. Die Systemerhebung hat also nicht nur eine aufnehmende, sondern auch eine trennende Funktion[103].
Erst in dem dritten Schritt, der Ist-Systembeschreibung, werden teilweise formale Beschreibungsmittel mit strengeren Anforderungen an die Eindeutigkeit verwendeter Begriffe, Bezeichnungen oder Elemente und deren Beziehungen untereinander gestellt. Hierzu bemerkt A.Luft:

"Die sprachliche Darstellung von Dingen und Geschehnissen bedarf insbesondere auch beim Software Engineering (i) einer orthosprachlichen Standardisierung, die festlegt, welche Notationsformen verwendet werden dürfen, und (ii) einer Standardisierung der Bedeutung. Diese Standardisierung, die selbstverständlich nicht nach rein subjektiven Gesichtspunkten getroffen werden sollte und insofern einen (transsubjektiven) Einigungsprozeß voraussetzt, wird als orthosprachliche Standardisierung bezeichnet."[104]

Hieran ist zu erkennen, daß der Prozeß der Präzisierung bei der Systemanalyse deutlicher methodisch strukturiert ist als die Präzisierung bei der Anwendung formaler Methoden im Bereich rechtlicher Regelungen. Die Anwendung der Systemanalyse ist hier also für die Formalisierung im Recht insofern von einer gewissen Bedeutung, als sie den Rahmen des Formalisierungsprozesses im Recht als Grundlage juristischer Datenverarbeitung beeinflußt.

----

102) vgl. im einzelnen die Erhebungsmethoden bei H.Wedekind, a.a.O., S.46 ff.; Erinnert sei hier auch an den ersten Grundsatz der wissenschaftlichen Betriebsführung von F.W.Taylor, den er wie folgt aufstellt:
"Den Betriebsleitern fällt die Aufgabe (...) zu, all die überlieferten Kenntnisse zusammenzutragen, die früher im Besitz der einzelnen Arbeiter waren, sie zu klassifizieren und in Tabellen zu bringen, und diese Kenntnisse zu Regeln, Gesetzen und Formeln zu reduzieren."
aus: "Die Grundsätze wissenschaftlicher Betriebsführung", München 1917, S.38, zit. nach H.Bravermann, Die Arbeit im modernen Produktionsprozeß, Frankfurt/New York 1980, S.93

103) Diese Funktion umschreibt Bravermann in ähnlichem Sinne bei der Erläuterung des ersten Taylorschen Grundsatzes:
"Dieses erste Prinzip können wir die Loslösung des Arbeitsprozesses von den Fertigkeiten des Arbeiters nennen. Der Arbeitsprozeß muß von jeglichem Handwerk, jeder Tradition und aller Kenntnis des Arbeiters unabhängig gemacht werden. In Zukunft darf er keineswegs von den Fähigkeiten des Arbeiters, er muß vielmehr voll und ganz von den Praktiken des Managements abhängig sein."
H.Bravermann, a.a.O., S.93

104) vgl. A.L.Luft, Rationaler Sprachgebrauch und orthosprachliche Standardisierung als Grundlagen des Software Engineering, in: Informatik-Spektrum Band 5 Heft 4 (1982), S.209 ff. (S.216)

Präzisierung der Bürger-Verwaltung Kommunikation

Die bisher bekannten Präzisierungsvorhaben der Bürger-Verwaltung-Kommunikation rekurrieren eigentlich eher auf die oben behandelten Methoden der Systemanalyse[105]. Diese methodische Ausrichtung läßt zwei Vermutungen zu. Einmal stand die Kommunikation zwischen dem Bürger und der Verwaltung - losgelöst von einer verwaltungsinternen (Re-)Organisation - kaum im Vordergrund bzw. war nie Ausgangspunkt des Untersuchungsinteresses. Zum zweiten ist es das Hauptinteresse der Verwaltung, die Komplexität der Kommunikation mit dem betroffenen Bürger schon im Ansatz auf ihre verwaltungsinternen Kategorien zu beziehen[106].
Die wenigen Ansätze zur Präzisierung der Kommunikation, die nicht ihren Ursprung in der Systemanalyse haben, gehen in diesem Bereich eher in Richtung Entformalisierung. So formulierten z.B. Hohner und Schöller:

> "Es kommt nicht von ungefähr, daß Bürger vor allem aus unteren sozialen Schichten Angst, Mißtrauen und Verärgerung über die öffentliche Verwaltung empfinden. Diesen Bevölkerungsgruppen, die am ehesten auf eine andere Qualität von Verwaltungsleistungen angewiesen sind, kann nur geholfen werden, wenn für sie Partei ergriffen wird. Dies geht nicht, ohne andere Interessen zurückzudrängen."[107]

Und als konkrete Empfehlungen sprechen sie sich einerseits für eine Humanisierung der Arbeit in der Verwaltung selber aus (konkret für eine Entbüro-

----

105) vgl. z.B. KGSt-Bericht 4/1979: Bürger und Verwaltung - Grundlagen und Verfahren, Köln, Mai 1979, S.25 ff.; A.Tepper, Zwischenbilanz der Beteiligung an der Systementwicklung im Projekt EBÜRG - Erste Erfahrungen bei der Zusammenarbeit von Mitarbeitern, Bürgern und Systementwicklern, Arbeitspapiere der GMD Nr.22, März 1973, Bonn, S.16 ff.

106) Damit werden die verschiedenen Formen der sich verstärkenden Entfremdung der betroffenen Bürger gerade nicht angegangen. Nimmt man etwa die von Komrey aufgezählten Aspekte der subjektiven Entfremdung (Machtlosigkeit, Orientierungslosigkeit, normlessness, value isolation, Selbstentfremdung und soziale Isolation) und versucht auch nur einen Aspekt davon mit den Mitteln der Systemanalyse irgendwie zu greifen, dann muß man erkennen, daß sie einfach nicht formal faßbar sind. So sind eine ganze Reihe von Ansätzen der Sozialwissenschaften zur Beschreibung von Kommunikationsbeziehungen (auch zwischen Bürger und Verwaltung) gemacht worden, aber keiner davon ist aufgegriffen worden, um konstruktiv das Verhältnis zwischen Bürger und Verwaltung zu verbessern.
vgl. insbesondere K.Lenk, Gesellschaftliche Auswirkungen der Informationstechnik, in: Nachrichten für Dokumentation 33, 1982 Nr.6, S.200 ff. (S.203)

107) R.Hohner/H.Schöller, Regeln für den Umgang mit dem Bürger - Pragmatische Ansätze zur Sicherung der Interaktionsfähigkeit der Verwaltung, in: W.Hoffmann-Riem (Hrsg.), Bürgernahe Verwaltung? Analysen über das Verhältnis von Bürger und Verwaltung, Neuwied/Darmstadt 1979, S.161 ff (S.169)

kratisierung, Aufhebung der Arbeitsteilung usw.)[108] und andererseits für mehr Mitwirkungsrechte der betroffenen Bürger[109], Verhinderung von mehr Kontrolle des Einzelnen[110] und das Unnötigmachen von Beratungsstellen. Alle diese Forderungen stehen in einem gewissen Gegensatz zu den Beobachtungen der Auswirkungen des DV-Einsatzes in der öffentlichen Verwaltung[111].

Positivierung

Methoden, die zur Formalisierung im Recht angewendet werden, setzen eine Positivierung bzw. Explizierung der Bezeichnungen, Begriffe und Elemente sowie deren Beziehungen untereinander voraus. Dieser dritte Aspekt, der im Prozeß der Formalisierung eine Rolle spielt, ist allerdings nicht in einer zeitlichen Reihenfolge zu verstehen, sondern er betrifft sämtliche Schritte dieses Vorgangs.
Unter der Positivierung ist hier eine ausdrückliche, meist schriftliche Darstellung von Entscheidungszusammenhängen zu verstehen. Am deutlichsten wird die Positivierung, wenn man ein Programm betrachtet[112]. Ein Programm zur Addition zweier Zahlen bedarf nicht nur eines Rechners, in dessen Hardwarearchitektur und dessen Betriebssystem die Grundregeln der Addition von Dezimalzahlen festgehalten und bereitgestellt werden, sondern auch Angaben darüber,

----

108) R.Hohner/H.Schöller, a.a.O., S.171

109) R.Hohner/H.Schöller, a.a.O., S.170

110) R.Hohner/H.Schöller, a.a.O., S.172

111) vgl. hierzu insbesondere die Darstellung in Abschnitt 6.1. in Anlehnung an die Ergebnisse der Studie von H.Brinkmann u.a., Automatisierte Verwaltung, Frankfurt/New York 1981 sowie K.Lenk, Implikationen der Verwaltungsautonomie für das Verhältnis von Verwaltung und Bürger, in: Hoffmann-Riem, a.a.O., S.140 ff. (S.144, 153)

112) Man beachte, daß hier natürlich auch Formalisierungsmittel ohne direkten Bezug zur DV untersucht werden. Wie der Titel der Arbeit aber schon sagt, grenzen wir unsere Betrachtungen auf die Formalisierung zum Zwecke des Einsatzes von DV ein.

- welche Zahlen addiert werden sollen (ganze Zahlen, reelle Zahlen),
- in welchem Format die Zahlen eingegeben und verarbeitet werden sollen,
- von welchem Speichermedium die Daten eingegeben werden sollen (vom Magnetband oder aus einer Magnetplatte),
- ob gegebenenfalls vor der Eingabe der Daten eine Bildschirmmaske ausgegeben werden soll, durch die die Daten bei dem Benutzer eines Programms angefordert werden und in die diese dann einzutragen sind,
- ob die Daten irgendwo zwischengespeichert werden,
- wohin das Ergebnis der Addition abgespeichert wird und schließlich
- auf welchem Ausgabenmedium die Daten in welcher Form gespeichert sind[113).

Diese Dinge spielten bei einer Addition 'im Kopf' entweder keine Rolle, oder sie waren bei der Ausbildung in der Schule irgendwann einmal erlernt, dann aber routinemäßig ausgeführt worden (z.B. die Zwischenspeicherung von Daten, besonders von sogenannten Oberläufen). Soll ein Programm geschrieben werden, kommt zu den genannten Punkten noch die Auswahl einer geeigneten Programmiersprache; abhängig von dieser Wahl sind einige dieser Entscheidungen u.U. wiederum durch Konventionen geregelt, so daß die ausdrückliche Entscheidung zu einigen Punkten bereits mit der Wahl des Kompilierprogramms fällt. Deutlich wird an diesem Beispiel auch, daß durch die zwingende Betrachtung von Schnittstellen zur Ein-/Ausgabe von Daten über die eigentliche Berechnung einer Summe zweier Zahlen hinaus neue Dimensionen in die Lösung einer Aufgabe hineinkommen: der Aspekt der Arbeit (mit dem Programm) und der Aspekt der Kommunikation mit solchen Personen, die die Daten computerlesbar bereitstellen und denjenigen, die die Ergebnisse der Berechnung erhalten. Diese müssen nicht notwendigerweise dieselben Personen sein.
Die Positivierung und deren Umfang hängt demnach von der Wahl der Methoden ab, mit denen eine Formalisierung durchgeführt werden soll. Fällt die Wahl z.B. auf das Aussagenkalkül, dann muß zunächst eine Positivierung durch und im Zusammenhang mit der Präzisierung der Bezeichnungen von Aussagen und deren Beziehungen unternommen werden. Dabei bleibt es, es sei denn, die Formalisierung diente der Vorbereitung einer Nutzung der Datenverarbeitung.

----

113) Im einfachsten Fall, d.h. ohne komplizierte E/A Operationen, sähe ein solches Programm - geschrieben in der Sprache PASCAL - so aus:

```
var a,b,c:integer;
begin
     read (a,b);
     c:=a+b;
     write (c);
end.
```

Betrachtet man den Gegenstandsbereich der Formalisierung, stellt man fest, daß durch Recht grundsätzlich die meisten Rechtsnormen positiviert sind. Von diesem Grundsatz abweichend gibt es einen umfangreichen und abgestuften, für die einzelnen Rechtsgebiete noch einmal unterschiedlich geltenden Ausnahmekatalog bzw. Sonderfälle (z.B. das Gewohnheitsrecht). Die strengste Anforderung an positiviertes Recht ist im Strafrecht durch den in der Meta-Norm des Artikel 103 Abs.2 GG verankerten Grundsatz 'nulla poena sine lege' gestellt. Aber selbst dort steht fest, daß die konjunktive Verknüpfung geschriebener mit ungeschriebenen Tatbestandsmerkmalen den Anwendungsbereich einer Strafrechtsnorm einschränken kann.
Bei der Formalisierung einer nicht positivierten Norm oder auch nur eines Bestandteiles davon stellt sich vor allem die Frage nach der Legitimität und der Zweckmäßigkeit der Festschreibung nicht-kodifizierten Rechts. Ausserdem setzen die verschiedenen Stufen der Formalisierung von Recht - wie schon gezeigt wurde - eine weitergehende Positivierung, als dies im geltenden Recht der Fall ist, voraus. Dies trifft insbesondere auf die Art und die Umstände der Erbringung von Verwaltungsleistungen zu, wobei Belange der Arbeit der Verwaltungsangehörigen und solche der Kommunikation mit den Verwaltungsklienten berührt sind.

Abstraktionen

Wie bereits die Erörterung der verschiedenen Präzisierungsansätze gezeigt hat, erfordert die Anwendung formaler Methoden mehr oder weniger starke Abstraktionen. Joseph Weizenbaum faßt diese Tatsache wie folgt zusammen:

> "Die Wissenschaft muß Realität vereinfachen. Der erste Schritt auf diesem Wege besteht in einer Abstraktion, und das heißt, daß nunmehr alle Erfahrungstatsachen unberücksichtigt bleiben, die nicht in den jeweiligen

Begriffsrahmen passen, innerhalb dessen die Naturwissenschaft gerade arbeitet."[114]

Ganz allgemein charakterisiert den Prozeß der Abstraktion zweierlei: Zum einen dient er nicht nur der oben genannten Reduktion der Komplexität eines bestimmten Anwendungsgebietes. Welche Dinge bei diesem Selektionsprozeß im Mittelpunkt des (Forscher- oder Anwender-)Interesses stehen und welche am Rande oder außerhalb dessen, bestimmt das Ziel des Abstraktionsprozesses ebenso wie die Grenzen der eingesetzten Methodik. Ebenfalls dadurch bestimmt wird die zweite Eigenschaft der Abstraktion, nämlich die Trennung von relevanten und irrelevanten Aspekten[115].

----

114) vgl. J.Weizenbaum, Die Macht der Computer und die Ohnmacht der Vernunft, Frankfurt 1977, S.175. Weizenbaum zitiert an dieser Stelle auch A.Huxley, Science, Liberty, and Peace, New York 1946, S.35 f.
"Praktisch (sind die Naturwissenschaftler) berechtigt, auf diese kuriose und extrem willkürliche Art vorzugehen; denn indem sie sich ausschließlich auf die meßbaren Aspekte solcher Erfahrungselemente konzentrieren, die sich mit den Begriffen eines Kausalsystems erklären lassen, wurden sie in die Lage versetzt, eine ständig wachsende Kontrolle über die Naturkräfte auszuüben. Aber Macht ist nicht dasselbe wie Einsicht, und als Darstellung der Wirklichkeit ist die naturwissenschaftliche Abbildung der Welt nicht ausreichend, einfach aus dem Grund, weil die Naturwissenschaft nicht einmal den Anspruch erhebt, sich mit Erfahrungen schlechthin zu befassen, sondern nur mit bestimmten Ausschnitten und nur in bestimmten Zusammenhängen. Die eher philosophisch orientierten Naturwissenschaftler sind sich dessen wohl bewußt. Aber unglücklicherweise hatten einige Naturwissenschaftler, viele Techniker und vor allem die Konsumenten der vielen kleinen technischen Errungenschaften weder Zeit noch Interesse, den philosophischen Ursprüngen und Hintergründen der Naturwissenschaften nachzugehen. Infolgedessen akzeptierten sie in der Regel das in den naturwissenschaftlichen Theorien implizierte Bild der Welt als vollständige und erschöpfende Darstellung der Wirklichkeit; sie tendierten dazu, diejenigen Aspekte der Erfahrung, die die Naturwissenschaftler wegen mangelnder Kompetenz nicht berücksichtigen, so anzusehen, als seien diese irgendwie weniger real als jene Aspekte, die die Naturwissenschaft willkürlich durch Abstraktion aus der unendlich reichen Gesamtheit bestehender Tatsachen ausgesondert hat."

115) Unter dem Aspekt der Arbeit zumindest kann diese Trennung auch noch etwas mit der Aneignung von Wissen durch das Management im Produktionsprozeß zu tun haben. Der zweite Grundsatz von Taylor lautet nämlich:
"Die Werkstatt soll von jeder denkbaren geistigen Arbeit befreit werden. Jegliche Arbeit soll in einem Planungs- und Arbeitsbüro vereinigt werden ..."
(zit. nach H.Bravermann, a.a.O., S.93 f.); H.Bravermann (a.a.O., S.94) schreibt dazu:
"Dieser Grundsatz sollte anstelle seiner gebräuchlicheren Bezeichnung 'Trennung von Hand- und Kopfarbeit' eher den Namen 'Trennung von Vorstellung und Ausführung' erhalten (...). Der Grund ist, daß geistige Arbeit, d.h. Arbeit, die vorwiegend im Gehirn geleistet wird, ebenfalls dem gleichen Prinzip der Trennung von Vorstellung und Ausführung unterworfen ist (...)".

Das erreichbare Ziel von Abstraktionen kann - wie das vorstehende Zitat von Weizenbaum schon andeutet - teilweise durch die formalen Anforderungen der Methoden oder der angestrebten technischen Hilfsmittel - etwa einem Computer - beeinflußt werden. Wie oben bereits deutlich wurde, erfordert der Einsatz etwa der Logik eine weitgehende Objektivierung und damit Einschränkungen in der zeitlichen Flexibilität und den subjektiven Gestaltungsspielräumen (z.B. der Arbeitsautonomie).
Mehr oder weniger weitgehende Abstraktionen sind auch in der Gesetzessprache sehr verbreitet. Gerade die Bildung sogenannter 'Allgemeiner Teile' in Gesetzen ist ein Ergebnis eines Abstraktionsprozesses, der in der modernen Kodifikationstheorie sehr geläufig ist[116)]. Dennoch ist es bei der Formalisierung von Recht erforderlich, noch weitergehendere Abstraktionen vorzunehmen. Dies trifft nicht nur auf die rechtlichen Regelungen zu[117)], sondern auch auf die Situation der Rechtsanwendung, zum Beispiel im Hinblick auf die Art der Leistungserbringung in der öffentlichen Verwaltung. Man könnte sagen, daß das gesetzte Ziel - nämlich der DV-Einsatz - ein bestimmtes, weit höheres Abstraktionsniveau voraussetzt, als dies im Recht sonst üblich ist.

---

116) vgl. etwa die Beiträge in H.Kindermann (Hrsg.), Theorie der Gesetzgebung, Berlin/Heidelberg/New York 1982, S.144 ff. (in dem Abschnitt über Gesetzgebungstechnik) sowie T.Öhlinger, Methodik der Gesetzgebung, Wien/New York 1982 und die dortigen Beiträge S.154 ff.

117) vgl. hierzu die Anmerkungen zu den einzelnen Formalisierungsmethoden im Abschnitt 2.2. und die umfassenderen, allgemeineren Bemerkungen in Abschnitt 2.3.

Modellbildung

Der Modellbegriff wird sehr unterschiedlich gebraucht und kann hier auch nur unter den Aspekten behandelt werden, die in einem unmittelbaren Zusammenhang zur Formalisierung im Recht stehen[118]. Einmal soll hier der allgemeine Modellbegriff informal eingeführt und zum anderen einige besondere Aspekte der Modellbildung auf dem Computer herausgegriffen werden. Dem allgemeinen Modellbegriff werden von Stachowiak[119] folgende drei Hauptmerkmale zugeordnet:

- Einmal ist ein Modell stets ein Modell von etwas, ein Abbild oder eine Darstellung von natürlichen oder künstlichen Originalen. Stachowiak deutet Originale und Modelle als Attributklassen, die oft die spezielle Gestalt attributiver Systeme erlangen[120]. "Der Abbildungsbegriff fällt" in seiner Modelltheorie "mit dem Begriff der Zuordnung von Modellattri-

----

118) Es wird z.B. zwischen mathematischen Modellen (wobei ein Modell α wie folgt definiert wird: $\alpha = (A,F,R)$ und α das Modell, A eine Menge, F Operationen und R zu definierende Relationen sind), den Modellbegriffen der mathematischen Logik (die sich mit den gegenseitigen Beziehungen zwischen Aussagen formalisierter Theorien und mathematischen Strukturen, in denen die Aussagen gelten sollen, beschäftigen), Theorien schlechthin und Modellen als Abbild der Realität unterschieden: vgl. z.B. H.J.Schneider (Hrsg.), Lexikon der Informatik und Datenverarbeitung, München 1983, S.347 ff.;
siehe auch die umfangreiche Literatur bei H.Stachowiak, Allgemeine Modelltheorie, Wien/New York 1973, sowie R.Mayntz, Modellkonstruktion: Ansatz, Typen und Zweck, in: dieselbe (Hrsg.), Formalisierte Modelle in der Soziologie, Neuwied/Berlin 1967; zu neueren Ansätzen in der Informatik siehe GMD (Hrsg.), Preprints der 'International Working Conference on Model Realism', Bad Honnef April 1982

119) H.Stachowiak, a.a.O., S.128 ff.

120) Stachowiak schreibt an anderer Stelle zu den Attributklassen (a.a.O., S.134):
"Es bedeutet eine Konzession an die sprachlogische, sich in der Grundunterscheidung von Nomen und Verbum, Subjekt und Prädikat ausdrückende Bestimmtheit pünktlicher und kommunikabler Objekterfassung, daß der modelltheoretischen Erstellung von Originalen die Zweigliederung der Erstellungsmittel in Individuen und Attribute zugrunde gelegt wird. (...) Unter Attributen sind Merkmale und Eigenschaften von Individuen, Relationen zwischen Individuen, Eigenschaften von Eigenschaften, Eigenschaften von Relationen usw. zu verstehen. In der Unterscheidung zwischen Individuen und Attributen soll keine Substanzmetaphysik aufleben. Es können beliebige objekterstellende Elemente, die in einem Zusammenhang Attributen-Funktionen erfüllen, in einem anderen als Individuen fungieren. Entscheidend sind allein pragmatische Gesichtspunkte. Gibt es demnach modelltheoretisch keine Individuen per se, so soll es sie jedoch aus darstellungstechnischen Gründen und im Sinne pragmatischer Konvention für den je besonders vorliegenden Fall geben."

buten zu Originalattributen zusammen. Ihm liegt der mathematische (mengentheoretische, algebraische) Abbildungsbegriff zugrunde."[121]

- Als zweites Merkmal des allgemeinen Modellbegriffs nennt Stachowiak das Verkürzungsmerkmal. "Modelle erfassen im allgemeinen nicht alle Attribute des durch sie repräsentierten Originals, sondern nur solche, die den jeweiligen Modellerschaffern und/oder Modellbenutzern relevant erscheinen."[122] Und, so fügt er hinzu, "die Originalreproduktion kann unterschiedliche Grade der subjektiven und intersubjektiven Eindeutigkeit erreichen"[123]. Dieser Aspekt ist oben vor allem unter dem Gesichtspunkt der Abstraktion schon behandelt worden. Diese ist also integraler Bestandteil der Modellbildung, wenn man sich auf die hier genannten Merkmale einigt.

- Als drittes Merkmal des allgemeinen Modellbegriffes nennt Stachowiak das pragmatische. Er führt dazu aus: "Modelle sind ihren Originalen nicht per se eindeutig zugeordnet. Sie erfüllen ihre Ersetzungsfunktion a) für bestimmte - erkennende und/oder handelnde, modellbenutzende - Subjekte; b) innerhalb bestimmter Zeitintervalle und c) unter Einschränkung auf bestimmte gedankliche oder tatsächliche Operationen. Über die abbildungsmäßige Originalbezogenheit hinaus ist mithin der allgemeine Modellbegriff dreifach pragmatisch zu relativieren. Modelle sind nicht nur Modelle von etwas. Sie sind auch Modelle für jemanden, einen Menschen oder einen künstlichen Modellbenutzer. Sie erfüllen dabei ihre Funktionen in der Zeit, innerhalb eines Zeitintervalls. Und sie sind schließlich Modelle zu einem bestimmten Zweck. Man könnte diesen Sachverhalt auch so ausdrücken: Eine pragmatisch vollständige Bestimmung des Modellbegriffs hat nicht nur die Frage zu berücksichtigen, wovon etwas Modell ist, sondern auch, für wen, wann und wozu bezüglich seiner je spezifischen Funktionen es Modell ist."[124]

Weizenbaum hat sich - im Hinblick auf die Nutzung von Computern - mit ganz speziellen Aspekten der Modellbildung beschäftigt. Einmal betrachtet er Theorien, die er folgendermaßen einführt:

---

121) vgl. H.Stachowiak, a.a.O., S.132; er nennt aus diesen Gründen das erste Merkmal des allgemeinen Modellbegriffs das Abbildungsmerkmal.

122) H.Stachowiak, a.a.O., S.132

123) H.Stachowiak, a.a.O., S.132

124) H.Stachowiak, a.a.O., S.132 f.; er entwickelt im weiteren auch eine formale Explikation des allgemeinen Modellbegriffs (auf S.323), auf die hier jedoch nur der Vollständigkeit halber hingewiesen werden soll.

"Eine Theorie ist in erster Linie ein Text, also eine Verkettung der Zeichen des Alphabetes. Aber in einem tieferen Sinne ist sie auch eine symbolische Konstruktion; bereits die Begriffe, mit denen eine Theorie arbeitet, sind Symbole, die nach einem Wort von Abraham Kaplan[125] nach ihrer Bedeutung in der realen Welt tasten, andernfalls hören sie auf symbolisch zu sein."[126]

Weizenbaum führt dann Modelle ein:

"Natürlich kann keine Theorie etwas 'herausbekommen'. Schließlich ist sie nur ein Text. Aber oft können wir auf der Basis der Theorie ein Modell erstellen. Und es gibt Modelle, die in einem ganz nicht-trivialen Sinne bestimmte Dinge herausbekommen können."[127]

----

125) A.Kaplan, The Conduct of Inquiry, San Francisco 1964, S.296, zitiert nach J.Weizenbaum, Die Macht der Computer und die Ohnmacht der Vernunft, Frankfurt 1977, S.190 Fußnote 3

126) J.Weizenbaum, a.a.O., S.190; zu den Begriffen bemerkt er: "Definitionen, die Begriffe durch andere Worte definieren, verschieben das Problem, da auch diese Worte definiert werden müssen. In der gesamten Naturwissenschaft werden Symbole oft über Operationen definiert. In der Physik ist beispielsweise Masse grob gesagt eine Eigenschaft eines Objekts, die seine Bewegung während eines Zusammenstoßes mit anderen Objekten bestimmt. (...) Diese Definition erlaubt uns die Planung von Experimenten mit bestimmten Operationen, deren Ergebnis in der 'Messung' der Masse von Objekten besteht. Impuls ist definiert als das Produkt aus der Masse eines Objekts und dessen Geschwindigkeit ($m \cdot v$), Beschleunigung als das Maß der Geschwindigkeitsänderung in der Zeiteinheit ($b=dv/dt$), und schließlich ist Kraft das Produkt aus Masse und Beschleunigung ($K = m \cdot b$). Eine geeignetere Definition, die sich in einigen Physiklehrbüchern findet, besagt, Kraft sei jeder Einfluß, der eine Veränderung in der Bewegung eines Körpers hervorbringen könne. Der Unterschied zwischen den beiden Bedeutungen von 'Definition', den ich hier angesprochen habe, verdeutlicht, daß die sogenannten operationalen Definitionen der Begriffe einer Theorie die Grundlage für die Planung von Experimenten und die Entdeckung von allgemeinen Gesetzen abgeben, daß diese Gesetze aber dann als implizite Definitionen der in ihnen auftretenden Begriffe dienen können. Diese und noch andere problematische Aspekte von Definitionen implizieren, daß alle theoretischen Begriffe und damit alle Theorien stets durch eine gewisse Offenheit gekennzeichnet sein müssen. Kein theoretischer Begriff kann jemals völlig und bis ins letzte verstanden werden. In der Tat, um noch einmal Kaplan anzuführen, ist es gar nicht möglich, den Inhalt eines Einzelkonzeptes oder eines Einzelbegriffes innerhalb einer genügend gehaltvollen Theorie (etwa über die menschliche Erkenntnis) zu fixieren, ohne damit gleichzeitig eine Aussage über die Wahrheit der gesamten Theorie zu machen. Dieser Umstand ist für die Einschätzung von Computermodellen komplexer Phänomene von größter Bedeutung." (S.191 f.)

127) J.Weizenbaum, a.a.O., S.194

Nachdem er ein Beispiel eines damit gemeinten (nicht statischen) Modells, nämlich eines Flügels und eines Windkanals, gebracht hat, fährt er fort:

"Die Beziehung zwischen einem Modell und einer Theorie ist die, daß ein Modell einer Theorie genügt; d.h. ein Modell gehorcht den Verhaltensgesetzen, die von einer entsprechenden Theorie explizit formuliert sind oder aus ihr abgeleitet werden. Wir können bei einer gegebenen Theorie eines Systems B sagen, daß A ein Modell von B ist, wenn diese Theorie von B gleichzeitig auch eine von A ist."[128)]

Hinsichtlich der Modellbildung unter Zuhilfenahme eines Computers führt er anschließend aus:

"Computer schaffen die Möglichkeit einer völlig neuartigen Beziehung zwischen Theorien und Modellen. Ich habe schon gesagt, daß Theorien aus Texten bestehen. Auch Computersprachen sind Sprachen und mit ihnen lassen sich Theorien formulieren."[129)]

Wie oben schon angedeutet, liegt hierin auch eine qualitativ neue Bedeutung von Objektivierung bzw. Formalisierung[130)]. Weizenbaum faßt diesen Unterschied so zusammen:

"Eine Theorie in Form eines Computerprogramms ist somit sowohl eine Theorie als auch - in einen Computer eingegeben und von diesem bearbeitet - ein Modell, auf das die Theorie Anwendung findet."[131)]

Zu dem Verkürzungsmerkmal (der allgemeinen Modelltheorie) bemerkt er:

"Der Zweck eines Modells besteht natürlich nicht darin, die Wirklichkeit in ihrer ganzen Komplexität wiederzugeben, sondern auf lebendige, manchmal formale Weise das zu erfassen, was für ein Verständnis eines Aspektes und deren Struktur oder Verhalten wesentlich ist."[132)]

----

128) J.Weizenbaum, a.a.O., S.195

129) J.Weizenbaum, a.a.O., S.196

130) vgl. die Gebundenheit von Informationen an den verstehenden und auffassenden Akt der jeweiligen menschlichen Träger in Abschnitt 1.2., S.9 f.

131) J.Weizenbaum, a.a.O., S.197

132) J.Weizenbaum, a.a.O., S.202

Weizenbaum schreibt dies im Zusammenhang mit der Modellbildung mit Hilfe von Computern zum Zweck der Erkenntnisgewinnung. Wie oben schon im Zusammenhang mit der Abstraktion ausgeführt, sind Computermodelle für einen operationellen Einsatz (z.B. in der Verwaltung) auch dauerhaft in ihrer Verwendung. Die Frage also, ob eine ganz bestimmte Modellbildung nicht in diesen Fällen einem bestimmten gesellschaftlichen Konsens unterworfen werden muß, ist hier gar nicht angeschnitten worden.
Weizenbaum bemerkt schließlich:

> "Das Problem, das mit der Frage verbunden ist, was 'wesentlich' ist und was nicht, betrifft auch die Kehrseite der Medaille. Ein Modell ist letzten Endes ein anderes Objekt als der Gegenstand, den es modelliert. Aus diesen Gründen verfügt es über Eigenschaften, die sein Gegenstand nicht hat."[133]

Dieser letzte Aspekt ist besonders wichtig für das Verständnis der Formalisierung im Recht als Grundlage juristischer Datenverarbeitung. Die Verbindung der verschiedenen Aspekte der Formalisierung, nämlich von rechtlichen Regelungen, Arbeit und Kommunikation, schien bisher etwas konstruiert. Zumindest konnte der Eindruck entstehen, die Verbindung sei vom Ergebnis der Formalisierung ausgehend hergestellt. An dieser Stelle aber wird deutlich, daß bereits in der Modellbildung - also im Prozeß der Formalisierung - diese Verbindung aufgrund der allgemeinen Modelleigenschaften gebildet wird, und zwar dergestalt, daß Computermodelle aufgrund der allgemeinen Anwendungsvoraussetzungen des Computers per se diese Verbindung erzwingen. Umgekehrt formuliert bedeutet dies, daß eine bloße Formalisierung von rechtlichen Regelungen (allein) - etwa aus Gründen der Erkenntnisgewinnung - nicht unreflektiert zu einem massenhaft eingesetzten Instrument der Verwaltung oder der Justiz gemacht werden sollte, zumindest solange nicht, als die anderen beiden Aspekte der Arbeit und der Kommunikation nicht einem bewußten Gestaltungsprozeß unterzogen wurden. Eine prinzipiell mögliche Programmierbarkeit einzelner juristischer Entscheidungszusammenhänge bedeutet eben noch nicht, daß ein solches Programm unter den Aspekten der Veränderung der Arbeit und der Kommunikation zwischen Verwaltung und Bürger auch sinnvoll, nützlich oder rechtsstaatlich vertretbar und mithin wünschenswert wäre.

----

133) J.Weizenbaum, a.a.O., S.202

Die Modellbildung zur Formalisierung von Recht (und der damit verknüpften Formalisierung von Arbeit und Kommunikation) ist in den zu untersuchenden Beispielen zunächst einmal unabhängig von der Tatsache, daß der Betrachtungsgegenstand - nämlich die zu untersuchenden und gegebenenfalls in ein Programm zu übertragenden Rechtsnormen - selbst durch eine Modellbildung geschaffen worden ist. Modellbildung im Rahmen der Formalisierung rechtlicher Regelungen umfaßt zwei Aspekte: Für den Teil, der etwa durch positives Recht charakterisiert ist, beschreibt das Modell die Beziehung zwischen zwei verbalen oder symbolischen Systemen. Für die anderen Teile ist das Modell als vergegenständlichte Nachbildung der Realität der Rechtsanwendung anzusehen, etwa in Form der Nachbildung des Entscheidungsverlaufes bei der Erstellung eines Verwaltungsaktes. Dieser Entscheidungsverlauf wird z.B. durch einzelne Methoden der Systemanalyse erhoben. Der erste Aspekt des Modells ist anwendbar auf die Beziehung zwischen einer bestehenden Norm, die ja bereits durch einen Gesetzestext verbal beschrieben ist, und deren Modell in Form zum Beispiel eines Kalküls. Der zweite Aspekt des Modells, also die vergegenständlichte Nachbildung der Realität, tritt dann zu dem ersten Modellaspekt - in sicherlich modifizierter Form - hinzu, wenn es um die Einbeziehung noch nicht positivierter Bestandteile eines Entscheidungsverlaufes im Recht geht.[134)]

Standardisierung

Dieses zuletzt angeschnittene Problem bei der Modellbildung wird umso krasser, je stärker mit dem Prozeß der Modellbildung der Prozeß der Standardisierung verknüpft ist.
Die Anwendung der Datenverarbeitung (zu mehr als experimentellen Zwecken - also zum Einsatz in Recht und Verwaltung -) erfordert Standardisierung auf allen Ebenen der Formalisierung.
Standardisierung bedeutet,

- unter dem Aspekt der Formalisierung rechtlicher Regelungen den Sprachgebrauch soweit zu präzisieren, zu vereinheitlichen und für zukünftige

----

134) vgl. K.Lenk, Probleme der Verwaltungsinnovation durch DV-gestützte Verfahren, in: ÖVD 1980 Heft 10, S.4;
Lenk nennt diese die sogenannten Nebenziele der Verwaltungspolitik, wie Bürgerfreundlichkeit, mitarbeiterbezogene Ziele

Fälle (sowohl räumlich als auch zeitlich) festzuschreiben,[135] daß der Sprachgebrauch im Wiederholungsfall identisch ist;

- Unter dem Aspekt der Formalisierung der Entscheidungs- und Arbeitsabläufe diese so zu planen und auszurichten, daß sie im Wiederholungsfall gleich ablaufen[136];

- unter dem Aspekt der Formalisierung der Kommunikation an den Schnittstellen zur Verwaltung im weitesten Sinne und an den Schnittstellen zum Computer im engeren Sinne Kommunikation mit dem Bürger so zu planen und auszurichten, daß sie im Wiederholungsfall gleich verläuft[137].

In dieser Funktion setzt die Standardisierung sowohl eine Präzisierung der Sachverhalte (d.h. auch der Begriffe und der Beziehungen zwischen den Begriffen) als auch in gewissem Sinne Abstraktion und Modellbildung voraus. Standardisierung kann, muß aber nicht Objektivierung sein. So kann ein Richter oder ein Sachbearbeiter durchaus die Standardisierung eines Entscheidungsablaufes (zum Beispiel bei Verkehrsgerichtsverfahren) betreiben, ohne daß hiervon die Entscheidungstätigkeit anderer Personen berührt ist. Sie kann also lediglich die Gleichförmigkeit der eigenen Entscheidungen fördern.

----

135) vgl. hierzu insbesondere A.Luft, a.a.O., S.216, der in bemerkenswerter Klarheit diese Voraussetzung der DV-Anwendung formuliert hat: "Die sprachliche Darstellung von Dingen und Geschehnissen bedarf insbesondere auch beim Software Engineering i) einer orthographischen Standardisierung, die festlegt, welche Notationsformen verwendet werden dürfen, und ii) einer Standardisierung der Bedeutung. Diese Standardisierung, die selbstverständlich nicht nach rein subjektiven Gesichtspunkten getroffen werden sollte und insofern einen (transsubjektiven) Einigungsprozeß voraussetzt, wird als orthosprachliche Standardisierung bezeichnet. Thesenartig läßt sich unsere Grundlagendiskussion nun folgendermaßen zusammenfassen: In einem bezüglich einer jeweils ausgezeichneten pragmatischen Basis schrittweise, diszipliniert und begründet eingeführten - und insofern rationalen - Gebrauch von Sprache sowie einer orthosprachlichen Standardisierung derart eingeführter sprachlicher Ausdrucksmittel ist eine Grundlage des Software Engineering zu sehen."
kritisch dazu J.Weizenbaum, a.a.O., S.191 f. und Fußnote 126 in diesem Abschnitt.

136) vgl. hierzu A.Rolf, Zur Veränderung der Arbeit in Büro und Verwaltung, Münster 1983, S.28

137) vgl. hierzu vor allem W.Schäfer/G.Sorka, Die Abbildung von Gesetzestexten auf Formulare in der Rentenversicherung, Band 17 des Forschungsprojektes 'Verwaltungsautomation', Kassel März 1979, S.177 ff. (s.a. S.3) und K.Lenk, Implikationen der Verwaltungsautomation für das Verhältnis von Verwaltung und Bürger, in: W.Hoffmann-Riem (Hrsg.), Bürgernahe Verwaltung? Analysen über das Verhältnis von Bürger und Verwaltung, Neuwied/Darmstadt 1979, S.140 ff.

Formalisierung

Formalisierung ist selbst eine Form der Objektivierung, die eine vorangegangene Präzisierung, Abstraktion und Modellbildung voraussetzt. Darüber hinaus ist Standardisierung eine Vorstufe der Formalisierung. Formalisierung erfordert hier zusätzlich eine verbindliche Regelung sprachlicher Darstellungen, und zwar sowohl hinsichtlich rechtlicher Regelungen als auch hinsichtlich eines verbindlichen Arbeitsablaufes[138] und verbindlicher Kommunikationsverläufe. Es ist wichtig zu beachten, daß Formalisierung hier als abstrakter Prozeß verstanden wird. Dieser ist zu unterscheiden von einer praktischen Umgestaltung der Realität (etwa: 'Formalisierung' von Arbeitsprozessen durch das Management).

Algorithmisierung

Die Algorithmisierung stellt schließlich einen Grenzfall der vollständigen Formalisierung von Verfahren und der Eindeutigkeit der Abfolge von Entscheidungsschritten bei ihrer Ausführung dar. Algorthmisierung ist damit Vorstufe zur Übertragung auf die Maschine. Die Algorithmisierung erfordert über die Formalisierung hinaus die Berechenbarkeit[139], d.h. der Algorithmus muß irgendwann abbrechen.

----

138) vgl. A.Rolf, a.a.O., S.28; dies kann auch noch - unter dem Aspekt der Arbeit - etwas mit dem dritten Grundsatz von Taylor - der Pensumidee - zu tun haben. H.Bravermann, a.a.O., S.98 schreibt dazu:
"Das wesentliche Element ist (...) die systematische Vorausplanung und Vorausberechnung aller Elemente des Arbeitsprozesses, der als Gesamtprozeß nicht mehr in der Vorstellung des Arbeiters, sondern nur noch in der Vorstellung eines speziellen Managementstabes besteht. Wenn also das erste Prinzip das Zusammentragen und Ausarbeiten von Kenntnissen über den Arbeitsprozeß ist und das zweite die Zusammenfassung dieses Wissens im ausschließlichen Handlungsbereich des Managements - einschließlich seines unerläßlichen Gegenstücks, des Fehlens derartiger Kenntnisse bei den Arbeitern -, so ist das dritte die Verwendung dieses Wissensmonopols dazu, jeden Schritt des Arbeitsprozesses und seiner Ausführungsweise zu kontrollieren."

139) vgl. H.Hermes, Aufzählbarkeit Entscheidbarkeit Berechenbarkeit, Berlin/Heidelberg/New York, 2.Auflage 1971, S.9:
"In der Mathematik treten häufig Funktionen auf, zu denen es einen abbrechenden Algorithmus gibt, welcher bei beliebigen vorgegebenen Argumenten den Funktionswert liefert. Derartige Funktionen nennt man berechenbare Funktionen."

Maschinisierung

Über die Algorithmisierung hinaus erfordert die Maschinisierung rechtlicher Entscheidungen, daß die entsprechenden Programme nicht nur berechenbar, sondern auch hinsichtlich des benötigten Speicherplatzes und der benötigten Rechenzeit unterhalb bestimmter Grenzen liegen[140]. Inhaltlich bedeutet die Maschinisierung einer Aufgabe, daß diese ganz oder teilweise vom Computer gelöst wird. Die Maschinisierung einer Aufgabe schafft zudem das Problem der Schnittstellen bei der Ein- und Ausgabe der benötigten Daten. Die Zusammenhänge zwischen den drei Aspekten (dem Normaspekt, dem Arbeitsaspekt und dem Kommunikationsaspekt zwischen Bürger und Verwaltung) werden im folgenden anhand der tabellarischen Gegenüberstellung der Bedeutungen der einzelnen Bestandteile von Formalisierung dargestellt.

----

140) vgl. zur Einführung den Abschnitt über 'Time- and Tape-Boundet Turing Maschines' in: J.E.Hopcroft/J.D.Ullman, Formal Languages and their Relation to Automata, Reading 1969, S.135 ff. oder speziell für Probleme aus dem Bereich der 'Künstlichen-Intelligenz'-Forschung: D.R.Hofstadter, Gödel Escher Bach, Harmondsworth 1980

BEDEUTUNGSDIMENSIONEN / EMPIRISCHE SACHVERHALTE	FORMALISIERUNG DER RECHTLICHEN REGELUNG	FORMALISIERUNG DER ARBEIT	FORMALISIERUNG DER KOMMUNIKATION/LEISTUNGSERBRINGUNG
AUSGANGSZUSTAND	Rechtliche Regelungen und ihre Anwendung: Leistung oder Anspruch liegen sprachlich formuliert vor. Art und Umstand der Leistungserbringung sind oft nur hinsichtlich der Widerspruchs-/Vorlagemöglichkeiten weitergehend (sprachlich) ausgeführt.	Geistige und körperliche Arbeit: Aufgabenerledigungsprozesse nur hinsichtlich der Aufgabenbeschreibung näher fixiert (z.B. in Dienstanweisungen)	Persönliche und einzelfallbezogene Gespräche, Schriftwechsel, Verwaltungsmaßnahmen Rechtliche Regelungen liegen vor für den Leistungsanspruch, weniger für die Leistungserbringung.
<u>A. Präzisierungen</u> —Begriffe und Bezeichnungen Unbestimmtheit durch - Mehrdeutigkeiten	müssen aufgedeckt und ausgeschlossen werden	a) Richter Ein gewisses Maß an Unbestimmtheit ist der Normalfall richterlicher Entscheidung. Dabei dient z.B. der unbestimmte Rechtsbegriff als eigene methodische Figur, wobei es für den Entscheider darum gehen muß, 'tolerable' von 'intolerabler' Unbestimmtheit zu unterscheiden. Die fallbezogene Subsumtion ist jeweils der Kernbestandteil richterlicher Entscheidungstätigkeit und damit seiner Arbeit. Behebung von Mehrdeutigkeit geschieht durch hermeneutische Erkenntnis, z.B. durch fallbezogene Modellbildung.	Behebung von Mehrdeutigkeiten durch Rückfragen

- Unschärfe	ist bis auf wenige Ausnahmen (z.B. fuzzy logic) unvermeidlich	a) Richter Verminderung von Unschärfe durch Dezision b) Sachbearbeitung Auf der begrifflichen Ebene sind die zu treffenden Entscheidungen schon weitgehend operationalisiert, d.h. Präzisierungen von Bezeichnungen sind durch umfangreiche Vorschriften generell (ergänzend) vorgenommen worden. Darüber hinaus sind durch die Regelungen im Hinblick auf den Entscheidungsablauf weitere Eingrenzungen von Unbestimmtheiten von Bezeichnungen vorgenommen (Stichwort: Kontextabhängigkeit). In diesem Rahmen unterscheidet sich die richterliche Entscheidung grundsätzlich nicht von der Verwaltungsentscheidung, was Mehrdeutigkeit und Unschärfe angeht.	Aufklärung von Unschärfe durch Rückfragen
–Beziehungen zwischen Begriffen und Bezeichnungen	Die Beziehungen zwischen Begriffen bzw. Bezeichnungen werden durch die logischen bzw. deontischen Operatoren sowie durch entsprechende Prädikate exakt bestimmt. Widerspruchsfreiheit, Vollständigkeit und Unabhängigkeit müssen gewährleistet werden bzw. sind gerade das Ziel der Präzisierung von Bezeichnungen.	Durch Programme werden die Beziehungen zwischen einzelnen Bezeichnungen nicht nur logisch, sondern auch im Hinblick auf die Abfolge der Bearbeitungsschritte festgelegt.	Die Bedeutung der Beziehungen der einzelnen Bestandteile der formalisierten Kommunikation an der Mensch-Maschine-Schnittstelle werden durch das Programm festgelegt.

B. Positivierung —aller entscheidungsrelevanten Merkmale (Vollständigkeitspostulat)	Grundvoraussetzung; findet oftmals jedoch nur im Rahmen des bisher rechtlich Geregelten und unter Beseitigung von Mehrdeutigkeiten und Unschärfen statt. Dogmatische Rechtsfortbildungen werden ausgeschlossen (es sei denn, Lernfähigkeit ist 'eingebaut').	a) Richter Formaler Zwang zur Positivierung der Urteilsgründe besteht durch GVG/StPO. Dennoch zeigen sowohl rechtssoziologische Untersuchungen wie auch die alltägliche Praxis, daß für einen Einzelfall relevante Merkmale - z.B. als weniger relevant erachtete Sachverhaltsmerkmale - keine Erwähnung finden. b) Sachbearbeitung Formaler Zwang zur Positivierung besteht durch das Verwaltungsverfahrensgesetz (VwVfG). Hierbei beschränkt sich die Verwaltungspraxis allerdings auf die Angabe der Tatbestandsmerkmale. Bei Ablehnung eines Antrages werden die zu der negativen Entscheidung herangezogenen Sachverhaltsmerkmale benannt.	siehe z.B. das Schriftformerfordernis für den Verwaltungsakt oder das Urteil.
—der Schrittfolge der Entscheidung	Grundvoraussetzung	a) Richter s.o. b) Sachbearbeitung Im Rahmen von Dienstanweisungen; allerdings sind diese nur in den seltensten Fällen (nur an Bildschirmarbeitsplätzen) vollständig.	spiegelt sich zum Teil im Aufbau und der Art der Mensch-Maschine-Schnittstelle wider.

C. Abstraktion	Normen selbst sind bereits abstrakt und allgemein. Die Formalisierung eines Normensatzes abstrahiert selbst wiederum . - von der konkreten Entscheidungssituation - von dem Normenzusammenhang, in dem diese steht - von Kommunikationsaspekten etc. Die Formalisierung eines Entscheidungsmodells für einen Einzelfall abstrahiert von - nicht positivierten Entscheidungsdeterminarten des Entscheiders - anderen Funktionen einer Norm.	Die Formalisierung eines Arbeits-/Entscheidungszusammenhanges abstrahiert von allen mitarbeiterbezogenen Aspekten wie z.B. Qualifikations-, Motivations-, Leistungsgesichtspunkten sowie den individuellen Freiräumen bei der Arbeit.	Die Leistungen z.B. der sozialen Sicherung haben sich zunehmend in wesentlichen Bereichen auf immer abstraktere Gegenstände hin verändert (meistens auf Geldzahlungen). Zudem verändert sich der Bürger--Verwaltung-Kontakt zunehmend in Richtung abstrakterer - häufig formularbezogener - Kommuniaktion. Dadurch - so wird befürchtet - wird der Zugang zu Verwaltungsleistungen erschwert. Anstelle des persönlichen Kontaktes tritt in vermehrtem Maße die auf Daten basierende Verwaltungsaktivität.

D. Modellbildung	auf der Normebene weitgehend durch die Sprache, d.h. die Formulierung der Norm vorgegebene Struktur (Tatbestand, Rechtsfolge); Modellbildung erfolgt durch Zerlegung der grundsätzlichen Normbestandteile (Tatbestandsmerkmale, Operatoren und Rechtsfolgemerkmale [Verbot, Erlaubnis, etc.]) sowie die Synthetisierung dieser analytisch gewonnenen Einzelbestandteile, z.B. in einem Kalkül oder einer graphischen Darstellung desselben.	Die rechtliche Entscheidung ist viel weniger vorstrukturiert und standardisiert (vgl. dazu die Beschreibung von Fiedler zur Konstituierung eines Rechtsfalls; symptomatisch auch der Begriff vom Hin- und Herwandern des Blicks zwischen Tatbestand und Sachverhalt bei der Subsumtion). Diese generelle Aussage ist jedoch bei den verschiedenen Formen der Tätigkeit eines Entscheiders im Rechtsbereich unterschiedlich (Richter, Sachbearbeiter, Gesetzesplaner). Bei der schon begrifflich weitgehend eingeengten Entscheidungsmöglichkeit des Sachbearbeiters beim Normvollzug liegt qua Dienstanweisung häufig schon der Inhalt einer Entscheidung bei Vorliegen bestimmter Sachverhaltsmerkmale fest (Begriff der Selbstbindung der Verwaltung), nicht aber im Einzelfall die Abfolge (Sequenz) der Entscheidungsschritte. Hier werden zur Modellbildung ebenfalls Einzelbestandteile der Entscheidung analytisch festgestellt, um anschließend zu einem Algorithmus synthetisiert zu werden. Als Hilfsmittel hierzu stehen Arbeitsplatzanalysen und Dienstanweisungen sowie die Programmierung zur Verfügung.	Die Modellbildung auf der Ebene der Mensch-Maschine-Kommunikation bzw. im weiteren des Bürger-Verwaltung-Verhältnisses vollzieht sich - bereits im Recht, genauer in der zugrunde gelegten Rechtsnorm durch die Konkretisierung eines Anspruches des Bürgers und wird mit dem Begriff der Verrechtlichung umschrieben. - Im engeren Sinne vollzieht sich die Modellbildung bei der Organisation des Verwaltungsvollzugs, also der behördeninternen Arbeit (auch durch die Zuhilfenahme von technischen Einrichtungen, z.B. des Rechners). Hierbei werden Abläufe der Verwaltungsarbeit strukturiert und der Verwaltungskontakt des Bürgers festgelegt. Inhaltlich gestaltet wird der Kontakt mit dem Bürger durch Fragebogen, Formulare, etc. . Modellbildung existiert in diedem Bereich kaum (vgl. Kasseler Projekt Verwaltungsautomation). Modellbildung des Bürger-Verwaltung-Kontaktes findet demnach im Zusammenhang mit der Modellbildung der Entscheidungssituation statt.

<u>E. Standardisierung</u>	Standardisierung im Rahmen der Normanwendung ist auf dem Wege der Rechtsfortbildung durch die Gerichte oder im Rahmen der Selbstbindung der Verwaltung möglich. Standardisierung heißt, Entscheidungsaufbeu und/oder Entscheidungsinhalte so zu planen und auszurichten, daß sie im Wiederholungsfall, d.h. bei gleichem Sachverhalt gleich ausfallen. Ein Beispiel hierfür sind gerichtsinterne Listen zur Vereinheitlichung der Strafzumessung etwa bei Verkehrsdelikten.	Standardisierung der Arbeitsschritte und -abläufe bedeutet, sie so zu planen und auszurichten, daß sie im Wiederholungsfall gleich ablaufen (A.Rolf, a.a.O., S.28).	Standardisierung des Bürger-Verwaltung-Kontaktes heißt, den Bürgerkontakt mit der Verwaltung so zu planen und vorauszudenken, daß er im Wiederholungsfall gleich abläuft bzw., daß möglichst viele gleichgelagerte Fälle entstehen.

F. Formalisierung	Formalisierung von Rechtsregeln heißt, Entscheidungsablauf und -inhalt durch formale Regeln und Verfahren festzulegen und für verbindlich zu erklären. Hierzu gehören vor allem Normen des Rechts, z.B. Dienstanweisungen, Verfahrensregeln, aber auch Programme. Im letzten Fall ist es erforderlich, den rechtlich relevanten Bedeutungsgehalt einer Norm in 'Formeln', d.h. in formallogischen und/oder mathematischen Ausdrücken darzustellen. Darüber hinaus erfordert die Programmierung die eindeutige Festlegung der Reihenfolge der Entscheidungsschritte und die Übertragung aller relevanten Entscheidungsinformationen in Form von Daten.	Werden Arbeitsschritte und Arbeitsabläufe eindeutig, d.h. durch formale, auf Dauer angelegte Regeln und Verfahren festgelegt und für verbindlich erklärt, so liegt eine Formalisierung von Arbeitsprozessen vor (A.Rolf, a.a.O., S.28). Technisch ist es nur möglich, solche Teile von Arbeitsprozessen auf Maschinen zu übertragen, die vollständig standardisiert und formalisiert sind.	Formalisierung der Bürger-Verwaltung-Kommunikation heißt, Kommunikationsablauf und -inhalt durch formale, auf Dauer angelegte Regeln zu strukturieren und festzulegen. Hierzu gehören Formulare und zugehörige Ausfüllungsanweisungen, aber auch Bildschirmdialoge (in Behörden und in Zukunft durch das Bildschirmtextsystem).

<u>G. Algorithmisierung</u>	Grenzfall der vollständigen Formalisierung eines bestimmten Normenkomplexes und seiner Anwendung.	Grenzfall vollständiger Formalisierung eines bestimmten Arbeitsbereiches.	Grenzfall der vollständigen Formalisierung des Bürger-Verwaltung-Verhältnisses.

1.3.3. Ansätze zu einer Theorie der Formalisierung und des Informationstechnikeinsatzes in der öffentlichen Verwaltung

In diesem Abschnitt geht es vor allem darum, aus den oben skizzierten Bedeutungsdimensionen des Begriffs der Formalisierung ein Modell zu entwickeln, das geeignet ist, die vorliegenden Formalisierungsansätze miteinander zu vergleichen und eventuell zu beurteilen.

Die Methoden der Logik und der Mathematik, die zur Formalisierung des Rechts geeignet scheinen, beinhalten keine konkreten Hinweise darauf, wie mit Hilfe dieser Methoden die Formalisierung eines Untersuchungsbereiches zu erfolgen hat. Dagegen gibt es in der Informatik die Verfahren der Systemanalyse, die (wie schon in abstracto gezeigt) einen Weg zur Formalisierung, Algorithmisierung und Programmierung eines untersuchten Anwendungsgebietes zu beschreiben versuchen. Diese weitgehend Ackoffs' Systemtheorie zugeschriebene Methodik der geplanten Organisationsgestaltung beinhaltet eine Reihe von einzelnen Methoden zur Erfassung und Dokumentation (bzw. Darstellung) einzelner Systembestandteile sowie zu deren Synthetisierung, d.h. Wiederzusammenfügung zu einem neuen System. Zur Formalisierung und Algorithmisierung eines Normenkomplexes reichen die allgemeinen Methoden der Systemanalyse, wie sie im privatwirtschaftlichen Bereich eingesetzt werden, nicht aus. Vielmehr bedarf es zusätzlich zu der allgemeinen Problemanalyse (also zum Beispiel der Erhebung der Verfahrensabläufe) weiterer Analysen der zugrundegelegten Rechtsnormen, nämlich genau der oben behandelten Bestandteile der Formalisierung.

Aspekte der Formalisierung

Hier sollen nun die verschiedenen Aspekte der Formalisierung noch einmal systematisch aufgeführt werden.
Es ist vielleicht zum besseren Verständnis des Verhältnisses zwischen den einzelnen Aspekten sinnvoll, sich eine Menge konzentrischer Kreise vorzustellen, in deren innerstem Kreis der Aspekt der Formalisierung von Normen angeordnet ist. Der zweite Aspekt, der der Formalisierung der Arbeit, ist darum herum angeordnet. Er teilt sich wiederum auf in zwei Unteraspekte: nämlich den der auf die technische Realisierung bezogenen Modellbildung und -realisierung und den der auf die darum herum angeordnete Arbeitsorganisation bezogenen Modellbildung und -realisierung. Der dritte Aspekt ist schließlich der der bürgerbezogenen Modellbildung (vgl. die nachfolgende Abbildung). Die Lückenhaftigkeit der Methodik des zuletzt genannten

Aspektes rührt daher, daß die Bürgerbezogenheit in der Verwaltungspolitik auch heute noch - trotz gegenteiliger Beteuerungen - zusammen mit der Mitarbeiterbezogenheit ein Nebenziel der hauptsächlichen Innovationsstrategien der Verwaltung ist.[141)]

1. Aspekt: (problembezogene) Formalisierung von Normen

- Auffassung und Verständnis einer Norm durch die Person/en, die die Analyse durchführen
- Präzisierung von Begriffen und Bezeichnungen
- Präzisierung von Beziehungen zwischen den einzelnen Begriffen und Bezeichnungen
- Modellbildung:
  - Abbildung/Darstellung von Abstraktionen von präzisierten Begriffen und Bezeichnungen
  - Abbildung/Darstellung von Abstraktionen der Beziehungen zwischen den einzelnen Begriffen und Bezeichnungen
  - Prüfung des Modells auf
    - Vollständigkeit
    - Widerspruchsfreiheit
    - gegebenenfalls Unabhängigkeit
- gegebenenfalls Änderung oder Ergänzung des Modells
- Standardisierung und Darstellung des Modells

----

141) vgl. K.Lenk, Probleme der Verwaltungsinnovation durch DV-gestützte Verfahren, in: ÖVD 1980 Heft 10, S.4

2. Aspekt: Formalisierung von Arbeit

- Methodenwahl der IST-Aufnahme
- Erhebung der derzeitigen Tätigkeiten und Beziehungen zwischen den einzelnen Tätigkeiten
- Modellbildung der zu maschinisierenden Tätigkeiten:
  - Zerlegung der einzelnen Tätigkeiten und der Beziehungen zwischen diesen Tätigkeitsabschnitten
  - normgerechte Abbildung/Darstellung von Abstraktionen von Tätigkeitsabschnitten und der Beziehungen zwischen ihnen
  - Prüfung des synthetisierten Modells auf
    - Vollständigkeit
    - Widerspruchsfreiheit
    - gegebenenfalls Unabhängigkeit
  - Bildung der 'Mensch/Computer-Schnittstelle'
  - Machbarkeitsüberprüfung der synthetisierten Entscheidungsmodelle in der Maschine; Einzelschritte der Systemanalyse sind die Elemente Sollkonzept, Systementwurf, Systemimplementierung und Dokumentation (diese Methoden stehen bei der hier zu behandelnden Frage nicht im Zentrum der Diskussion und werden deshalb nur grob umrissen).
- Modellbildung, d.h. Synthetisierung der Tätigkeiten um die Maschine herum
  - Festlegung des bzw. der
    - Aufbaus
    - Arbeitsorganisation
      - Synthetisierung der Tätigkeiten und der Beziehungen zwischen ihnen
    - Gestaltung der Hilfsmittel (z.B. Formulare)
    - Standardisierung und Festschreibung der Arbeitsorganisation (Erstellung von Dienstanweisungen)
- Implementation der neuen Verwaltungsabläufe (Modellbildung)

3. Aspekt: Formalisierung von Bürger-Verwaltung-Kommunikation

- Analyse des Bürger-Verwaltung-Kontaktes, analytische oder empirische Erfassung der Kontakte und Anlässe
- Modellbildung
- Modellrealisierung
  - Formulargestaltung und/oder
  - 'Mensch-Maschine-Schnittstelle' (z.B. BTX)
- Implementation des neuen Verwaltungsverfahrens

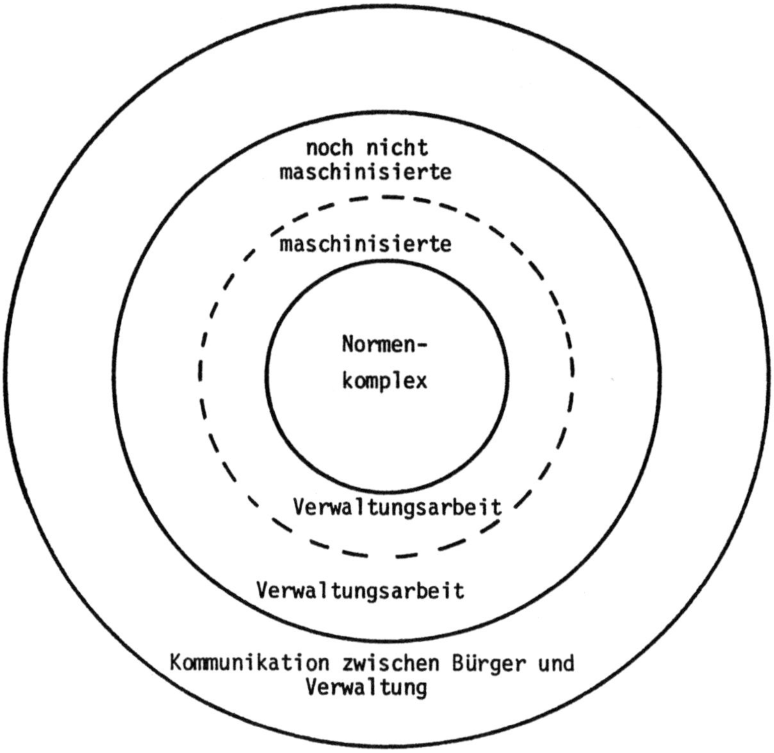

Abb.1.1.

Legende zur Abbildung

Versuch der Veranschaulichung des Zusammenhangs der drei Aspekte

Die verschiedenen Formalisierungsaspekte sind ineinander eingebettet, wobei der innerste Aspekt, der der Normformalisierung, im Zentrum der methodischen Betrachtungen steht. Dies erklärt sich daraus, daß die Normen Verwaltungsarbeit und Kommunikation regeln. Um diesen Aspekt herum ist die Formalisierung des Entscheidungsablaufes organisiert, wobei im engeren Kreis der maschinelle Entscheidungsablauf und darum herum die nicht maschinisierten Entscheidungsabläufe und -inhalte erscheinen. Schließlich ist im äußersten Kreis der Bürger-Verwaltung--Kontakt angedeutet.

An dieser Stelle soll noch ein weiterer Ansatz zur Beschreibung und Bewertung von langfristigen Veränderungen durch Formalisierung und der darauf aufbauenden Maschinisierung aufgegriffen werden.
Dieser (von Kühn[142] wie auch von Rolf[143] entwickelte) Ansatz wurde zur Untersuchung der Bedingungen und Auswirkungen des Computereinsatzes, speziell der Veränderung der Arbeit, verwendet. In seinem Mittelpunkt steht die Darstellung des längerfristigen Veränderungsprozesses. Dieser Erklärungsansatz erfaßt die historischen Zusammenhänge des Einsatzes der Informationstechnik, die nicht mehr mittels Systemanalyse - also auch nicht mit dem obigen Raster - beschrieben werden können.
Zuerst soll - entsprechend den Arbeiten von Kühn und Rolf - auf die Gründe der Formalisierung und Maschinisierung von Arbeit näher eingegangen werden. Als 'Quellen' der Formalisierung (im Sinne des Arbeitsaspektes) nennt Kühn (unter Zugrundelegung der Ergebnisse von Griephan/Wieber):

- die Entstehung von Routinetätigkeiten infolge der Arbeitsteilung;
- die Festlegung von formalisierten Arbeitsschritten bei der Abspaltung von Kopfarbeit aus dem Produktionsprozeß;
- die Anwendung der Wissenschaft, von - ihrem Wesen nach abstrakten, um Reproduzierbarkeit bemühten - Methoden, insbesondere dann, wenn es sich um die Anwendung von mathematisch formulierten Modellen handelt;
- die Notwendigkeit standardisierter Schnittstellen bei der arbeitsteiligen Problemabarbeitung;
- die Standardisierung von Arbeitsobjekten;
- die Anwendung von Normen und Gesetzen.

Diese hier von Kühn so genannten Quellen der Formalisierung sind allerdings nicht ohne weiteres auf den Bereich der öffentlichen Verwaltung anwendbar, denn anders als im privatwirtschaftlichen Bereich ist der Rationalisierungsdruck in der Verwaltung nicht der einzig bestimmende Faktor. Lenk[144] zitiert dafür die bisher umfassendste Studie über die technische Innovation[145]:

----

142) M.Kühn, CAD und Arbeitssituation, Berlin/Heidelberg/New York 1980

143) A.Rolf, Zur Veränderung der Arbeit in Büro und Verwaltung, Münster 1983

144) K.Lenk, a.a.O., S.5

145) R.K.Yin u.a., A Review of Case Studies of Technological Innovations in State and Local Services, Santa Monica 1976, S.VIII/IX, zitiert nach K.Lenk, a.a.O., Fußnoten 1 und 17

"Public bureaucracies are continually innovating and changing, but they appear to do so more as a function of the opportunities for bureaucratic growth, status, and power than merely as a function of the need to improve services."

An anderer Stelle konkretisiert er die Frage nach den Innovationsgründen (und mit ihnen auch nach den Gründen für die Maschinisierung der Arbeit in der öffentlichen Verwaltung[146]):

"Neben dem eher diffusen Rationalisierungsdruck aus (Teilen) der Öffentlichkeit kam in der Vergangenheit den Erwartungen von Politikern erhebliche Bedeutung für die breite Durchsetzung 'großer' DV-Systeme im öffentlichen Bereich zu. Hoffnungen darauf, mit ausgedehntem DV-Einsatz die Verwaltung besser steuern zu können, übersichtlicher und durchschaubarer zu machen, waren hierfür ebenso von Bedeutung wie die verlockende Perspektive, auf Wählerwünsche oder Zwangslagen rasch reagieren zu können; ... Kurzum, die Aussicht, daß alte politische Träume in Erfüllung gehen könnten, fegte die Bedenken aus dem Weg; die Wirtschaftlichkeit von alternativen Verfahrensweisen ohne Hilfe von DV-Anlagen wurde, wie Luhmann schon 1966 bemerkte, niemals ernsthaft ins Kalkül einbezogen."

Diese hier als Politikanforderungen zu bezeichnenden Antriebe zur Systemgestaltung treten neben den Rationalisierungsdruck[147] der Verwaltung, der insbesondere durch Sparbeschlüsse, Haushaltskürzungen usw. auftritt. Die Zusammenhänge beschreibt an dieser Stelle eine modifizierte Graphik von Kühn[148] (vgl. die nächste Abbildung).

---

146) K.Lenk, a.a.O., S.8

147) vgl. hierzu H.Brinckmann, Datenverarbeitung und öffentliche Aufgaben, in: ÖGI (Hrsg.), Informationssysteme für die 80er Jahre, Linz 1980, S.23

148) M.Kühn, CAD und Arbeitssituation, Berlin/Heidelberg/New York 1980, S.24

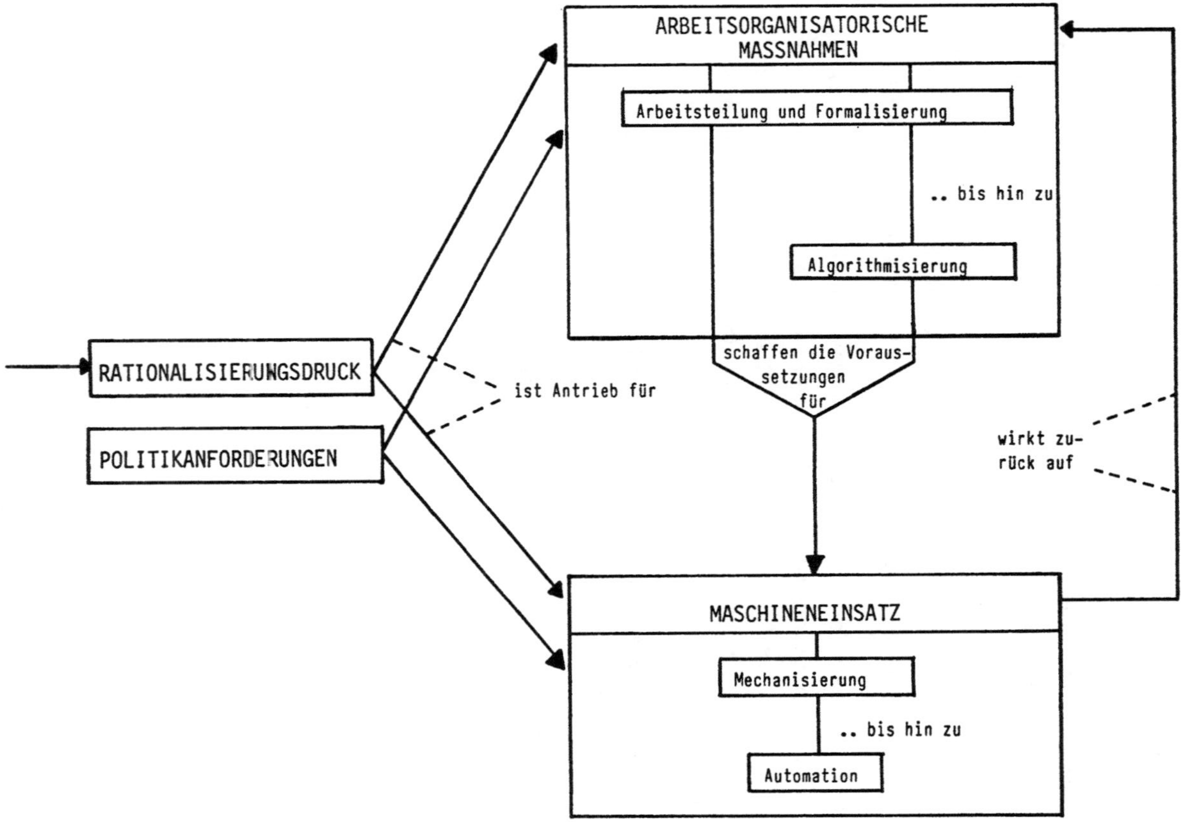
ARBEITSORGANISATORISCHE MASSNAHMEN
Arbeitsteilung und Formalisierung
.. bis hin zu
Algorithmisierung
schaffen die Voraussetzungen für
RATIONALISIERUNGSDRUCK
POLITIKANFORDERUNGEN
ist Antrieb für
wirkt zurück auf
MASCHINENEINSATZ
Mechanisierung
.. bis hin zu
Automation

Abb.1.2.

Wesentliche Zusammenhänge der Formalisierung der Arbeit werden von Kühn in den folgenden Thesen zusammengefaßt:

These 1: "Arbeitsteilung und Formalisierung der Arbeit sind Voraussetzungen für den Maschineneinsatz."[149)]

These 2: "Der Maschineneinsatz bewirkt die verstärkte Anwendung der Prinzipien 'Arbeitsteilung' und 'Formalisierung der Arbeit'. Bestimmte menschliche Arbeiten werden durch die Maschine ersetzt."[150)]

These 3: "Die extremen Formalisierungszwänge der Maschine machen an der Mensch-Computer-Schnittstelle Codierungsarbeiten erforderlich. Diese neu geschaffenen Arbeiten werden im Laufe der Zeit nach denselben Gesetzmäßigkeiten maschinisiert wie alle anderen Arbeiten."[151)]

These 4: "Der Maschineneinsatz fördert die Aufdeckung der Kopfarbeitsprozesse in den angrenzenden Bereichen und damit deren Maschinisierung. Bei der Ausweitung des Maschineneinsatzes wird der Schritt von der Stufe der Mechanisierung zur Automatisierung vollzogen."[152)]

Diese Thesen werden durch die folgende Graphik veranschaulicht:

----

149) M.Kühn, a.a.O., S.32
150) M.Kühn, a.a.O., S.33
151) M.Kühn, a.a.O., S.35
152) M.Kühn, a.a.O., S.40

1	Am Anfang steht ein Arbeitsprozeß, der durch einen relativ niedrigen Grad von Arbeitsteilung und Formalisierung gekennzeichnet ist.	
2	Durch Maßnahmen der Arbeitsteilung und Formalisierung im Zuge der Rationalisierung wird er teilweise durchstrukturiert und liefert so Ansatzpunkte für die Maschinisierung (These 1).	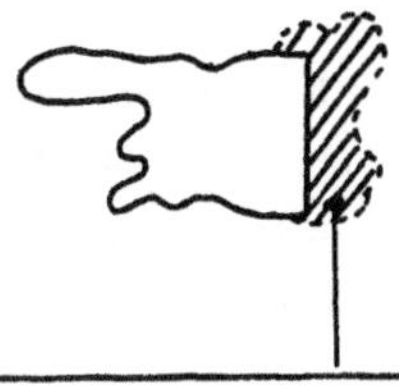
3	Bei der Maschinisierung wird ein Teil der menschlichen Arbeit durch die Maschine ersetzt (These 2, A). Zugleich entstehen vorher nicht anfallende Codierungsarbeiten von beträchtlichem Umfang (These 3, B).	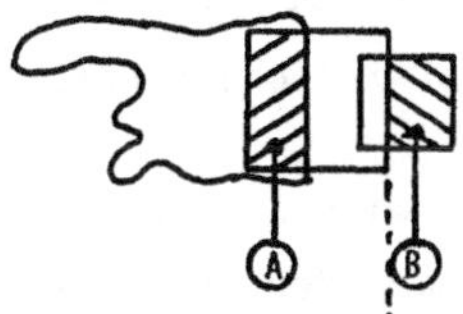
4	Zur Rationalisierung der Mensch--Computer-Schnittstelle werden Codierungsarbeiten in die Maschine übernommen (These 3).	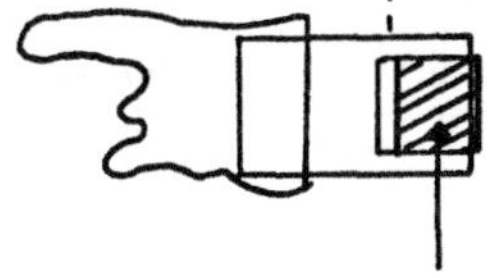
5	Der Computereinsatz führt zu einer verstärkten Formalisierung der bisher nicht maschinisierten Teile des Arbeitsprozesses (These 4).	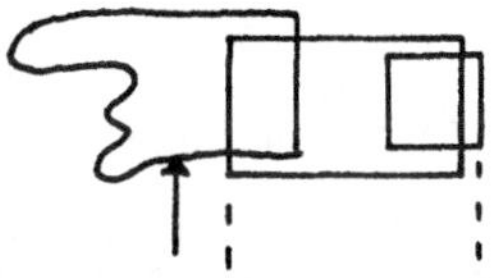
6	Bei der fortschreitenden Ausweitung der Maschinisierung kommt es neben den unter Bild 3 beschriebenen Effekten (A und B) zum Übergang auf die Stufe der Automation, d.h. zur Übernahme von Koordinationsfunktionen auf die Maschine (C).	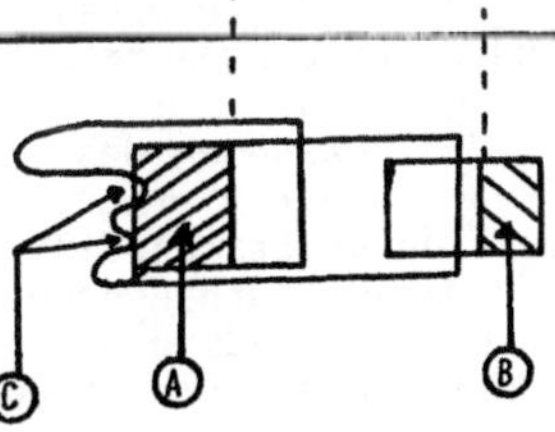
	in die Maschine übernommene Teile des menschlichen Arbeitsprozesses	
	durch den Maschineneinsatz neu geschaffene Arbeiten	

Bringt man diese Thesen zum Entwicklungsprozeß der Formalisierung und Maschinisierung der Arbeit in Bezug zu der Formalisierung der Normen (siehe hierzu die Abbildung auf der folgenden Seite), dann lassen sich folgende Thesen daran anschließen:

- Präzisierung der Begriffe, der Beziehungen zwischen ihnen, Abstraktionen von der Normumgebung und Modellbildung sowie Positivierung sind Voraussetzungen für die Formalisierung von Normen.

- Die Erhebung der einzelnen Tätigkeiten, der Beziehungen zwischen den bisherigen Tätigkeiten, die Modellbildung und die Synthetisierung neuer Tätigkeiten sowie Abstraktionen und Positivierung sind Voraussetzung für die Maschinisierung von Arbeit.

Hier soll auf Analogien zu einer These von Rolf hingewiesen werden, der die Veränderung der Arbeit in Büro und Verwaltung durch Informationstechnik in der Privatwirtschaft untersuchte[153].

Systematisch wäre an dieser Stelle eine weitere These über die methodischen Voraussetzungen der bürgerbezogenen Innovation der Verwaltung als Voraussetzung zur Gestaltung der Bürger-Verwaltung-Kommunikation denkbar. Hier läßt sich allerdings nicht von einer vorhandenen Methodik und schon gar nicht von unabdingbaren Voraussetzungen der Formalisierung, Algorithmisierung und Maschinisierung von Verwaltungsaufgaben sprechen[154].

---

153) A.Rolf, zur Veränderung der Arbeit in Büro und Verwaltung durch Informationstechnik, Münster 1983; diese These, der eine etwas andere Begrifflichkeit zugrunde liegt, lautet:
"Dem Wandel der Arbeit in Büro und Verwaltung durch Organisierung und Maschinisierung liegen tayloristische Strategien zugrunde; sie bestehen
1) im systematischen Zusammentragen von Wissen und Erfahrungen der Beschäftigten durch das Management und in der Ausarbeitung von Kenntnissen über die Arbeit und Arbeitsgestaltung durch die Wissenschaft und dafür eingesetzte betriebliche Stellen für die Zwecke des Managements
2) in der Anwendung des Prinzips der Trennung der Kopfarbeit durch die Trennung der "Vorstellung" und "Planung" von der Ausführung der Arbeit durch Standardisierung, Formalisierung und Arbeitszerlegung und darauf aufbauenden Maschinisierungsvorgängen
3) in der Verwendung des Wissensmonopols zum Zwecke der Steuerung und Kontrolle der Arbeit und Arbeitsprozesse durch das Management."

154) K.Lenk, a.a.O., S.4; RKW (Hrsg.), Rationalisierung und menschengerechte Arbeitsgestaltung in der öffentlichen Verwaltung, Eschborn 1980

1	Regelung eines Normkomplexes und von Entscheidungsstrukturen mit relativ niedrigem Grad an Formalisierung.
2	Klarer durchstrukturierte Entscheidungsstrukturen für eine Formalisierung/Algorithmisierung (z.B. durch Beachtung der Grundsätze für automationsgerechte Rechtssetzung oder durch Selbstbindung der Verwaltung).
3	Maschinisierung rechtlicher Entscheidungen, wobei Teile der rechtlichen Entscheidung (T-R) durch die Maschine ersetzt werden. Zugleich entstehen zuvor nicht existierende Schnittstellenprobleme (z.B. Datenerfassung).
4	Rationalisierung der Schnittstellen durch Standardisierung und Formalisierung (z.B. DEVO, DÜVO).
5	Der Computereinsatz führt zu einer verstärkten Formalisierung bisher nicht maschinisierter Teile des Entscheidungs- bzw. Arbeitsprozesses.
6	Bei der fortschreitenden Ausweitung der Maschinisierung kommt es zum Übergang auf die Stufe der Automation, d.h. zur Übernahme von Koordinationsfunktionen auf die Maschine (C) (z.B. integrierte DV, maschinelle Kostenklärung).

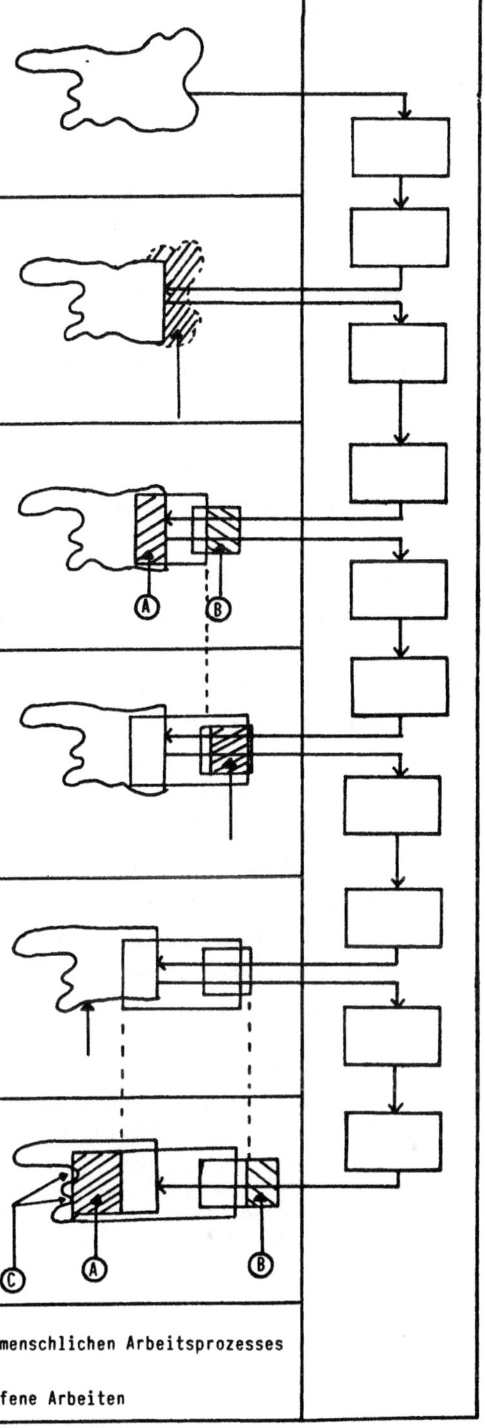

▨ in die Maschine übernommene Teile des menschlichen Arbeitsprozesses

▧ durch den Maschineneinsatz neu geschaffene Arbeiten

An dieser Stelle können Veränderungen der Bürger-Verwaltung-Kommunikation (im Zusammenhang mit der Formalisierung und Maschinisierung der Verwaltungsarbeit) nur kurz angesprochen werden[155].
Die Veränderungen der Bürger-Verwaltung-Kommunikation gehen bei den Automationsprojekten mit verwaltungsexternen Bezügen im wesentlichen synchron mit der Veränderung der Arbeit in der Verwaltung vonstatten. Hier spielen einmal dieselben Effekte, nämlich die einer zunehmend von der Rationalität des Verwaltungsvollzuges gekennzeichnete Kommunikation, eine bestimmende Rolle (vgl. Nr.1 in der folgenden Abbildung).
Die Kommunikation mit der Verwaltung wird dabei partiell von sozialen Funktionen befreit und auf den Zweck hin organisiert, der die Grundlage des Kontaktes bildet. Hierbei werden im Vorfeld der Automation nach der Rationalität des verwaltungsinternen Arbeitsablaufes die Kontaktstellen mit dem Bürger umstrukturiert[156] (vgl. auch Nr.2 in der folgenden Abbildung).
In einer zweiten Stufe der Entwicklung wird häufig die Erledigung von Verwaltungsaufgaben auf den Bürger abgewälzt (vgl. Nr. 3 in der folgenden Abbildung).
Synchron zu weiteren Rationalisierungsmaßnahmen werden einige Bestandteile der Bürger-Verwaltung-Kommunikation - zum Teil auch die neugeschaffenen - von der Maschine übernommen (vgl. Nr.4 in der folgenden Abbildung).
In diese Richtung gingen z.B. die Bestrebungen, die nach den Plänen der frühen siebziger Jahre zu einer verwaltungsinternen Daten- bzw. auch Verfahrensintegration führen sollten. Nachdem diese Absichten und Planungen nach der Verabschiedung der Datenschutzgesetze z.T. nicht weiterverfolgt wurden, beschränkte sich die beabsichtigte Integration meist auf die behördeninterne Verfahrensintegration. Allerdings gibt es Ausnahmen, besonders im Bereich der 'Sozialen Sicherung'. Der in sich weitgehend nach außen hin abgeschlossene Bereich (durch §35 SGB AT) läßt einen weitgehend freien Datenaustausch zwischen allen Institutionen, die zur 'Sozialen Sicherung' zählen, zu. Der Computereinsatz führt dann zu einer stärkeren Formalisierung

----

155) Es wäre eine Forschungsarbeit wert, diese Thesen eingehender - in ausgesuchten Bereichen - empirisch zu untersuchen.

156) Das soll nicht heißen, daß nicht auch unabhängig von der Verwaltungsautomation die Kommunikation zum Verwaltungsklienten 'rationalisiert' wird oder worden ist. Die Automation setzt diese Umgestaltung allerdings zwingend voraus.

der bisher nicht formalisierten oder automatisierten Kommunikation (bzw. Aufgabenabwicklung) mit dem betroffenen Bürger (vgl. hierzu Nr.5 in der folgenden Abbildung). Hierzu zählen insbesondere die Veränderungen in der Zuständigkeit der betreffenden Sachbearbeiter etc.[157)].
Schließlich wird der Computer bei einer fortschreitenden Automatisierung der Verwaltungsarbeit zusätzlich noch zu dem verbindenden Element in den Bürger-Verwaltung-Kontakten (vgl. hierzu Nr.6 in der folgenden Abbildung). Durch einen ins Auge gefaßten Einsatz von Bildschirmtext, der die Notwendigkeit des physischen Erscheinens des Betroffenen erübrigt, spitzt sich diese Tendenz weiter zu.
In der nächsten Abbildung (S.76) ist diese Entwicklung noch einmal in einer entsprechenden Darstellung zusammengefaßt.

Unter Einbeziehung obiger Thesen ist nun der Übergang von den einzelnen Stadien der manuellen bzw. intellektuellen Bearbeitung von Verwaltungsaufgaben zur Maschinisierung von Kopfarbeit erklärbar. Deutlich wird dabei besonders der Einfluß der verwendeten Methoden in diesem Prozeß der Veränderung von Arbeit (vgl. zur Veranschaulichung die beiden Abbildungen auf S.71 u.73).
Der Spezialfall der Formalisierung, Algorithmisierung und Maschinisierung in der öffentlichen Verwaltung ist natürlich nicht auf den Fall der Rechtsanwendung im allgemeinen übertragbar. Hierzu bedarf es noch eingehender Untersuchungen, die hier jedoch zunächst ausgeklammert werden müssen.

In den beiden nächsten Kapiteln wird nun im einzelnen untersucht, welche Voraussetzungen die Formalisierungsmethoden bei ihrer Anwendung erfordern.

----

157) vgl. H.Brinckmann u.a., Automatisierte Verwaltung, Frankfurt/New York 1981, die in ihren Untersuchungen der hessischen Finanzverwaltung diese Veränderungen festgestellt haben.

<table>
<tr><td>1</td><td>weitgehend unstrukturierter Bürger-Verwaltung-Kontakt</td><td></td></tr>
<tr><td>2</td><td>Durch Maßnahmen der Arbeitsteilung und Formalisierung im Zuge der Rationalisierung wird der Kontakt zum betroffenen Bürger durchstrukturiert (Ansatzpunkte für Automation).</td><td>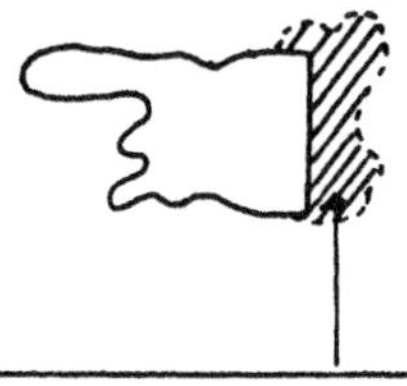</td></tr>
<tr><td>3</td><td>Bei der Maschinisierung wird ein Teil des Kontaktes durch maschinelle Bearbeitung überflüssig gemacht (z.B. durch Dateihaltung). Durch Formularisierung entstehen neue Kontakte.</td><td>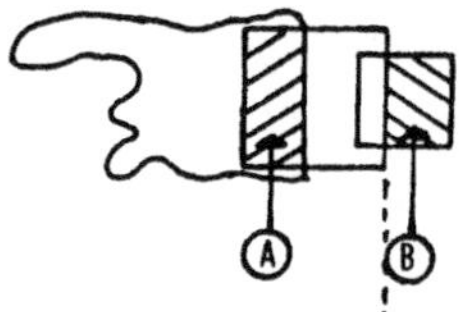
</td></tr>
<tr><td>4</td><td>Durch Rationalisierung der Verwaltungstätigkeiten werden die Codierungsarbeiten in die Maschine übernommen (z.B. Datenvorratshaltung in der Verwaltung sowie Ausstellung der Lohnsteuerkarten).</td><td>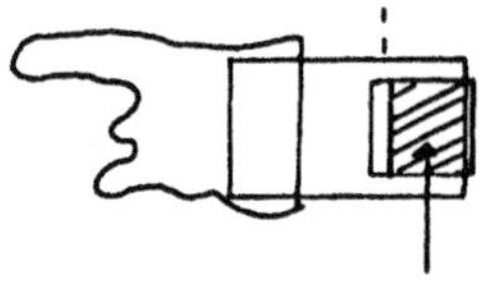</td></tr>
<tr><td>5</td><td>Der Computereinsatz führt zu einer verstärkten Formalisierung bisher nicht formalisierter Kontakte.</td><td>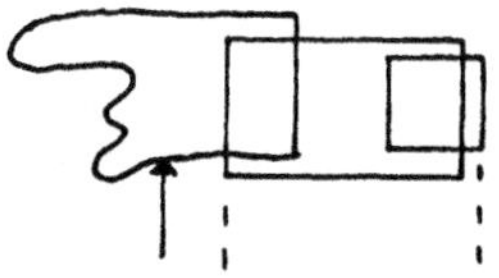</td></tr>
<tr><td>6</td><td>Bei der fortschreitenden Ausweitung der Maschinisierung kommt es neben den unter Bild 3 beschriebenen Effekten zum Übergang auf die Stufe der Automation, d.h. zur Übernahme von Koordinationskontakten auf die Maschine.</td><td>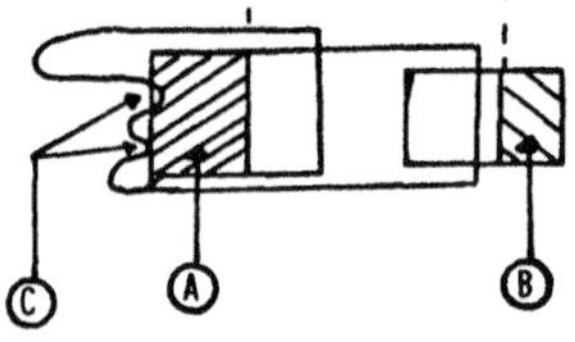
</td></tr>
</table>

(schraffiert /) in die Maschine übernommene Teile des menschlichen Arbeitsprozesses

(schraffiert \) durch den Maschineneinsatz neu geschaffene Arbeiten

2. Formale Methoden im Recht - Bestandsaufnahme

Die Bestandsaufnahme formaler Methoden im Recht erfolgt in diesem Abschnitt unter drei verschiedenen Blickwinkeln.

Zunächst wird der Aspekt des juristischen Schließens behandelt, wobei insbesondere auf die Syllogistik und auf die Strukturierung juristischer Entscheidungen unter dem Automationsgesichtspunkt eingegangen wird.

Ziel des zweiten Teils ist es, an weiteren Beispielen die Anwendung formaler Methoden im Recht, soweit sie bereits vorgeschlagen wurden, darzustellen. Im Kern geht es hier darum, die Art des Formalisierungsansatzes aufzuzeigen und seine speziellen Voraussetzungen herauszustellen.

Zusammenfassend werden einige allgemeine Betrachtungen zum Problem der Formalisierung im Recht - wie z.B. die Komplexitätsproblematik -, die zentral erscheinen, in einem dritten Teil angestellt.

Obwohl in Abschnitt 1. die Heraushebung weiterer Bedeutungsdimensionen der Formalisierung neben der der Formalisierung von Rechtsnormen erfolgt - nämlich die Formalisierung der Arbeit und der Bürger-Verwaltung-Kommunikation - erschien uns eine Strukturierung der Bestandsaufnahme nach diesen Dimensionen nicht sinnvoll, weil zu den letzteren beiden Dimensionen in kaum einem der untersuchten Ansätze Aussagen gemacht werden. Insofern unterstreicht die Form der Bestandsaufnahme indirekt nur die Bedeutung der in Abschnitt 1. vorgenommenen Überlegungen.

2.1. Formalisierung juristischer Entscheidungen

2.1.1. Syllogistik

Im Rahmen der Rechtsanwendungslehre gibt es schon länger zurückreichende Bestrebungen, die Zuordnung eines individuell-konkreten Lebenssachverhaltes zu einem generell-abstrakten Rechtssatz als Grundlage der juristischen Entscheidungstätigkeit zu präzisieren.
Die Frage, ob nicht den juristischen Entscheidungen ein und dieselbe logische Struktur zugrunde liegt, beschäftigte bereits die traditionelle Logik Jahrhunderte vor der Erfindung von Computern. Die Klärung des Verhältnisses zwischen Gesetzesrecht und Richterrecht stand insbesondere seit der Zeit der Aufklärung an. Dabei trugen besonders "die Ideen der Gewaltenteilung und vor allem die Ideen der juristischen Hermeneutik dazu bei, die Rechtsanwendungstechnik der 'Subsumtion' zu durchdenken und fortzuentwickeln." [1)]
Die Elemente dieses Schemas sind der Obersatz (als generelle Rechtsregel, also besonders das Gesetz und daraus gewonnene Folgerungen in abstrakter Form), der Untersatz (als Zuordnung des Spezialfalls zur generellen Rechtsregel) und der Schlußsatz (die konkrete Entscheidung als sprachlich-logische Folgerung aus Obersatz und Untersatz).[2)]
Die Schlußformen der Syllogistik stammen aus einer bestimmten Klasse logischer Schlüsse, die von Aristoteles zuerst untersucht wurde [3)]. Als gültige Schlußformen kommen eine Reihe von Schlußregeln zur Anwendung, die um weitere Hilfsschlüsse jeweils ergänzbar sind.
Dieses Rahmenschema der Rechtsanwendungslehre soll im folgenden im Zusammenhang der Syllogistik untersucht werden, um daran später (vor allem in 2.3.) Fragen, die sich im Kontext der Formalisierung im Recht ergeben, erörtern zu können.

----

1) H.Fiedler, Die Bestimmtheit der gesetzlichen Straftatbestände als methodisches und verfassungsrechtliches Problem, Habilschrift 1969, S.75

2) vgl. hierzu die kritische Betrachtung Rödigs, der dieses Schema für unzureichend hält: J.Rödig, Die Theorie des gerichtlichen Erkenntnisverfahrens, Berlin/Heidelberg 1973, S.163 f.

3) vgl. die Darstellung der Syllogistik bei D.Hilbert/W.Ackermann, Grundzüge der theoretischen Logik, Berlin/Heidelberg/New York, 6.Auflage 1972

Formale Verfahren zur Überprüfung der Gültigkeit logischer (syllogistischer Schlüsse)

(I). Voraussetzungen

1.) Ein syllogistischer Schluß enthält drei Sätze:
zwei Prämissen und eine Konklusion

1.Prämisse oder Obersatz
2.Prämisse oder Untersatz

Konklusion oder Schlußsatz

2.) Jeder Satz hat eine der Formen:

a) Alle A sind B	(a)[4]
b) Einige A sind B	(i)
c) Kein A ist B	(e)
d) Einige A sind nicht B	(o)

zu a) Alle A sind B, d.h.

graphisch

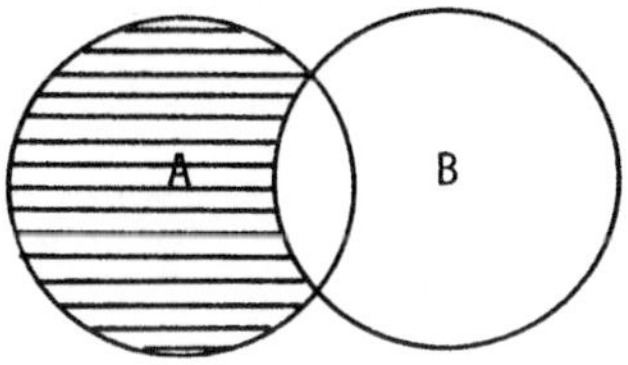

mengentheoretisch:

$A \subset B$ oder $A \cap B' = \emptyset$
(A ist Teilmenge von B)

der Teil von A ist leer,
der außerhalb B liegt.

Abb.2.1.

Zur Zeichenerklärung ist folgendes festzuhalten:
- eine schraffierte Menge bezeichnet eine leere Menge
- ein Kreuz in einer Menge bedeutet eine nicht-leere Menge

----

4) Die Benennung der vier Satzformen (a), (i), (e), (o) entstammen den Vokalen der beiden Merkwörter der Scholastik: affirmo und nego

zu b) Einige A sind B (wobei vorausgesetzt ist, daß es überhaupt ein Element A gibt)

graphisch | mengentheoretisch

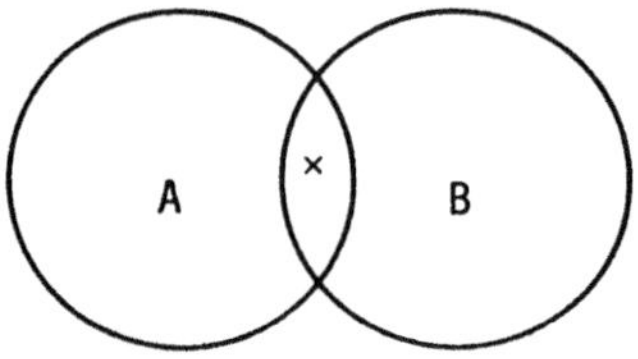

$A \cap B \neq 0$

Abb.2.2.

zu c) Kein A ist B

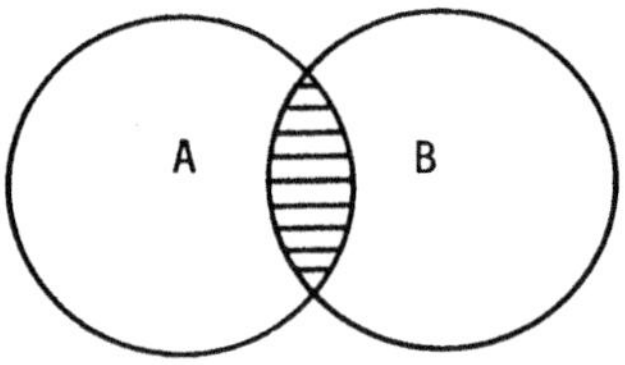

$A \cap B = \emptyset$

Abb.2.3.

zu d) Einige A sind nicht B (wobei vorausgesetzt ist, daß es überhaupt ein Element A gibt)

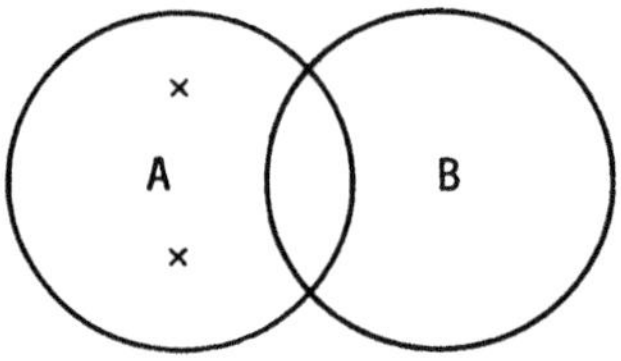

$A \cap B' \neq \emptyset$

Abb.2.4.

Die Sätze (a) und (e) sind konträre Gegensätze, während zwischen den Sätzen (i) und (e) ein kontradiktorischer Gegensatz besteht.

3.) In jedem der drei Sätze kommen insgesamt zwei der folgenden drei Begriffe vor: Subjekt-Begriff (S), Prädikat-Begriff (P) und Mittel-Begriff (M).
Die Reihenfolge der Prämissen ist unerheblich (siehe dazu auch Beispiel 2). Ohne Beschränkung der Allgemeinheit wird die Reihenfolge der Begriffe in der Konklusion auf SP normiert.

—— —— —— ——
SP SP SP SP

Eine weitere Normierung ist die, daß der Prädikatsbegriff (P) immer in der ersten Prämisse vorkommt. (Wegen der Vertauschbarkeit der Prämissen ist diese Einschränkung ebenfalls unerheblich.)
Aufgrund aller möglichen Kombinationen der Begriffe ergeben sich die folgenden vier Figuren:

I.Figur:	II.Figur:	III.Figur:	IV.Figur:
MP	PM	MP	PM
SM	SM	MS	MS
——	——	——	——
SP	SP	SP	SP

Abb.2.5.

Setzt man nun anstelle einer Prämisse oder der Konklusion einen Satz der Form (a), (i), (e) oder (o), dann erhält man 4^3 x 4 gleich 256 Möglichkeiten, die Schlüsse zu kombinieren, wobei von diesen lediglich 19 gültig im Sinne der Syllogistik sind. Weitere 5 Schlüsse sind subalterne Modi (diese stehen in Abb.2.6. unter dem Strich). Weitere 4 von den 19 gültigen Schlüssen gelten nur mit Einschränkung (diese stehen oberhalb des Striches in Klammern). Die Scholastiker haben sich zu den einzelnen Modi Merkwörter gebildet, die zu Versen[5] zusammengefaßt wurden. Die Vokale dieser Merkwörter und deren Reihenfolge (von links nach rechts) bezeichnen jeweils die einzusetzenden Satzformen in der Reihenfolge von oben nach unten (1.Prämisse - 2.Prämisse - Konklusion) gelesen. Die Merkwörter sind jeweils (in Türmchen) den verschiedenen Figuren (I. - IV. siehe oben) zugeordnet.

----

5) z.B. nach I.Tammelo/H.Schreiner, Grundzüge und Grundverfahren der Rechtslogik, Band 1, Pullach bei München 1974, S.118
"Barbara Celarent Darii Ferio prioris,
Cesare, Camestres Festino Baroco secundae,
Tertia Darapti Disamis Datisi Felapton
Bocardo Ferison habet, quart in super addit:
Bramantip Camenes Dimaris Fesapo Fresison."

I.Figur	II.Figur	III.Figur	IV.Figur
barbara	cesare	datisi	calemes (camenes)
celarent	camestres	ferison	fresison
darii	festino	disamis	dimatis (dimasis)
ferio	baroco	bocardo	(bamalip) (bramantip)
		(darapti)	(fesapo)
		(felapton)	
barbari	cesaro		calemos
celaront	camestros		

Abb.2.6.

Hierzu sind folgende Bemerkungen zu ergänzen:

— Weil früher Reduktionen der einzelnen Modi der Figuren II - IV auf die einzelnen Modi der ersten Figur betrachtet wurden, enthalten die Merkwörter über die Verschlüsselung der Urteilsformen (a), (e), (i) oder (o) auch noch Angaben darüber,

- in welchen Modus der ersten Figur sie überführt werden können (Anfangsbuchstabe)
- mit welchen Operationen (direkte Reduktion: Transposition oder Konversion; indirekte Reduktion) die Syllogismen in die erste Form überführt werden[6].

— Die Grundform des juristischen Rechtsanwendungsschlusses[7] ist die folgende:

Alle Tatbestände der Form T haben die Eigenschaft, daß für sie die Rechtsfolge R eintreten soll.
Alle konkreten Sachverhalte V haben die Eigenschaft, Tatbestände der Form T zu sein.
Alle konkreten Sachverhalte V haben die Eigenschaft, daß für sie die Rechtsfolge R eintreten soll.

----

6) siehe zu den Einzelheiten z.B. I.Tammelo/H.Schreiner, a.a.O., S.115 ff.

7) bzw. "Syllogismus der Rechtsfolgebestimmung", K.Larenz, Methodenlehre der Rechtswissenschaft, Berlin/Heidelberq/New York, 3.Auflage 1975, S.230

— In der Praxis der Rechtsanwendung kann es häufig vorkommen, daß die Syllogismen unvollständig sind.

Beispiel:

....

Alle Mörder sind Verbrecher

Alle Mörder sind Straftäter

Bei diesem (Modus barbara-)Syllogismus wurde der Obersatz: Alle Verbrecher sind Straftäter (die 1.Prämisse) weggelassen. Diese unvollständigen Syllogismen nennt man 'Enthymene'.[8] Weglassungen - einer der Prämissen oder der Konklusion - sind nur zulässig, wenn sich aus dem konkreten Kontext ergibt, welche Sätze weggelassen wurden. Dabei ist zum Beispiel unerheblich, daß der Modus und die Figur nicht eindeutig bestimmbar sind.

Beispiel:

Alle geschäftlichen Auslagen sind erlaubte Abzugsposten

....

Keine privaten Auslagen sind geschäftliche Auslagen

kann entweder 2.Figur Modus camestres oder 4.Figur Modus calemes sein. Dementsprechend wäre entweder

- Keine privaten Auslagen sind erlaubte Abzugsposten (2.Figur)

oder

- Keine erlaubten Abzugsposten sind private Auslagen (4.Figur)

anzusetzen.

— Der Mittelbegriff (M) des Syllogismus kann mit Hilfe der sogenannten Kettenschlüsse (oder Sorites) in M_1 und M_2 aufgespalten werden. Abhängig

----

8) siehe auch I.Tammelo/H.Schreiner, a.a.O., S.118 ff.

von der Reihenfolge der (neuen) Mittelbegriffe unterscheidet man zwischen Goklemianischen Sorites und Aristotelischen Sorites.

M_1 - P	S - M_1
M_2 - M_1	M_1 - M_2
S - M_2	M_2 - P
S - P	S - P

Abb.2.7.

Die Anzahl der Mittelbegriffe ist beliebig. Es gibt aber eine Reihe von Regeln zur Erstellung gültiger Sorites.[9]

(II). Anwendung von Verfahren zur Gültigkeitsprüfung von Syllogismen

Im folgenden wird anhand von einem Beispiel behandelt, wie ohne Kenntnis der scholastischen Merkregeln der Syllogistik festgestellt werden kann, ob es sich bei vorliegenden syllogistischen Schlüssen um einen gültigen bzw. nicht gültigen Schluß handelt.

(I) Alle Räuber (P) sind Verbrecher (M)
(II) Einige Jähzornige (S) sind Verbrecher (M)

(K) Einige Jähzornige (S) sind Räuber (P)

a. erstes Prüfverfahren: Substitution (nur Widerlegungsverfahren)

Das formallogische Schlußverfahren erlaubt inhaltlich gültige Schlüsse allein aufgrund des formalen Zusammenhangs; d.h. ein Schluß bleibt gültig oder ungültig, wenn die Begriffsinhalte der verwendeten Sätze ausgewechselt werden.

Das folgende Beispiel ist eine durch Substitution entstehende Abbildung des ersten Beispiels, so daß Gültigkeit bzw. Ungültigkeit des ersten Beispiels auch für das zweite zutreffen:

----

9) näheres siehe I.Tammelo/H.Schreiner, a.a.O., S.119 ff.

Alle Elefanten (P) sind Lebewesen (M)
Einige Insekten (S) sind Lebewesen (M)

Einige Insekten (S) sind Elefanten (P)

Offensichtlich handelt es sich bei dem vorliegenden syllogistischen Schluß um einen ungültigen.

b. zweites Prüfverfahren: Venn'sche Diagramme:

Dieses Oberprüfungsverfahren arbeitet mit den aus der Mengenlehre bekannten graphischen Darstellungen - den Venn'schen (oder auch Euler'schen) Diagrammen.
Es wird für jeden der drei Begriffe (Subjekts-, Prädikats- und Mittelbegriff) je ein Kreis in der Art gezeichnet, daß er die beiden anderen schneidet. (Diese Lage der Kreise zueinander heißt im folgenden die Normallage.)

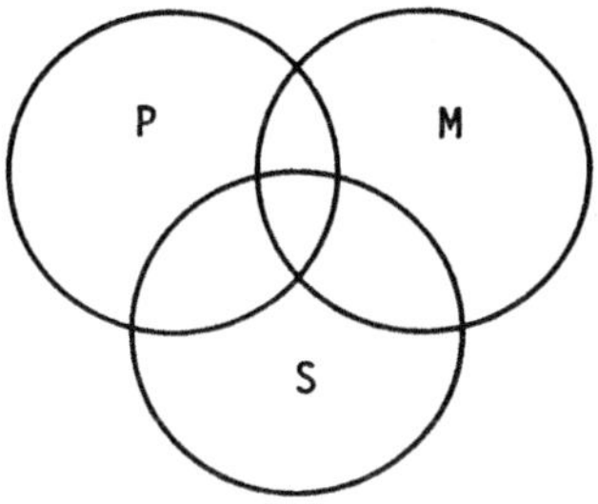

Abb.2.8.

Es werden bei der Analyse der Syllogismen die in Abb.2.1. - 2.4. (und Anmerkungen) dargestellten Korrespondenzen zwischen Satzformen und ihren graphisch äquivalenten Darstellungen durch Eintragung in das obige Diagramm (Abb.2.8.) eingezeichnet.

Zurück zum Beispiel: Der erste Schritt zur Bearbeitung besteht darin, die Struktur des Syllogismus ausfindig zu machen:
Der Syllogismus hat folgende Form:

Alle P sind M (a)
Einige S sind M (i)

Einige S sind P (i)

Die einzelnen Aussageformen werden nacheinander (anfangend mit den generellen Prämissen) in die Normalform (2) eingetragen:

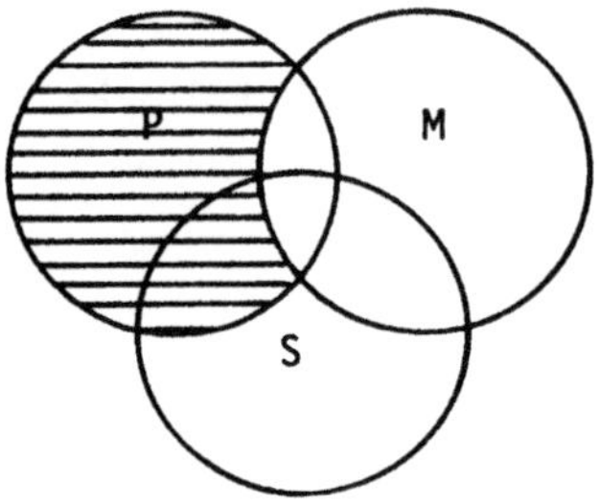

Die 1.Prämisse (Satzform (a) - siehe (Abb.2.1.) wird in die Normalform (2) eingetragen
$P \cap M' = 0$

Abb.2.9.

Die 2.Prämisse (Satzform (i) - siehe Abb.2.2.) wird in das Diagramm (Abb. 2.9.) eingezeichnet:

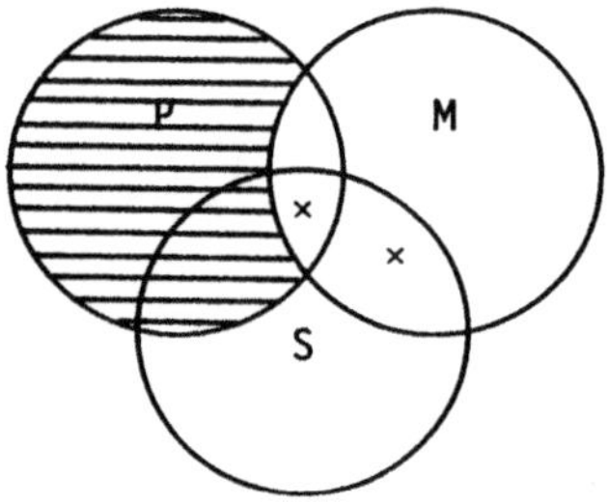

$S \cap M \neq \emptyset$

Abb.2.10.

Das Ergebnis der Eintragungen wird mit der Konklusion ($S \cap P \neq \emptyset$ verglichen.

Der 3.Satz folgt nicht aus dem 1. und 2.Satz, weil zwar möglich ist, daß $S \cap P \neq \emptyset$, da $S \cap M \neq \emptyset$ und ein Teil von $(S \cap P)$ eine Teilmenge von $(S \cap M)$ ist und $(S \cap M)$ nicht leer ist, aber nicht notwendig ist, daß das (die) in $(S \cap M)$ enthaltene(n) Element(e) zugleich auch in $(S \cap P)$ liegt (liegen). Oder anders ausgedrückt: Aus den Prämissen folgt, daß die Menge $S \cap M$ nicht leer ist. $S \cap M \cap P$ ist eine echte Untermenge von $S \cap M$. Aus der Tatsache, daß in der Menge $S \cap M$ Elemente enthalten sind, folgt nicht, daß alle Untermengen, insbesondere die Untermenge $S \cap M \cap P$, nicht leer sind, denn die Elemente können auch alle in $(S \cap M) \cap (S \cap M \cap P)'$ enthalten sein.

c. drittes Prüfverfahren:

Ein drittes Prüfverfahren ist zwar mittels mengenalgebraischer Methoden möglich, soll hier aber nicht weiter ausgeführt werden.

2.1.2. Strukturierung juristischer Entscheidungen: Massenentscheidungen der Verwaltungsautomation

Die vorangegangene Darstellung bezieht sich auf die formale Strukturierung des (Justiz-) Syllogismus als Einzelfallentscheidung.

Die Entwicklung beim Einsatz der elektronischen Datenverarbeitung in der öffentlichen Verwaltung unterscheidet sich davon vor allem darin, daß bei den Computeranwendungen der öffentlichen Verwaltung in der überwiegenden Zahl der Fälle derzeit lediglich eine Rechtsfolgenberechnung ausgeführt wird.
Hier wird vor der Bearbeitung durch den Computer das Vorliegen und Erfülltsein der Tatbestandsmerkmale der einschlägigen Norm(en) festgestellt. Das juristische Problem der Subsumtion von Lebenssachverhalten unter die Tatbestandsmerkmale wird also noch vor der Computerbearbeitung intellektuell-manuell erledigt.

Anhand eines Beispiels aus der automatisierten Einkommenssteuerveranlagung sollen diese Aussagen durch das Nebeneinander DV-technischer und juristischer Terminologie verdeutlicht werden:

<table>
<tr><th>Einkommenssteuerveranlagung</th><th>EDV-Vorgang</th><th>juristische Einordnung</th></tr>
<tr><td>Einkommenssteuererklärung nach Prüfung durch Sachbearbeiter</td><td>Datenermittlung</td><td rowspan="4">Tatbestandsfeststellung und Subsumtion

Ermittlung der Rechtsfolge</td></tr>
<tr><td>Übertragen auf Eingabewertbogen; Ablochen</td><td>Datenerfassung</td></tr>
<tr><td>Eingabe der Lochkartenstapel in den Rechner</td><td>Dateneingabe</td></tr>
<tr><td>Maschinelle Berechnung der Einkommenssteuerschuld</td><td>Datenverarbeitung im engeren Sinne</td></tr>
<tr><td>Ausdrucken der Einkommenssteuerbescheide und Versenden an den Steuerschuldner</td><td>Datenausgabe</td><td>Feststellung der Rechtsfolge</td></tr>
</table>

Abb.2.11.: Automatisierte Einkommenssteuerveranlagung

Die Ausbreitung von Informationstechnik erfolgt hier auf zwei Ebenen: Einmal - quantitativ - durch eine zunehmende Einbeziehung von immer mehr Verwaltungsaufgaben[10], zum zweiten - qualitativ - durch die Ausweitung des DV-Einsatzes auf die Datenerfassung und zunehmend sogar auf die Datenermittlung. Dieses entspricht bezüglich der Entwicklungsstufen des DV-Einsatzes[11] dem Übergang vom 3.Stadium zum 4., 5. und 6.Stadium des Schemas von Rolf und Kühn[12].

----

10) Dieser Teil soll hier nicht weiter behandelt werden.

11) vgl. die Abbildungen auf S.71 , 73 und 76

12) vgl. oben S.65 ff.

In operationellen Systemen werden Daten als beständiger Auszug aus der Realität gespeichert.
Bei dem 'Integrierten Datenverarbeitungssystem (IDS)' der Bundesversicherungsanstalt für Angestellte werden z.B. die Daten als beschreibende, formalisierte Informationen über einen Lebenssachverhalt in Form eines Versichertenkontos mitgeführt.[13] Von der Eröffnung eines Versichertenkontos bis zum Tod (und darüber hinaus) begleitet kontinuierlich ein nun auch jederzeit beliebig maschinell verarbeitbarer 'Datenschatten' das Leben des Versicherten. Die Daten werden zum Lebenssachverhalt und der Versicherte muß darlegen, widersprechen oder klagen, wenn sein Datenabbild seiner Lebensrealität nicht entspricht.
Der formalisierte Entscheidungsablauf selbst ist auf das Abprüfen von formalen Entscheidungskriterien programmiert.
Das Datenabbild wurde im Hinblick auf diese formalen Entscheidungskriterien gesammelt. Aus der Beantwortung festgelegter Fragen wie z.B.: "Welche Beiträge wurden zu welcher Zeit gezahlt?", ergibt sich eindeutig, ob die Entscheidungskriterien erfüllt sind oder nicht. Entscheidungsspielräume gibt es innerhalb der automatisierten Bestimmung der Rechtsfolgen nicht, wohl aber bei der Subsumtion, d.h. bei der manuellen Bearbeitung und bei der Überprüfung eines Erfassungsbeleges (bzw. im obigen Beispiel beim Eingabewertbogen).
Ein Verzicht auf Subsumtionsüberlegungen kann z.B. vorliegen, wenn Daten, die als Tatbestandsmerkmale einer Norm A gespeichert wurden, zur automatischen Rechtsfolgenermittlung einer Norm B herangezogen werden, falls die in Frage kommenden Lebenssachverhalte an dieser Stelle nicht mehr in ihrer Gesamtheit geprüft werden können. Soweit zur Subsumtion in operativen Systemen. Beispiele hierzu sind im Abschnitt 2.2. zu finden.

Blickt man in die Zukunft, dann ist eine der oben genannten Voraussetzungen - die permanent zugreifbare Speicherung von Daten - bei Weiterentwicklungen in Richtung 'intelligenterer' Informationstechnik notwendige Voraussetzung. Im Hinblick auf den hier interessierenden Bereich dürfte sich nämlich eine langsame Ausdehnung computergestützter Normanwendung bis in das Gebiet automatisierter Subsumtion abzeichnen. Dies hat zur Folge, daß der Datenbedarf zur verstärkten Automatisierung der

----

13) vgl. G.Albrecht, Die Abschaffung des Beitragsmarkenverfahrens, in: Verband Deutscher Rentenversicherungsträger (Hrsg.), Integrierte Datenverarbeitung in der Rentenversicherung - Schriften zur Fortbildung, Frankfurt/M. 1975, S.3 ff. (4 ff.)

Entscheidungsfindung - bei gleichzeitiger Ausdifferenzierung der Entscheidungsregeln[14] - ansteigt. Der steigende Datenbedarf kann nun aus drei Quellen gespeist werden:

- einmal durch entsprechende Angaben des Betroffenen selbst;
- zum zweiten durch unmittelbare (z.T. sogar automatisierte)[15] oder mittelbare Registrierung des Verhaltens des betroffenen Bürgers und/oder
- durch die oben betrachtete mehrfache Nutzung einmal erhobener Daten[16].

Während die Datenspeicherung und -verarbeitung personenbezogener Daten jeweils spezieller gesetzlicher Erlaubnistatbestände bedarf, ist fraglich, ob die Mehrfachverwendung nicht gegen den Grundsatz der Zweckbindung der Datenverwendung verstößt. Das betrifft vor allem die Datenspeicherung in der Form, daß diese beliebig miteinander verknüpfbar sind.[17]

Ansätze, aus technischer Sicht den zunehmenden Datenbedarf von Automationsvorhaben zu beschränken, sind derzeit nicht erkennbar, obgleich dieses ja aus gesellschaftspolitischen und datenschutzrechtlichen Gründen wünschenswert ist. Dabei mangelt es allerdings oft weniger an technischen Gestaltungsspielräumen als am entsprechenden Problembewußtsein der Systemgestalter. Das technisch Machbare dominiert häufig immer noch das gesellschaftlich Wünschenswerte. Hier ist der Eindruck nicht von der Hand zu weisen, daß das Recht dabei seinen steuernden Einfluß verloren hat.

----

14) als Ergebnis der Anwendungsvoraussetzungen der Formalisierung und auch der Automatisierung; vgl. hierzu vor allem den obigen Punkt zur Positivierung in Abschnitt 1.3.2., S.40 ff.

15) wenn man z.B. an die Kontrollmöglichkeiten, die durch den neuen maschinenlesbaren Personalausweis oder das 'Integrierte Datennetz' der Polizei entstehen, denkt

16) vgl. hierzu die Konzeptionen integrierter DV-Verfahren in der öffentlichen Verwaltung

17) Entsprechende Diskussionen über diese Gefahren von Leistungen moderner DV-Technologie werden derzeit z.B. im Zusammenhang mit der Einführung und Nutzung von Personalinformationssystemen geführt.

2.2. Formale Methoden als Grundlage von Datenverarbeitung im Recht

In diesem Abschnitt wird anhand von ausgewählten Beispielen die Anwendung formaler Methoden im Recht dargestellt.
Gegliedert ist die Darstellung an dieser Stelle nach der Art des Strukturierungsmittels, d.h. nach der Zugehörigkeit zu einer der Formalwissenschaften Logik, Mathematik und Informatik. Dabei war es teilweise notwendig, prinzipielle Anmerkungen zum vorliegenden Formalisierungsansatz an Ort und Stelle - und nicht erst in der allgemeineren Betrachtung in Abschnitt 2.3. anzufügen.

2.2.1. Logik

Klug[18] hat im Rahmen eines Beispiels die Grundform des juristischen Rechtsanwendungsschlusses mit Hilfe der Prädikatenlogik dargestellt. Die Anwendung der Prädikatenlogik beschränkt sich bei ihm allerdings auch auf die Herleitung und Darstellung dieses Beispiels.[19] Klug begründet sein Unternehmen damit, daß mit Hilfe der Prädikatenlogik ein Beweis für die entsprechenden Formeln der Modi barbara I und II geführt werden kann, während im Rahmen der klassischen Logik lediglich die Evidenz der Grundformen des Justizsyllogismus festgestellt werden kann. Die reine Darstellung des syllogistischen Rechtsanwendungsschlusses bei Klug bedeutet andererseits nur einen Wechsel der Darstellungsmittel, ohne konkrete, weitergehende Erkenntnisse zu liefern. Bemerkenswert ist an diesem Ansatz, daß er - ohne funktional mehr darstellen zu können als die oben dargestellten Ansätze - dennoch von der Person, die sich dieses Darstellungsmittels bedienen will, eine größere Vorbildung und ein höheres Abstraktionsvermögen verlangt. Mit anderen Worten: das erforderliche Qualifikationsniveau zur Anwendung, zum Verständnis und zum Gebrauch dieses Formalisierungsinstrumentes ist größer als bei den oben betrachteten.

---

18) U.Klug, Juristische Logik, Berlin/Heidelberg/New York, 4.Auflage 1982, S.50 ff.

19) U.Klug, a.a.O., S.63; vgl. hierzu besonders die kritischen Anmerkungen von H.Fiedler, Ulrich Klugs juristische Logik, in: ARSP XLV/3 (1959), S.441 ff. Fiedler stellt hinsichtlich der Ausführungen zum Prädikatenkalkül fest, daß Klug "nicht zwischen einem Schluß und der entsprechenden Implikationsformel unterscheidet. Demgemäß formalisiert der Verfasser etwa eine der Varianten der 'Grundform des juristischen Schlusses' ", nämlich einen Syllogismus nach Modus barbara (S.441 f.) .

Den Ansatz von Klug haben andere, z.B. Rödig[20], im Sinne einer Präzisierung aufgegriffen und zu einem Kalkül des juristischen Schließens ausgebaut. Doch auch diese Fortführungen sind nicht unbedingt zu vollständigen Modellen juristischen Schließens gekommen. Ungeklärt ist auch noch, welchen Beitrag die deontische Logik[21] als Logik der Gebots-, Verbots- und Erlaubnissätze zu einer Theorie des juristischen Rechtsanwendungsschlusses liefern kann. Abgesehen davon, daß das Erfordernis einer solchen Logik im Recht angezweifelt wird[22], ist die deontische Logik weder zu einer geschlossenen Theorie ausgebaut worden noch sind ihre Grundlagenprobleme bis heute ausreichend bewältigt worden[23].

---

20) J.Rödig, Ein Kalkül des juristischen Schließens, in: J.Rödig, Schriften zur juristischen Logik, Berlin/Heidelberg/New York 1980, S.107 ff.
vgl. auch M.Herberger/D.Simon, Wissenschaftstheorie für Juristen, Frankfurt/M. 1980, Kapitel 4(S.89 ff.) mit den dortigen Hinweisen auf weitere Literatur

21) Der Begriff Deontik kommt aus dem griechischen (to deon = das Gesollte) und bezeichnet die Logik der Sollenssätze. Zu einer Einführung vgl. hier z.B. M.Herberger/D.Simon, a.a.O., Kapitel 5 S.179 ff. sowie die Beiträge in H.Lenk (Hrsg.), Normenlogik, Pullach b.München 1974; andere dort nicht betrachtete Ansätze:
N.W.Hohfeld, Fundamental Legal Conceptions as applied to Judicial Reasoning, Yale University Press, New Haven/London, 4.Auflage 1965;
L.E.Allen, Language, Law,and Logic: Plain Legal Drafting for the Electronic Age, in: B.Niblett (Hrsg.), Computer Science and Law, Cambridge University Press, Cambridge 1980, S.75 ff.;
L.E.Allen, Towards a Normalized Language to Clarify the Structure of Legal Discourse, in: A.A.Martino (Hrsg.), Deontic Logic, Computational Linguistics and Legal Information Systems, Band 2, North Holland/Amsterdam/New York/Oxford 1982, S.349 ff.
vgl. auch C.Alchourrón/E.Bulygin, Normative Systems, Wien/New York 1971; G.H.v.Wright, Old System (1951) und New System (1964) zitiert nach L.Reisinger, Rechtsinformatik, Berlin/New York 1977, S.222, 225; G.H.v.Wright, Deontic Logic, in: Mind Band 60 (1951), S.1-15; G.H.v. Wright, Norm and Action. A Logical Inquiry, London 1963; G.H.v.Wright, Norms, Truth and Logic, in: A.A.Martino (Hrsg.), a.a.O., S.3 ff. sowie die Beiträge zu dem Sammelband R.Hilpinen, New Studies in Deontic Logic - Norms, Actions, and the Foundations of Ethics, D.Reidel Publishing Company Dordrecht, Boston/London 1981 mit weiteren Hinweisen

22) vgl. zu dieser Auseinandersetzung insbesondere J.Rödig, Über die Notwendigkeit einer besonderen Logik der Normen, in: Maihofer u.a. (Hrsg.), Rechtstheorie als Grundlagenwissenschaft der Rechtswissenschaft, Jahrbuch für Rechtstheorie und Rechtssoziologie, Band 2(1972), S.163 ff. sowie J.Rödig, Ein Kalkül des juristischen Schließens, in: J.Rödig, Schriften zur juristischen Logik, Berlin/Heidelberg/New York 1980, S.107 ff. (152 ff.)

23) M.Herberger/D.Simon, a.a.O., S.179 ff. und die dort diskutierten Ansätze

An dieser Stelle interessiert, welchen Beitrag die Erkenntnisse der Logik zur Formalisierung im Recht als Voraussetzung juristischer Datenverarbeitung liefern können. Hierbei sind speziell die bereits behandelte Präzisierung von Begriffen und Bezeichnungen sowie deren Beziehungen untereinander zu nennen.[24] Diesen Beitrag liefert die Logik vor allem zu dem Prozeß der Formalisierung als Objektivierungsvorgang. Gleichzeitig aber erfordert der Einsatz von Datenverarbeitung das Erreichen einer bestimmten formalen Präzision und zwar dadurch, daß für die Erstellung eines maschinell exekutierbaren Programms Daten und Programme sowohl den formallogischen als auch den sonstigen programmtechnischen Anforderungen genügen müssen. Die formallogischen Anforderungen von Programmen sind den der Logik unmittelbar oder mittelbar entlehnten Programm-[25] und Datenstrukturen[26] von DV-Systemen, die sonstigen Anforderungen den DV-technischen Grundlagen (u.a. der v.Neumann-Architektur) zu entnehmen.[27]
Die Logik ist bei der Formalisierung also nicht nur Hilfsmittel bei der Präzisierung, sondern gleichzeitig auch Ziel des Formalisierungsprozesses. Das heißt, daß die Formalisierung zum Zwecke der Datenverarbeitung ein bestimmtes, durch die DV-Methodik vorgegebenes Niveau erreichen muß.

----

24) vgl. Abschnitt 1.3.2., S.27 ff.

25) Dieses sind beispielsweise bedingte Sprünge (if-... then-... else-Anweisungen) und Boolesche Operatoren (true, false).
vgl. z.B. F.L.Bauer/G.Goos, Informatik, Band 1, Berlin/Heidelberg/New York, 2.Auflage 1973, S.146 ff.

26) Hiermit sind Datenstrukturen gemeint, wie set (eine endliche Menge z.B. von Aussagen über bestimmte Personen) oder der Datentyp boolean.
vgl. z.B. F.L.Bauer/G.Goos, a.a.O., S.61

27) vgl. z.B. die Grundlagen von Schaltfunktionen (siehe F.L.Bauer/G.Goos, a.a.O., S.173 ff.);
Unter den sonstigen programmtechnischen Anforderungen sind z.B. Syntax und Semantik der Programmiersprachen zu verstehen, deren Begründung teilweise auch formal, nicht aber durch logische Strukturen (sondern durch mathematische oder informatische Theorien) gegeben ist.
siehe insbesondere die These von A.Luft, Rationaler Sprachgebrauch und orthosprachliche Standardisierung als Grundlagen des Software Engineering, in: Informatik-Spektrum Band 5 Heft 4 (1982), S.209 ff. (S.216)

2.2.2. Mathematik

Der nachfolgende Überblick mathematischer Methoden als Formalisierungsmittel im Recht beschränkt sich auf die Behandlung wesentlicher Formalisierungsansätze.
Auswahlkriterium war vor allem, verschiedene mathematische Disziplinen zu berücksichtigen, um einen Querschnitt mathematischer Methoden zu gewinnen.

Borchert[28] - der bei seiner Untersuchung der Anwendung mathematischer Methoden in der Rechtswissenschaft von juristischen Einzelproblemen ausgeht - gelangt zu einer eher skeptischen Beurteilung der Notwendigkeit und Nützlichkeit formaler Argumentation im Recht.
Plädiert er noch dafür, daß die Rechtssetzung, soweit sie automatischen Vollzug anstrebt, sich "bei der Gesetzesformulierung mit Hilfe formaler Methoden vergewissern (muß, d.V.) , ob die Erstellung eines Computer-Programms möglich ist"[29], so kommt er bei der Rechtsanwendung zu dem Schluß, daß formale Methoden nicht erforderlich sind[30].

> "Wer mit Hilfe der Mathematik juristische Ergebnisse erzielte, hätte sie auf andere Weise erhalten können, und das Formale läßt sich anschließend aus der Argumentation eliminieren, ohne daß sie weniger genau oder weniger zwingend würde. Jedenfalls hat sich dies bei der in dieser Untersuchung betrachteten "Stichprobe" wissenschaftlicher Arbeiten ergeben. ... Nichts spricht dafür, daß weitere Forschung diesbezüglich eine Wende bringt."[31]

Ergebnis der nachfolgenden 'Stichproben' ist vor allem, daß kaum ein Autor sich mit der Frage auseinandersetzt, ob bzw. unter welchen (genau eingrenzbaren) Bedingungen eine Anwendung mathematischer Methoden zur Formalisierung im Recht überhaupt gerechtfertigt ist.

----

28) G.Borchert, Zur Anwendung mathematischer Methoden in der Rechtswissenschaft, Dissertation FB Rechtswissenschaft, Regensburg 1978

29) G.Borchert, a.a.O., S.171

30) G.Borchert, a.a.O., S.173

31) G.Borchert, a.a.O., S.173

Schon innerhalb der Mathematik als Wissenschaft gibt es einen Grundlagenstreit um wesentliche Elemente mathematischer Methodik[32], der sich sogar in der Normformalisierungsdiskussion niederschlägt[33]. Ist selbst innerhalb der Mathematik die Verwendung beispielsweise des 'Tertium non datur' oder des indirekten Beweises - also wesentlicher logischer Instrumente - strittig, so müßte eigentlich der Frage nach der Berechtigung der Anwendung u.a. dieser mathematischen Methoden auf das Recht mit mehr Sorgfalt nachgegangen werden.
Recht ist kein einheitliches (quasi mathematisches) Denkgebäude, sondern ein mit inneren Widersprüchen behaftetes Regelungssystem, das nicht zuletzt menschliches Verhalten betrifft. Aber kaum einer der Autoren, die sich mit der Anwendbarkeit mathematischer Methoden im Recht befassen, untersucht die Frage, ob die Verwendung formaler Wissenschaft im Bereich des Rechts für die Regelung menschlicher Lebenssituationen dem behandelten Gegenstand adäquat sein kann. Vielmehr zeigt sich an einigen Stellen eine Überbetonung der Wertschätzung formaler Methodik.[34]

Mengenlehre

Hinsichtlich der Verwendung der Mengenlehre als Formalisierungsmethode im Recht gehen wir auf die Artikel "Juristische Logik in mathematischer Sicht" von Fiedler und "Adressenverlage, die Mengenlehre und der Entwurf eines Bundesdatenschutzgesetzes" von Podlech[35] beispielhaft ein.

---

32) Der Grundlagenstreit in der Mathematik über das 'Tertium non datur', das Aktualunendliche oder die Methode des indirekten Beweises ist selbst Mathematikern kaum bekannt;
vgl. etwa W.Leinfellner, Einführung in die Erkenntnis- und Wissenschaftstheorie, Mannheim 1967, S.45 f.

33) vgl. etwa U.Neumann, Die Kritik der juristischen Logik, in: A.Kaufmann/W.Hassemer (Hrsg.), Einführung in die Rechtsphilosophie und Rechtstheorie der Gegenwart, Heidelberg/Karlsruhe 1977, S.139-150, insbesondere S.147 f.

34) vgl. den Abschnitt über Verbandstheorie, S.100 ff.

35) H.Fiedler, Juristische Logik in mathematischer Sicht, in: ARSP L II/I (1966), S.93-116;
A.Podlech, Adressenverlage, die Mengenlehre und der Entwurf eines Bundesdatenschutzgesetzes,
in: DVR Band 2 Heft 2/3 (1973), S.190-194;
zur Mengenlehre vgl. auch J.Rödig, Axiomatisierbarkeit juristischer Systeme, DVR Band 1 Heft 2/3 (1972/73), S.170 f.

Fiedler betrachtet vor allem das Verhältnis rechtlicher Regelungen zur formalen Logik als Teilbereich der "juristischen Logik", genauer: solche Fragestellungen, "die sich mit den syntaktischen und semantischen Eigenschaften solcher (rechtlicher, d.V.) Regelungen befassen und grundsätzlich auch die Präzisierung in einer formalen Sprache zulassen, soweit die betreffenden Regelungen sich in einer solchen formulieren lassen."[36]
Fiedler verwendet die mathematische Theorie der Booleschen Algebra[37] als Formalisierungsmethode.

Podlech befaßt sich mit einer Ausnahmeregelung eines Entwurfs des Bundesdatenschutzgesetzes in Bezug auf die Zulässigkeit der Weitergabe von personenbezogenen Daten, in der folgendes festgelegt wird:

> "Abweichend von Absatz 2 Satz 1 ist die Weitergabe zulässig, wenn sie sich auf freie Daten[38] (§8 Abs.2) sowie auf eine Angabe über die Zugehörigkeit des Betroffenen zu einer Personengruppe beschränkt und kein Grund zur Annahme besteht, daß dabei schutzwürdige Belange des Betroffenen beeinträchtigt werden." (§24 Abs.3)

Begründet wird §24 Abs.3 amtlich damit, daß "den Bedürfnissen der Werbewirtschaft auf eine mit dem Datenschutzgedanken verträgliche Weise Rechnung getragen werden" soll.
Ziel des Beitrages von Podlech ist es zu untersuchen, "ob die vorgesehene Bestimmung des §24 Abs.3 des Regierungsentwurfs eines Bundesdatenschutzgesetzes eine mögliche Regelung dieser Materie enthalten kann."[39]
Unter Verwendung mengentheoretischer Überlegungen gelangt Podlech zu dem Schluß, daß §24 Abs.3 des Regierungsentwurfs eines Bundesdatenschutzgesetzes ersatzlos zu streichen ist.

----

36) H.Fiedler, a.a.O., S.103

37) Eine Boolesche Algebra ist ein komplementärer, distributiver Verband. Die Potenzmenge P(M) einer Menge M mit den mengentheoretischen Operationen der Durchschnitts-, Vereinigungs- und Komplementbildung ist eine Boolesche Algebra. Die Boolesche Klassenalgebra ist ein wichtiger Bestandteil der Klassen- und Mengenalgebra; vgl. J.Schmidt, Mengenlehre, Mannheim 1966

38) das sind Namen, Titel, akademische Grade, Geburtsdatum, Berufs-, Branchen- oder Geschäftsbezeichnungen, Anschriften und Rufnummern

39) A.Podlech, a.a.O., S.191

Dazu behauptet er zunächst die Bedeutungsgleichheit von §24 Abs.3 mit folgendem Satz:

> "Jede Weitergabe personenbezogener Daten ist unabhängig davon, ob der Empfänger dieser Daten ein berechtigtes Interesse an ihrer Kenntnis glaubhaft gemacht hat oder nicht, immer dann zulässig, wenn sie sich außer auf freie Daten auf eine Angabe über die Zugehörigkeit des Betroffenen zu einer Personengruppe beschränkt und kein Grund zur Annahme besteht, daß durch die Weitergabe schutzwürdige Belange des Betroffenen beeinträchtigt werden."[40]

und interpretiert die Wendung

> "Zugehörigkeit des Betroffenen zu einer Personengruppe"

als gleichwertig zu

> " Zugehörigkeit des Betroffenen zu einer Menge von Personen".

Da in §24 Abs.3 durch Merkmale definierte Personengruppen gemeint sind, und jedes Merkmal genau eine Menge definiert, ergibt sich das Problem von Merkmalskombinationen, die wiederum jeweils ein neues Merkmal - und damit eine neue Menge - definieren, wenn sie durch mengentheoretische Operationen[41] beschreibbar sind. Somit ist es möglich, beliebige Kombinationen als ein Merkmal beliebig vielen Personen zuzuordnen.[42] Angesichts dieser logischen Betrachtungen formuliert Podlech abschliessend:

> "Eine mit den Bedürfnissen der Werbewirtschaft verträgliche Regelung der Informationsweitergabe ist mit dem Datenschutzgedanken und der Datenschutz ist mit der Existenz von Adressenverlagen unverträglich."[43]

Eine Absicht der Podlech'schen Verwendung der Mengenlehre als Formalisierungsinstrument besteht in der vermeintlichen Exaktheit der 'formalisierten' Rechtsnorm.[44] Mit Hilfe von Interpretationen der Rechtssprache

----

40) A.Podlech, a.a.O., S.191

41) wie z.B. die Bildung von Vereinigungs- und Durchschnittsmengen

42) Moderne DV-Anlagen lassen die Verarbeitung mehrdimensionaler Probleme zu.

43) A.Podlech, a.a.O., S.194

44) Diese Ansicht findet sich in vielen anderen Formalisierungsansätzen.

sowie ihrer partiellen Oberführung in Formulierungen, die eine Anwendung von Mathematik erleichtern, ortet Podlech Widersprüche in der sprachlichen Formulierung der Rechtsnorm. Dabei muß er sich an mehreren Stellen darauf einlassen, die Bedeutungsgleichheit verschiedener Formulierungen zu behaupten.
Fraglich bleibt, ob es hinsichtlich des offensichtlichen Interessenkonfliktes[45], der in §24 des Regierungsentwurfs eines Bundesdatenschutzgesetzes geregelt werden soll, einer derart formalen Argumentation überhaupt bedarf, um die Einschränkung in Absatz 3 abzulehnen. Formale Argumentation auf dieser Ebene kann Widersprüchlichkeiten von Rechtsnormformulierungen kenntlich machen, aber nicht deren politische Ablehnung begründen. Podlechs Argumentation verbleibt auf der Ebene der Formalisierung einer Rechtsnorm. Die Formalisierung des Entscheidungsablaufs und der Entscheidungsschritte sowie der Bürger-Verwaltung-Schnittstelle ist nicht Gegenstand der Betrachtung.
Mit Hilfe der Präzisierung von Begriffen sowie der Methodenwahl 'Mengenlehre' - die sich anbietet, weil Personengruppen ⇆ Mengen in §24 BDSG angesprochen werden - gelangt Podlech bei der Prüfung des Modells[46] zur Darstellung seiner Widersprüchlichkeit. Eine Änderung oder Ergänzung des Modells, sowie eine etwaige Standardisierung schlägt er nicht vor, da sich mit dem Nachweis der logischen Widersprüchlichkeit und der Forderung nach ersatzloser Streichung von §24 Abs.3 diese Fragen von selbst lösen würden.

Im Gegensatz zur Verwendung mengentheoretischer Terminologie bei Podlechs Untersuchung von §24 BDSG, in der es ihm um eine Vollständigkeits- bzw. Widerspruchsprüfung der vorliegenden Rechtsnorm ging, befaßt sich Fiedler vor allem mit dem Verhältnis rechtlicher Regelungen zur formalen Logik als Teilbereich der 'juristischen Logik'.
Nach Benennung einiger Beispiele für Rechtsnormen von weitgehend formaler Struktur[47] stellt Fiedler Oberlegungen zum juristischen Arbeiten - insbesondere zu dessen formalisierbarem/formalem Anteil - an, wobei er

----

45) Interessen der Werbewirtschaft versus schutzwürdige Belange des Einzelnen

46) i.e. die mengentheoretische 'Obersetzung' von §24 Abs.3 BDSG-Regierungsentwurf, BT-Drucksache 391/73 VII

47) u.a. die Regelung der gesetzlichen Erbfolge in den Paragraphen 1922 bis 1930 BGB, die B.Zimmermann mit Hilfe graphentheoretischer Terminologie formalisierte; vgl. die ausführliche Behandlung in Kapitel 3. sowie die Ausführungen bei B.Zimmermann, Formale Behandlung der gesetzlichen Erbfolge, GMD-Entwicklungsunterlagen ERB-1, Birlinghoven 1973

zu folgendem Schluß kommt:

> "Neben einem gewissen "mathematischen" oder formalen Anteil ist das juristische Arbeiten mit rechtlichen Regelungen, und das juristische Denken überhaupt, inhaltlich und nicht formal streng; es hat pragmatischen Charakter, ist autoritätsgebunden, gebunden an Umgangssprache und common-sense-Denken, und unterliegt in der Praxis einem Zwang zur Entscheidung eines großen Teils aller ihm konkret vorgelegten Fragen."[48)]

Zum Nachweis des 'pragmatischen Charakters' der juristischen Argumentation führt Fiedler mehrere Beispiele an, die zeigen, daß "der Jurist auch inhaltlich und unstreng schließt, daß er sich nicht streng an sprachliche Formulierungen bindet."[49)]

Im eigentlichen Hauptteil des Artikels geht es allerdings um diejenigen Fragestellungen, bei denen der syntaktische und semantische Charakter rechtlicher Regelungen betont wird und die eine Formalisierung zulassen. Als Formalisierungsmethode wird die Boolesche Mengenalgebra[50)] herangezogen, deren Symbolik zur Formalisierung mehrerer Beispiele verwendet wird. So führt Fiedler Vollständigkeitsbetrachtungen an Rechtsnormen durch, wobei er betont, daß "schon die Auffindung von Unvollständigkeiten, "Lücken", in verschiedenem Sinn durchaus zum nichttrivialen Teil der juristischen Arbeit gehört."[51)]
Anhand eines konstruierten Beispiels[52)] will Fiedler zeigen, daß neben den Vollständigkeitsbetrachtungen auch Fragestellungen nach logischen Abhängigkeitsbeziehungen zwischen rechtlichen Regelungen "natürlich sind, insbesondere auch Fragen nach der Äquivalenz von Regelungen."[53)]

----

48) H.Fiedler, a.a.O. (1966), S.97
49) H.Fiedler, a.a.O., S.98
50) vgl. Kapitel 2., Fußnote 37)
51) H.Fiedler, a.a.O., S.107
52) betrachtet werden die Regeln eines Clubs
53) H.Fiedler, a.a.O., S.109

Fiedler resümiert:

> "Alle aufgezählten Fragestellungen gehören dem Gebiet der logischen Strukturtheorie rechtlicher Regelungen an. ... Es ist klar, daß Fragestellungen der logischen Strukturtheorie rechtlicher Regelungen eine starke Affinität zur mathematischen Logik[54)] haben, welche sich ja mit Strukturuntersuchungen befaßt."[55)]

Insgesamt handelt es sich bei dem vorliegenden Aufsatz eher um wertende Überlegungen zum Komplex 'Pragmatik - Formalisierung' als um ein Formalisierungskonzept bzw. um die Umsetzung einer Rechtsnorm in Formalsprache. Fiedler macht erste Andeutungen zu einem Formalisierungskonzept, befaßt sich jedoch mehr mit grundlegenden Überlegungen.

Verbandstheorie:

Die folgenden Bemerkungen beziehen sich auf die Arbeit "Zur Axiomatisierung der öffentlich-rechtlichen Dogmatik"[56)] von A.Podlech, dessen Ziel in der Präzisierung grundlegender Termini der öffentlich-rechtlichen Dogmatik, wie z.B. 'allgemeines Gewaltverhältnis', 'besonderes Gewaltverhältnis' oder 'gebundene Verwaltung' besteht. Zu diesem Zweck werden - ausgehend von der Diskussion einiger Grundelemente in Form von deontischen Operatoren wie 'Erlaubnis', 'Verbot', 'Gebot' etc.- zunächst verschiedene deontische Kalküle[57)] betrachtet und als Deduktionsgerüste

- gebundener Verwaltungsrechtsordnungen
- nichtgebundener Verwaltungsrechtsordnungen
- öffentlicher Sonderrechtsordnungen
- von Anordnungsordnungen
- des allgemeinen Gewaltverhältnisses

verwendet.

----

54) Die Boolesche Algebra gilt auch als Keimzelle der modernen Logik. Der Doppelcharakter der mengentheoretischen Verwendung sowie die Bezeichnung als logische Theorie beinhaltet keinen Widerspruch.

55) H.Fiedler, a.a.O., S.114;
Es gibt andere mathematische Disziplinen, die sich als explizite Strukturtheorien bezeichnen lassen, wie z.B. Algebra und Topologie.

56) A.Podlech, Zur Axiomatisierung der öffentlich-rechtlichen Dogmatik, in: A.Podlech (Hrsg.), Rechnen und Entscheiden, Berlin 1977, S.173 f.

57) u.a. diejenigen von G.H.v.Wright, Deontic Logic und G.Frey, Imperativ-Kalküle

Die Präzisierung einiger grundlegender Ausdrücke der öffentlich-rechtlichen Dogmatik erfolgt durch die "Formulierung struktureller normativer Sprachen. Das einheitliche Strukturprinzip dieser Sprachen ist die Vermutung in Gestalt von Erlaubnis- (Freiheits-) und Verbotsvermutungen."[58] Die Präzisierung wird durch die wohldefinierte Einführung dieser rechtstheoretischen Termini durchgeführt, wobei ihr Verhältnis durch die Angabe "in Konventionen formulierter dogmatischer Komplemente"[59] bestimmt wird.
Podlechs Intention wird an folgendem Zitat deutlich:

> "Während die Dogmatik in ihrer Begriffsbildung durch die positive Rechtsordnung, über der sie formuliert ist, gebunden ist und daher nicht beliebig nichtendscheidbare durch entscheidbare Ausdrükke ersetzen kann, ist die Rechtstheorie darin frei. Sie vermag daher dem Postulat der maximalen Entscheidbarkeit ihrer Prädikate weitgehend genügen. Der Nutzen rechtsstheoretischer Begriffsbildung für die Dogmatik besteht - unter anderem - in der Möglichkeit, dogmatische Ausdrücke mit Hilfe rechtstheoretischer Ausdrücke zu definieren."[60]

Formal erfolgt die Beschreibung des dogmatischen Komplements folgendermaßen:

Definition: Sei $\mathfrak{M}$ eine Menge rechtlich beschriebener Gegenstände. r stehe dafür, daß $\mathfrak{M}$ rechtstheoretisch und d dafür, daß $\mathfrak{M}$ dogmatisch beschrieben ist. Dann heißt eine Bedingung, die dogmatische Ausdrücke enthält und durch deren Hinzufügung ein gegebener rechtstheoretischer Ausdruck dogmatisch verwendbar wird, ein dogmatisches Komplement des gegebenen rechtstheoretischen Ausdrucks.

----

58) A.Podlech, a.a.O., S.220
59) A.Podlech, a.a.O., S.220
60) A.Podlech, a.a.O., S.212

Folgende Fallunterscheidungen sind zu treffen:

1.) $\mathcal{M}(d) = \mathcal{M}(r)$

2.) $\mathcal{M}(d) \supset \mathcal{M}(r)$
wobei der rechtstheoretische Ausdruck dogmatisch verwendbar ist, wenn gilt: $\mathcal{M}(d) = \mathcal{M}(r) \cup \text{Komplement}$.

3.) $\mathcal{M}(d) \subset \mathcal{M}(r)$
wobei der rechtstheoretische Ausdruck dogmatisch verwendbar ist, wenn gilt: $\mathcal{M}(d) = \mathcal{M}(r) \cap \text{Komplement}$

Es ergibt sich für Podlech der Satz:
Ein rechtstheoretischer Ausdruck ist dogmatisch verwendbar, wenn ihm ein (leeres oder nicht leeres[61]) dogmatisches Komplement konjunktiv oder disjunktiv derart hinzugefügt werden kann, daß der Durchschnitt der Ausdrücke nicht leer ist. Ist das dogmatische Komplement leer, so sind beide Ausdrücke extensional äquivalent.

Wie Podlech abschließend ausführt, läßt sich das Beispiel des besonderen Gewaltverhältnisses unter 2. subsumieren, während der rechtstheoretische Terminus der dogmatischen Vermutung unter 1. fällt.

In einem Anhang unternimmt Podlech den Versuch, eine Formalisierung des Problembereichs 'Kompetenzen und Behörden' zu leisten.
Ausgehend von einer endlichen Menge von Kompetenzen[62] wird ein Kompetenzenverband K konstruiert, der eine Abbildung aus sich in B (B ist ein mit graphentheoretischen Begriffen definierter Behördenbaum, ein Digraph) zuläßt, die als Kompetenzzuordnung verstanden wird. Durch Hinzunahme der Menge der Untertanen erweitert Podlech die Definition des Behördenbaums zur Staatsdefinition und - vermittels Verbandshomomorphismen - zur Definition des absoluten Staates.

----

61) Zwei Ausdrücke heißen bei Podlech nicht leer, wenn sie mindestens einen positiven Kandidaten gemeinsam haben. Trifft ein rechtliches Prädikat, das sich auf eine Menge von Gegenständen - Kandidaten genannt - bezieht, zu, so wird der Kandidat als positiv bezeichnet.

62) Die Darstellung bleibt unbefriedigend, weil die "verbandstheoretische Darstellung rechtsstaatlicher Kompetenzordnungen ... dogmatische Komplemente zur rechtstheoretisch definierten Kompetenzordnung derart angeben (müßte), daß die Verbandsstruktur erhalten bleibt." A.Podlech, a.a.O., S.216

An dieser Stelle bricht denn auch der Aufsatz ab, gerade da, wo mit Hilfe graphentheoretischer und verbandstheoretischer Begrifflichkeit eine Staatsdefinition gegeben wurde. Daß Podlech von seiner Konstruktion selbst nicht ganz überzeugt ist, zeigt seine Bemerkung:

"Zur dogmatischen Verwendung bedarf der Kompetenzenverband jedoch der Einführung geeigneter dogmatischer Komplemente, eine Einführung, die bisher noch nicht befriedigend gelungen ist."[63)]

Andererseits betont Podlech die Anwendbarkeit der Verbandstheorie, indem er auf die praktische Anwendung im Steuerrecht bei der Rationalitätsanalyse von Bedingungen für den Eintritt einer Rechtsfolge[64)] in anderem Zusammenhang hinweist.[65)]
Bei der Einführung grundlegender Ausdrücke für die Formulierung der deontischen Kalküle macht Podlech einige wesentliche Einschränkungen:

"Der Argumentbereich deontischer Operatoren sind Verhaltensaussagen, d.h. Sätze, die menschliches Verhalten ausdrücken. Der empfindlichste Mangel aller bisherigen Logiken, einschließlich des hier gebotenen Versuchs, ist der Umstand, daß eine hinreichend korrekte Definition des Ausdrucks "Verhalten" nicht vorliegt."[66)]

So basiert die Untersuchung eben darauf, daß "angebbar ist, was "Verhalten" ist."[67)] Diese Formulierung setzt voraus, daß eine hinreichend korrekte Definition des Ausdrucks 'Verhalten' überhaupt möglich ist. Die Konstruktion darauf aufbauender deontischer Logiken ist Ausdruck dafür. Es bleibt aber zu fragen, ob denn eine formale Definition von 'Verhal-

----

63) A.Podlech, a.a.O., S.261

64) vgl. Ch.K.Cobb, Law, Logic and Rationality, in: Jurimetrics Journal Band 11 (1970), S.1-12

65) A.Podlech, Mathematische Methoden in der Rechtswissenschaft, in: A.Podlech (Hrsg.), Rechnen und Entscheiden, Berlin 1977, S.261

66) A.Podlech, Zur Axiomatisierung der öffentlich-rechtlichen Dogmatik, in: A.Podlech (Hrsg.), Rechnen und Entscheiden, Berlin 1977, S.174

67) A.Podlech, a.a.O., S.174: Podlech weist darauf hin, daß sich Ansätze zu einer Präzisierung bei v.Wright (G.H.v.Wright, Norm and Action, London 1963, S.56 ff.) finden. Podlech führt u.a. folgende Beispiele an: Übergabe einer Sache, Bau eines Gebäudes, Stehenlassen eines Verkehrsmittels auf einer bestimmten Stelle, Verwundung einer Person, Schuß eines Polizisten, Versprechen eines Geschenks.

ten' - hier eingeschränkt auf einen gesellschaftlichen Teilbereich - menschlichem Verhalten in seiner Totalität auch nur annähernd gerecht werden kann.
Die Problematik liegt dabei vor allem in dem Versuch, mathematische/logische Denkweise auf Situationen zu übertragen, in denen Menschen als handelnde Personen entscheidend sind. So gerät die (zweiwertige) Logik unversehens zum Handlungsraster für zwischenmenschliche Zusammenhänge.

Finden sich im Abschnitt über die grundlegenden Ausdrücke der deontischen Logiken - wie gesehen - diverse Einschränkungen, so ändert sich dies im folgenden bei der Formulierung der deontischen Kalküle als Deduktionsgerüste nicht.[68)]

Mathematische Theorie der Ordnung

Neben Zimmermanns Formalisierungsansatz der Paragraphen 1922-1930 BGB[69)] ließe sich Fohmanns Arbeit "Mathematische Theorie der Ordnungen"[70)] stellenweise auch der Graphentheorie als Formalisierungsmittel zuordnen.
Fohmanns Ansatz ist allerdings genereller. Er befaßt sich sowohl mit dem Verhältnis von Mathematik und Rechtswissenschaft und einer Klassifizierung der Gebiete der Mathematik selbst, als auch im wesentlichen mit der Ordnungstheorie.
Fohmann konstatiert zunächst, daß die deontische Logik gesellschaftsfähig geworden sei, wozu seines Erachtens sehr die heutige "wesentlich bescheidenere und methodologisch/sachlich angemessen reflektierte Definition des eigenen Relevanzwertes für die Rechtswissenschaft durch die deontische Logik selbst"[71)] geführt hat. Zur Klärung des Charakters der 'Reinen Mathematik', die Fohmann u.E. willkürlich in die Hauptgebiete der numerischen (Analysis) und nicht-numerischen Mathematik unterteilt,[72)]

----

68) vgl. den Abschnitt über Interpretationsschwierigkeiten beim W_r-Kalkül, A.Podlech, a.a.O., S.179 f. sowie die S.184 ff. und 191

69) vgl. Kapitel 3.1, S.165 ff.

70) L.Fohmann, Mathematische Theorie der Ordnungen. Eine Einführung in Theorie und Anwendungen als Paradigma einer rechtswissenschaftlich relevanten Theorie im Spannungsfeld zwischen reiner und angewandter Mathematik,
in: DVR Band 8 Heft 4 (1979), S.297-338

71) L.Fohmann, a.a.O., S.298

72) Fohmann nimmt außerdem eine Unterscheidung in 'angewandte Mathematik im engeren Sinne' und 'angewandte Mathematik im weiteren Sinne' vor, a.a.O., S.300

erörtert er die Frage der L-Wahrheit mathematischer Theorien[73].
Beispielhaft wird der graphentheoretische Satz:

In jedem azyklisch gerichteten Graphen gibt es genau eine Knotenbasis, nämlich genau die Menge seiner Quellen.[74]

untersucht.
Die Begriffe 'azyklisch', 'gerichteter Graph', 'Knotenbasis' und 'Quelle' sind "deskriptive Terme in Form von Prädikatskonstanten, ... die ohne Beeinflussung der Satzwahrheit keineswegs durch typgleiche beliebig andere Terme substituierbar sind. Solche Sätze sind nur im weiteren Sinne L-wahr (sogenannte A-Wahrheit[75])".[76] Im gleichen Zusammenhang setzt sich Fohmann mit der Normativierung von mathematischen Theorien auseinander. Er verdeutlicht seine allgemeinen Betrachtungen am Beispiel der Graphentheorie, die dadurch normativierbar geworden sei, daß die Knotenvariablen mit Personen und beispielsweise beim Zivilrecht die Variablen für gerichtete Kanten als zivilrechtliche Ansprüche interpretiert werden. Dadurch eröffnet sich für die Rechtswissenschaft seiner Ansicht nach eine große Chance:

> "Im Gegensatz z.B. zur Informatik ist die fast revolutionäre Fruchtbarkeit der Graphentheorie zur analytischen Behandlung beliebig relationaler Strukturen von der Rechtswissenschaft nicht einmal ansatzweise wahrgenommen worden."[77]

Aber Fohmann spricht auch Grenzen der Anwendung mathematischer Theorien als Formalisierungsmethoden an, wenn er die "rein-mathematisch-deskriptiven Konstanten der Überabzählbaren (Aktual-)Unendlichkeit und alle hiervon abgeleiteten Terme wie Stetigkeit, Differenzierbarkeit, Integrierbarkeit aus der Analysis streng genommen wegen der Endlichkeit der Welt in keinem Sachgebiet"[78] für realisierbar erklärt.[79]

----

73) vgl. dazu W.Leinfellner, Einführung in die Erkenntnis- und Wissenschaftstheorie, Mannheim 1967, S.28 sowie S.161-165

74) vgl. F.Harary, Graphentheorie, München/Wien 1974, S.201, Theorem 16.6.

75) W.Leinfellner, a.a.O., S.162-164

76) L.Fohmann, a.a.O., S.300

77) L.Fohmann, a.a.O., S.301

78) L.Fohmann, a.a.O., S.302

79) vgl. Fohmann, ebd., Fußnote 19: die "Diskrepanz zwischen der auf dem Aktual-Unendlichen basierten klassischen Mathematik und den höchstens mit potentiell Unendlichem konfrontierten empirischen Wissenschaften"

Im Hauptteil der Arbeit geht Fohmann zunächst auf den allgemeinen Ordnungsbegriff ein und behandelt genauer 6 verschiedene Basis-Typen von Ordnungen:

- starke Ordnungen
- einfache Ordnungen
- schwache Ordnungen (Präordnungen)
- vollständige Ordnungen
- partielle Ordnungen (Halbordnungen)
- Äquivalenzen

In der Darstellung wird auf graphentheoretische, ordnungstheoretische und relationenlogische Begrifflichkeiten zurückgegriffen.[80)]
An diese Einführung in den Begriffsapparat der Ordnungstheorie schließt sich die Behandlung einiger "an der Oberfläche der Theorie gelegenen ... Theoreme"[81)] an. Fohmann widerspricht in einem Ausblick ausdrücklich der Ansicht, der Stellenwert der Ordnungstheorie sei unbedeutend. Die hierzu angeführten innermathematischen Verwandschaftsbeziehungen zu anderen Disziplinen überzeugen allerdings nur hinsichtlich ihrer mathematischen Bedeutsamkeit. Der Stellenwert der Ordnungstheorie für die Formalisierung im Recht ist damit noch nicht plausibel.
Dieser könnte allerdings in den abschließend aufgeführten Beispielen rechtlicher Anwendungen ersichtlich werden.
Eine Anwendung der mathematischen Ordnungstheorie auf rechtliche Bereiche mündet bei Fohmann in die Aufgabenbeschreibung eines Rechtsanwenders als der Herstellung von topologischer Ordnung. Dazu unterscheidet er bei der Liste zu prüfender Fragen in der Behandlung eines Rechtsfalles

----

80) denn: "die mittels Ordnungsrelationen erzeugten binär-relationalen Strukturen ... (werden) in den sachlichen Kontext ... der Graphentheorie gestellt." (S.312)

81) L.Fohmann, a.a.O., S.312

- prozessuale
- logische
- praktische

Vorrangregeln. Aufgabe des Rechtsanwenders sei es, die in einem konkreten Rechtsfall aufgestellten Vorrangbeziehungen in eine "vollständige, die Prüfungsreihenfolge festmachende Rangordnung einzubetten."[82]

Als weiteres Anwendungsbeispiel führt Fohmann[83] auf der Menge der Rechtsnormen die

- starke, partielle Ordnungsrelation "höherrangig"
- die Äquivalenzrelation "gleichrangig"
- als Vereinigung dieser beiden Relationen die vollständige Präordnungsrelation "höher- oder gleichrangig"

ein. Er hat somit die Hierarchie der Rechtsordnung als Präordnung interpretiert.

Der Gedanke an eine Ordnungsbeziehung innerhalb der Menge der Rechtsnormen liegt nahe. Fohmann nutzt die unterschiedliche Rangordnung einzelner Bestandteile der Rechtsordnung untereinander zur Bestimmung einer Ordnungsstruktur. Problematisch dabei im strengen Sinne ist, daß die zugrundeliegende Menge der Rechtsnormen durch die vollständige Angabe ihrer Elemente zu keiner Zeit eindeutig definiert ist. Es muß vielmehr auf eine beschreibende Definition zurückgegriffen werden.
Zum anderen sei darauf verwiesen, daß keineswegs in jedem Zusammenhang die Rangigkeit von Rechtsnormen untereinander klar bestimmt ist, sondern Abwägungsprozesse notwendig sind.

----

82) L.Fohmann, a.a.O., S.335

83) ausgehend von der Rangordnung zwischen Bundesverfassung, Bundesgesetzen, Bundesrechtsverordnungen

2.2.3. Informatik

Im Rahmen dieses Abschnitts soll aus der Vielzahl der vorfindlichen Ansätze zur Formalisierung und (weiteren) Automatisierung der Rechtsanwendung eine kleine Menge von Instrumenten und Ansätzen aus der Informatik herausgegriffen werden, die einerseits als 'repräsentativer Querschnitt' anzusehen sind und die andererseits - bei aller Unterschiedlichkeit - Einsicht in die Problemstruktur erlauben.
Nach diesen Kriterien wurden herausgesucht: [84)]

- Flußdiagramme
- allgemeine Netztheorie, insbesondere Petri-Netze
- Spezifikationsmethoden
  - Entscheidungstabellen
  - das LEGOL-Projekt
- Expertensysteme
  - das TAXMAN-Projekt als Vertreter von AI-Ansätzen

Im Vordergrund der Darstellungen steht hier nicht der implementationstechnische, sondern jeweils der methodische Gesichtspunkt. Bei allen behandelten Methoden und Ansätzen wird deshalb kaum auf die Auswirkungen einer eventuellen Implementation eingegangen. [85)]
Wohl aber können an dieser Stelle methodische Anwendungsvoraussetzungen thematisiert werden, die bei einzelnen Projekten zu 'Auswirkungen' in Form von Sachzwängen werden.

Flußdiagramme (DIN 66001)

Seit den Anfängen der Datenverarbeitung verwendeten Programmierer sogenannte Programmablaufpläne, um die Anweisungen von Programmen in der

----

84) Auf eine neuere Arbeit von L.Fohmann (Die informationale Programmiersprache IPL, Neckargemünd 1983, Manuskript) konnte hier nicht mehr eingegangen werden; Fohmann untersucht darin die Struktur "regelorientierter, schlechtdefinierter, nicht-schematischer Entscheidungen" - klassisches Beispiel ist die richterliche Rechtsentscheidung - und entwickelt neben einer normativen Theorie ein Instrument zur Formalisierung solcher Entscheidungen.

85) vgl. hierzu Abschnitt 6.1. (Beispiel Steuerverwaltung), S.226 ff.

Reihenfolge der Programmschritte aufzuschreiben. Von verschiedenen Computerherstellern wurden verschiedene symbolische Darstellungsmethoden entwickelt. Die am weitesten verbreiteten sind die Flußdiagramme. Sie verwenden Symbole, die ihre Entsprechung zu einzelnen Klassen von Befehlen haben.

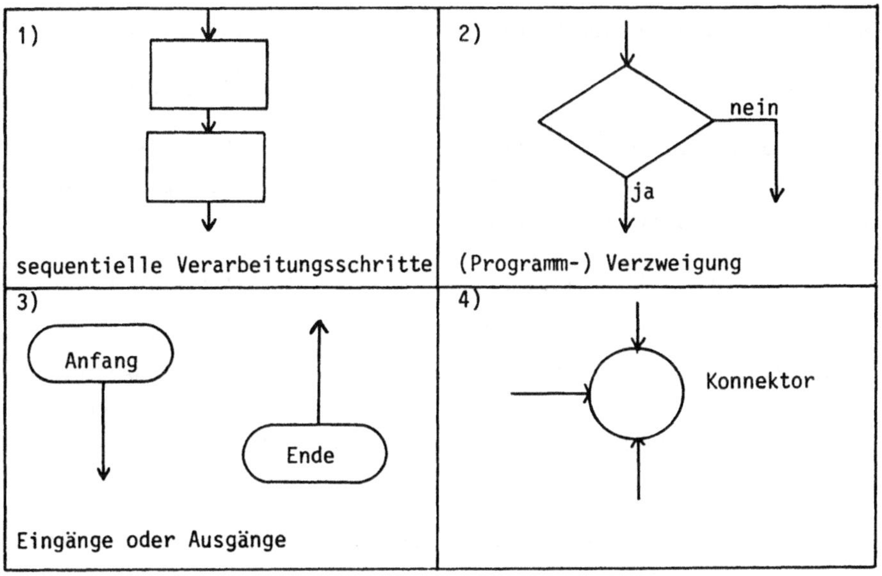

Abb.2.12.: Flußdiagrammsymbole

zu 1): Das Rechteck ist Symbol für sequentielle Verarbeitungsschritte. Häufig werden hier nicht nur einzelne Befehle, sondern ganze Verarbeitungsblöcke eingetragen. In der Flußdiagrammtechnik existiert zu der notwendigen Verfeinerung der einzelnen Programmschritte allerdings kein Verfahren, das eine eindeutige Abbildung zuließe.

zu 2): Abfragen bzw. Verzweigungen (in Abhängigkeit von dem Erfülltsein angegebener Bedingungen) werden als Raute dargestellt. Verzweigungen haben in der Regel einen Eingang und zwei Ausgänge (für ja und nein).

zu 3): Anfang (Eingang) und Ende (Ausgänge) eines Programms werden mit den abgebildeten Rechtecken gekennzeichnet.

zu 4): Anschlüsse an andere Flußdiagramme (z.B. Fortsetzungen) und Rücksprungmarken werden mit einem Kreis (Konnektor) versehen.

Mit Hilfe der Verbindungslinien werden in Flußdiagrammen die Möglichkeiten des Kontrollflusses festgehalten. Aufgrund ihrer geringen formalen Anforderungen sind Flußdiagramme sehr häufig für Zwecke eingesetzt worden, in denen es galt, Entscheidungsstrukturen zu verdeutlichen; so z.B. zur Beschreibung von Ablauforganisationen menschlicher Tätigkeiten oder zur Darstellung von Entscheidungsstrukturen im Recht[86)].

Das folgende Beispiel von Ringwald[87)] wurde zur Entscheidung der Frage:

"Wer macht sich nach welche(r/n) Norm(en) des StGB wie strafbar?"

für vorgegebene Klassen von Fällen entwickelt. Diese Formalisierung, als Abschlußaufgabe eines Programmierkurses für Juristen konzipiert, geht von mehreren Vereinfachungen aus:[88)]

- es liegen nie Rechtfertigungs- und Schuldausschließungsgründe vor;
- der Täter befindet sich nie im Irrtum;
- ist die Begehungsform (BFORM) gleich dem Vorsatz (VORS) oder Versuch (VERS), weiß der Täter auch (subjektiv) um die SACHE, um Eigentumsverhältnisse (EVERH), Gewahrsamsverhältnisse (GVERH) und um sein Tun (TUN).

Die verschiedenen Klassen von Sachverhalten werden per Lochkarten vorgegeben (vgl. die Fallkonstellationen auf der nächsten Seite).

----

86) vgl. hierzu C.Eberle/H.Garstka, Soll das Verwaltungsverfahren durch einen bundesweiten Programmablaufplan determiniert werden?, in: ÖVD 1972 Heft 6, S.265 ff.

87) G.Ringwald, Normanalyse mit Formalismen der EDV, München 1981, S.4

88) G.Ringwald, a.a.O., S.4

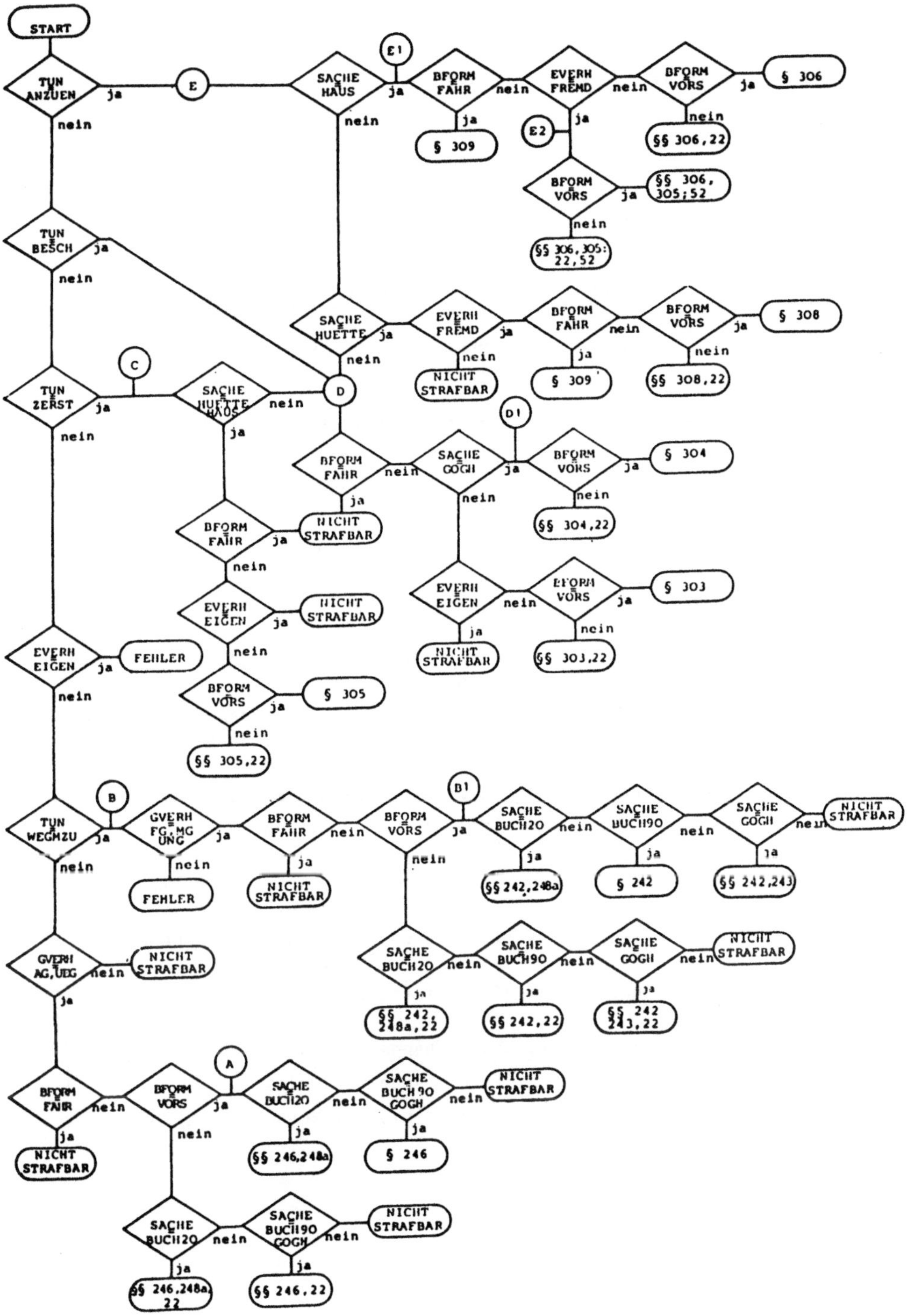
START
TUN ANZUEN
ja
nein
E
SACHE HAUS
E1
BFORM FAHR
nein
EVERH FREMD
BFORM VORS
§ 306
§ 309
E2
§§ 306,22
BFORM VORS
§§ 306, 305;52
§§ 306,305: 22,52
TUN BESCH
SACHE HUETTE
EVERH FREMD
BFORM FAHR
BFORM VORS
§ 308
NICHT STRAFBAR
§ 309
§§ 308,22
TUN ZERST
C
SACHE HUETTE HAUS
D
D1
BFORM FAHR
SACHE GOGH
BFORM VORS
§ 304
§§ 304,22
BFORM FAHR
NICHT STRAFBAR
EVERH EIGEN
NICHT STRAFBAR
EVERH EIGEN
BFORM VORS
§ 303
NICHT STRAFBAR
§§ 303,22
EVERH EIGEN
FEHLER
BFORM VORS
§ 305
§§ 305,22
TUN WEGNZU
B
GVERH FG,MG UNG
BFORM FAHR
BFORM VORS
B1
SACHE BUCH20
SACHE BUCH90
SACHE GOGH
NICHT STRAFBAR
FEHLER
NICHT STRAFBAR
§§ 242,248a
§ 242
§§ 242,243
SACHE BUCH20
SACHE BUCH90
SACHE GOGH
NICHT STRAFBAR
§§ 242, 248a,22
§§ 242,22
§§ 242 243,22
GVERH AG,UEG
NICHT STRAFBAR
BFORM FAHR
BFORM VORS
A
SACHE BUCH20
SACHE BUCH 90 GOGH
NICHT STRAFBAR
NICHT STRAFBAR
§§ 246,248a
§ 246
SACHE BUCH20
SACHE BUCH90 GOGH
NICHT STRAFBAR
§§ 246,248a, 22
§§ 246,22

Abb. 2.13

Legende zu Abb.2.13.

Mögliche Feldinhalte und ihre Bedeutung:

Spalte:	Feld:	Inhalt:		
5 - 10	SACHE	BUCH20	=	Buch (Wert 20,-- DM)
		BUCH90	=	Buch (Wert 90,-- DM)
		HAUS	=	Wohnhaus
		GOGH	=	Gemälde von van Gogh, ausgestellt in der öffentl. zugänglichen Tübinger Kunsthalle
		HUETTE	=	Gerätehäuschen (ganz allein auf grüner Wiese
12 - 16	EVERH	FREMD	=	Sache steht in fremdem Eigentum
		EIGEN	=	Sache steht im Alleineigentum des Täters
18 - 20	GVERH	AG	=	Alleingewahrsam des Täters an der Sache
		UEG	=	übergeordneter Mitgewahrsam des Täters an der Sache
		MG	=	gleichstufiger Mitgewahrsam des Täters an der Sache
		UNG	=	untergeordneter Mitgewahrsam des Täters an der Sache
		FG	=	Täter hat keinen Gewahrsam an der Sache, es besteht fremder Gewahrsam
22 - 27	TUN	BESCH	=	Täter beschädigt die Sache
		ZERST	=	Täter zerstört die Sache ganz oder teilweise
		WEGMZU	=	Täter nimmt die Sache in rechtswidriger Zueignungsabsicht weg
		ZUEIG	=	Täter eignet sich die Sache ohne Wegnahmehandlung rechtswidrig zu
		ANZUEN	=	Täter setzt Sache in Brand
29 - 32	BFORM	VORS	=	Täter handelt vorsätzlich
		FAHR	=	Täter handelt fahrlässig
		VERS	=	Täter bleibt im Versuch stecken

Netztheorie - Netze als neuartiges Formalisierungsmittel

Aus den bisher vorliegenden Formalisierungsansätzen, die sich der Netztheorie bedienen, soll hier nur der Ansatz vorgestellt werden[89], der sich mit der Darstellung der Klageerhebung nach U.S.-amerikanischem Zivilprozeßrecht befaßt[90]. Eine umfangreiche Prüfung der Anwendung der Netztheorie im Recht ist Gegenstand eines anderen Projektes, welches im Augenblick von der Gesellschaft für Mathematik und Datenverarbeitung in Birlinghoven durchgeführt wird[91].

Netze bestehen einerseits aus zwei verschiedenen Mengen von Knotenelementen, nämlich S- und T-Elementen , und andererseits Kanten, die Exemplare von S- und T-Elementen verbinden.
S- und T-Elemente können unterschiedlich interpretiert werden (vgl. Abb.2.14.), sie müssen in einem Netz jedoch abwechselnd aufeinander folgen. Ein gerichtetes Netz N = (S,T;F) wird dann wie folgt definiert:

1) $S \cap T = \emptyset$
2) $S \cup T \neq \emptyset$
3) $F \subseteq (S \times T) \cup (T \times S)$
4) $\mathrm{dom}\,(F) \cup \mathrm{codom}\,(F) = S \cup T$,

wobei S die Menge der S-Elemente, T die Menge der T-Elemente, $X = S \cup T$ die Menge aller Elemente von N ist. F wird die Flußrelation genannt, wobei die Elemente von F auch als gerichtete Kanten oder Pfeile bezeichnet werden. F wird als Zusammensetzung zweier binärer Relationen betrachtet,

---

89) weitere Ansätze finden sich bei G.Thieler-Mevissen, Netztheoretische Überlegungen zu einer Gesetzgebungstheorie, in: U.Klug/Th.Ramm/F.Rittner/B.Schmiedel (Hrsg.), Gesetzgebungstheorie, Juristische Logik, Zivil- und Prozeßrecht - Gedächtnisschrift für Jürgen Rödig, Berlin/Heidelberg/New York 1978, S.43 ff.

90) J.A.Meldman/A.W.Holt, Petri Nets and Legal Systems, in: Jurimetrics Journal Band 12 (1971), S.65 ff. Der Artikel beschäftigt sich mit dem 'Federal Law of Civil Procedure'. Die Darstellung in diesem Abschnitt orientiert sich weitgehend an diesen Ausführungen.

91) In dem Projekt INRE (Informationsfluß im Recht) wird an einer breiten Anwendung spezieller Netze auf die Darstellung von Regelungen der ZPO gearbeitet (vgl. Forschungs- und Entwicklungsprogramm 1983 der GMD, Bonn 1983,S.45)

nämlich

1) $Z = F \cap (S \times T)$, die Zielrelation (target relation)

2) $Q = F^{-1} \cap (S \times T)$, die Quellrelation (source relation).

	S	T
0	state-elements	transition-elements
1	states	transitions
2	conditions; "places"	events
3	conditions	facts
4	open singletons	closed singletons
5	structural types	constructions
6	log. statements	dependencies, deductions, proofs
7	chem. substances	chem. reactions
8	languages	translators
9	stations (in information flow nets)	transfers
10	product types	production activities
11	countries	boundaries
12	channels	agencies
13	(organizational) roles	activities
14	pragmatical status (of message)	pragmatical transformations
15	functional units for the representation of data	functional units for the processing of data

Abb.2.14.: Some concept pairs for applying net theory[92)]

In Darstellungen werden S-Elementen Kreise 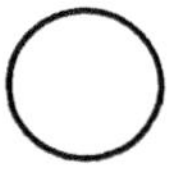

und T-Elementen Rechtecke  zugeordnet.

----

92) aus: C.A.Petri, Introduction to General Net Theory, in: W.Brauer (Hrsg.), Net Theory and Applications, Berlin/Heidelberg/New York 1980, S.14

Wenn die Relation $(x,y) \in F$ gilt, dann wird ein Pfeil von x nach y gezeichnet.[93)]

Im folgenden wird von der Interpretation der S-Elemente als Zustände und der T-Elemente als Ereignisse ausgegangen. Ein Pfeil, der von einem Zustand zu einem Ereignis zeigt, bedeutet, daß dieser Zustand von diesem Ereignis beendet wird und im umgekehrten Fall, daß ein Zustand ein bestimmtes Ereignis voraussetzt.

Daß Zustände und Ereignisse einander abwechselnd folgen, bedeutet, daß kein Pfeil direkt von einem Zustand zu einem Zustand oder von einem Ereignis zu einem Ereignis gehen darf.

Das folgende Netz soll die formale Darstellung folgender Formulierung des 'Federal Law of Civil Procedure' wiedergeben:

> Eine Zivilklage beginnt mit der Einreichung einer Klage bei Gericht."[94)]

---

93) An dieser Stelle soll darauf verzichtet werden, die formalen Definitionen von Netzen ausführlicher darzustellen. Stattdessen wird die informale Einführung mittels graphischer Darstellungen fortgeführt. Zur weiteren Lektüre der mathematischen Theorie sei hier auf H.J. Genrich/K.Lautenbach/P.S.Thiagarajan, Elements of General Net Theory, in: W.Brauer (Hrsg.), Net Theory and Applications, a.a.O., S.21 ff. verwiesen.

94) Im Originaltext bei J.A.Meldman/A.W.Holt, a.a.O., S.68: "A civil action is commenced by filing a complaint with the court.", wobei 'court' durch Anwendung von §5e - statt 'court' 'clerk' - konkretisiert wird. Meldman und Holt geben im weiteren den Gesetzestext immer nur durch indirekte Rede wieder, wobei ihr Verständnis des Gesetzestextes die Art der Formalisierung dominiert.

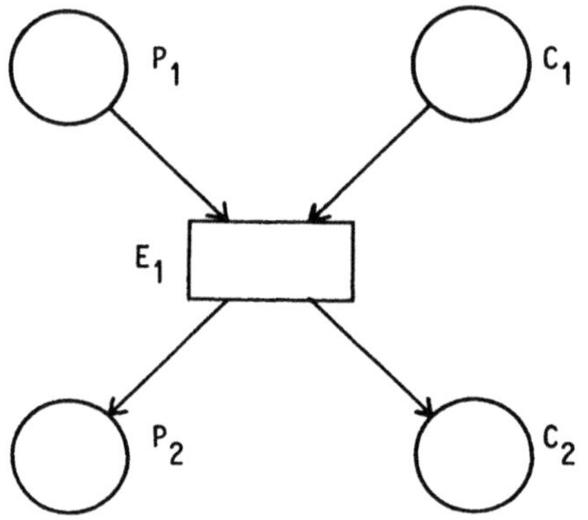

Abb.2.15.

Vor und nach Klageeinreichung befinden sich der Kläger (P) und der Gerichtsschreiber der Geschäftsstelle (C) in zwei verschiedenen Zuständen: P_1 und P_2, bzw. C_1 und C_2. Die beiden Zustände, die dem Kläger zugeordnet werden, stellen verschiedene Zeitpunkte ein und derselben Person dar. Zu jeder beliebigen Zeit darf jeder Teilnehmer (bzw. jede dargestellte Instanz) sich in einem und nur einem Zustand befinden. Der Gerichtsschreiber der Geschäftsstelle kann sich immer nur dann vom Zustand C_1 in den Zustand C_2 versetzen, wenn eine Klage eingereicht wird.
An dieser Stelle fällt auf, daß sich natürlich nicht eine gesamte Geschäftsstelle - das ist die Ebene der abstrakt-generellen Regelung des Gesetzestextes - in einen anderen Zustand versetzen darf, denn es muß jederzeit gewährleistet sein, daß Klagen angenommen werden können. Aus diesem Grund wird im vorliegenden Beispiel die abstrakt-generelle Regel von Meldman und Holt auf die individuelle und konkrete Ebene des Gerichtsschreibers übertragen.

Die Weiterbehandlung der Klage regelt dann §4:

"Nach der Erhebung der Klage hat der Gerichtsschreiber unverzüglich eine Ladung zu erstellen und diese zur Zustellung (an den Beklagten) dem 'marshal' zu übergeben. Die Ladung und die Klageschrift sind (dem Beklagten) gemeinsam zuzustellen."[95]

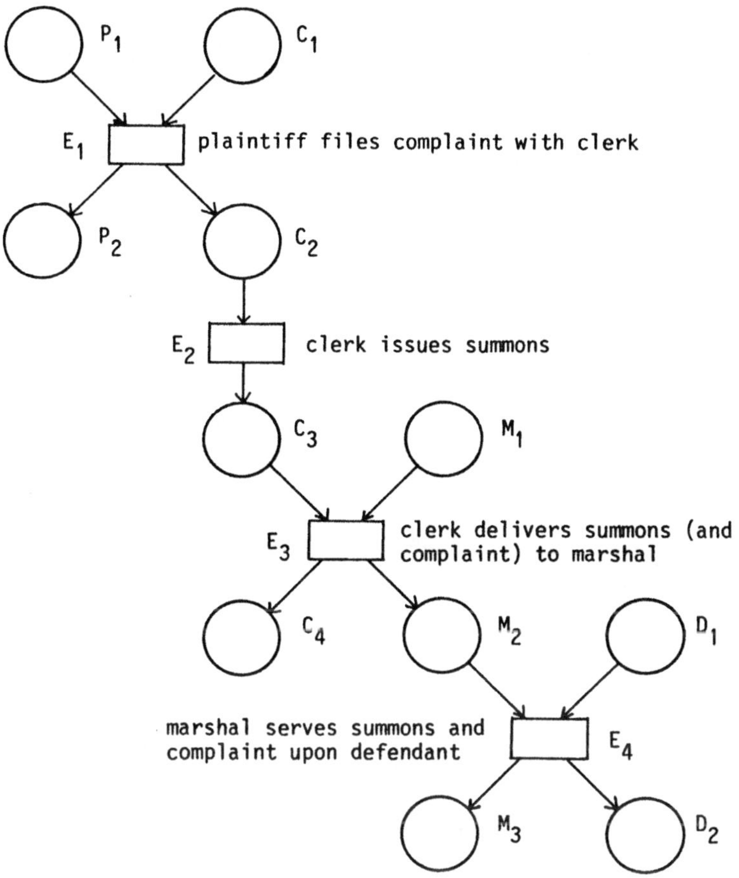

Abb.2.16.

----

95) wörtlich: "Upon the filing of the complaint the clerk shall forthwith issue a summons and deliver it for the service to the marshal. ... The summons and the complaint shall be served together ..." J.A.Meldman/A.W.Holt, a.a.O., S.68

Mit dieser Vorschrift werden zwei weitere Personen eingeführt: der 'marshal' (M) und der Beklagte (D). Der 'marshal' (M_1) nimmt die Ladung - nach deren Erstellung durch den Gerichtsschreiber (Ereignis E_2) - in Empfang (Ereignis E_3) und stellt diese dem Beklagten (D) zu (Ereignis E_4).

"§12 (Klageerwiderung und Einreden ... durch Aussage oder Antrag) gibt dem Beklagten nach der Zustellung durch den 'marshal' eine Wahlmöglichkeit: der Beklagte kann mit einer Klageerwiderung oder mit einem Antrag reagieren."[96)]

Die Wahlmöglichkeit des Beklagten stellt sich (im Anschluß an die obige Abbildung 2.16.) so dar:

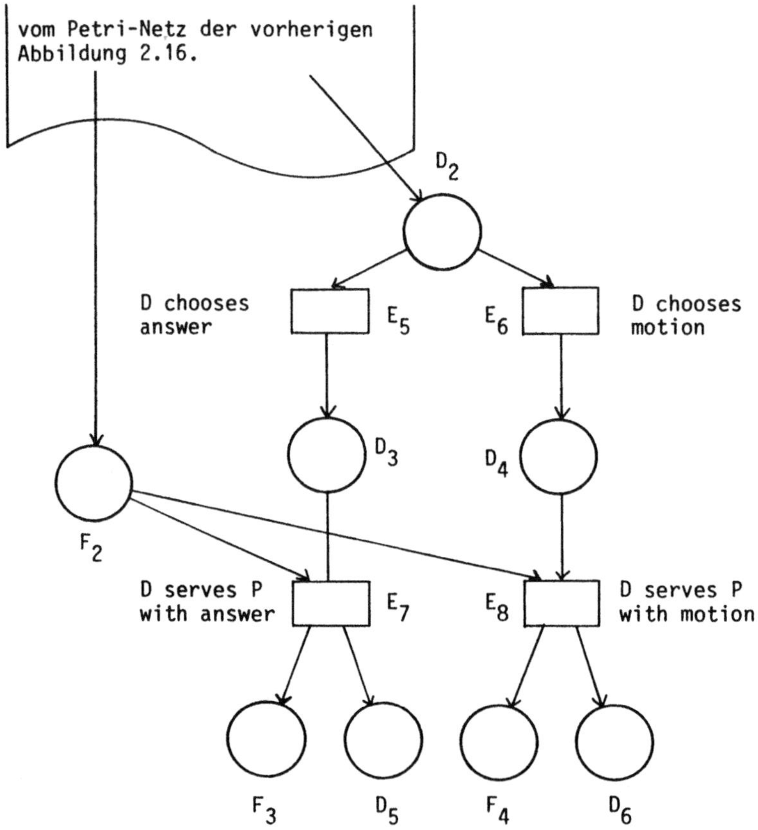

Abb.2.17.

----

96) im Originaltext: "Rule 12 (Defenses and Objections ... By Pleading or Motion ...) gives the defendant a choice upon his being served by the marshal; he may respond initially either with an answer or with a motion.", J.A.Meldman/A.W.Holt, a.a.O., S.72

Die Wahlmöglichkeit hängt für D_2 einzig und allein an der eigenen Entscheidung. Es kann allerdings nur einer der beiden Wege beschritten werden (D_3 über E_5 oder D_4 über E_6). Der Einfachheit halber wurde hier die dritte Möglichkeit - nämlich die Frist von 20 Tagen verstreichen zu lassen - noch nicht erwähnt. Diese ergibt sich aus §12a, der lautet:

> "§12a schreibt eine Frist von 20 Tagen vor, innerhalb derer der Beklagte seine erste Klageerwiderung bei Gericht einreichen muß."[97)]

Das vollständige Petri-Netz von Meldman und Holt für das oben besprochene Beispiel ist auf der folgenden Seite aufgeführt:

---

97) im Originaltext: "... Rule 12(a) prescribes a 20-day period within which the defendant must serve his initial response.", J.A.Meldman/ A.W.Holt, a.a.O., S.73

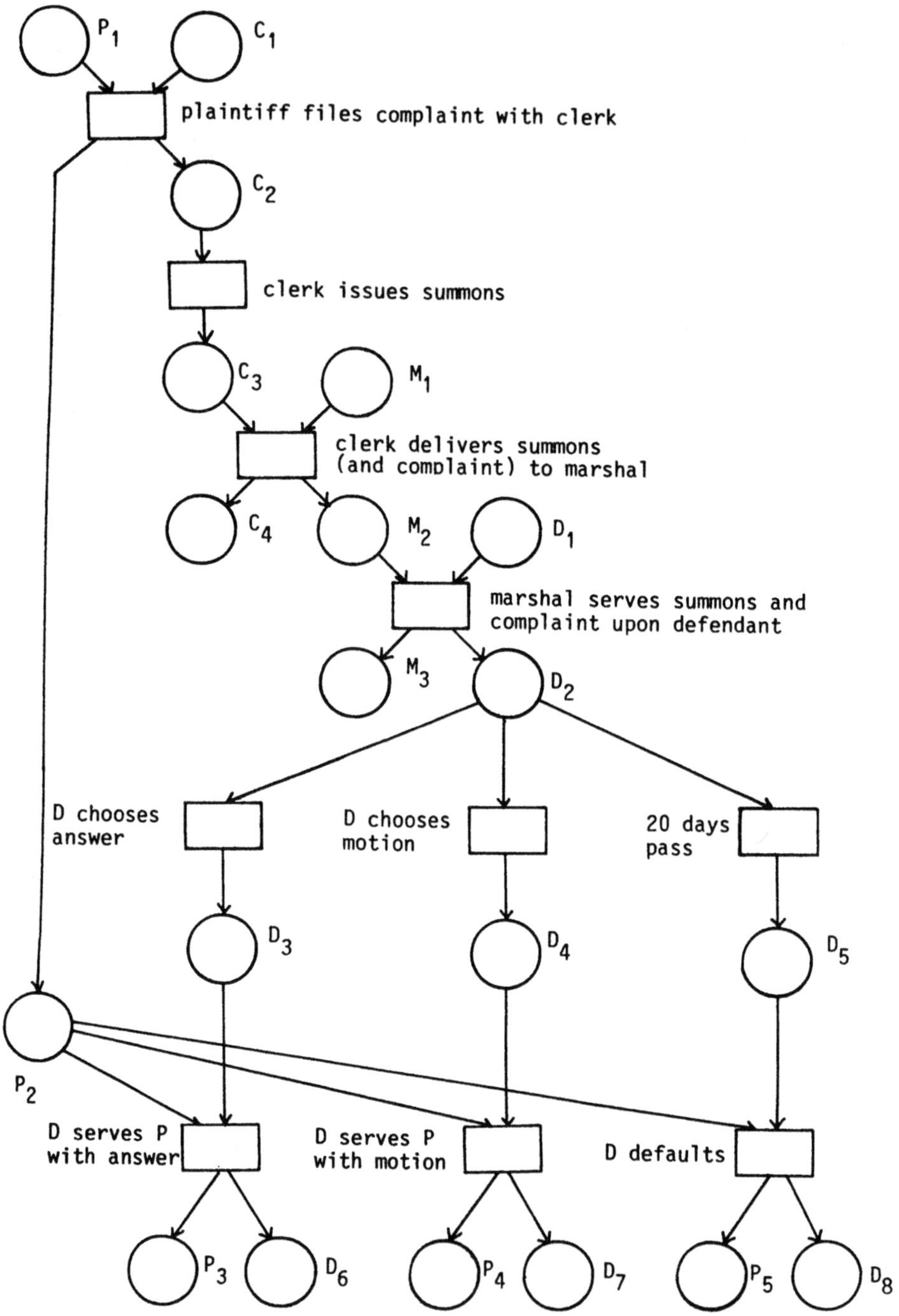
P1
C1
plaintiff files complaint with clerk
C2
clerk issues summons
C3
M1
clerk delivers summons (and complaint) to marshal
C4
M2
D1
marshal serves summons and complaint upon defendant
M3
D2
D chooses answer
D chooses motion
20 days pass
D3
D4
D5
P2
D serves P with answer
D serves P with motion
D defaults
P3
D6
P4
D7
P5
D8

Abb.2.18.

In der Darstellung bleiben drei verschiedene Möglichkeiten von Zuständen für den Kläger und den Beklagten übrig, nämlich (P_3,D_6), (P_4,D_7), oder (P_5,D_8), die dann unterschiedliche Ausgangsvoraussetzungen für einen Prozeß beinhalten.
Zum Beispiel könnte nach deutschem Recht im letzten Fall vom Kläger ein Versäumnisurteil beantragt werden (vgl. §331 Zivilprozeßordnung (ZPO) .

Am oben dargestellten Formalisierungsansatz von Meldman und Holt fällt zunächst auf, daß sich das Formalisierungsergebnis (das Netz in Abb.2.18.) ziemlich stark von den verbalen Formulierungen der ursprünglichen Paragraphen 3, 4, 12 und 12a entfernt hat.[98] Das Petri-Netz erfaßt nur den semantischen Gehalt der gesetzlichen Regelungen. Infolgedessen lassen sich mit Hilfe der Netzdarstellung keine Untersuchungen über die sprachlichen Eigenschaften der Regelungen anstellen. Sogar möglicherweise überflüssige Regelungen ließen sich nicht mehr eindeutig ausmachen, wie dies zum Beispiel Gegenstand und Ziel der Formalisierung mit Hilfe der mathematischen Logik - etwa bei Fiedler - war.
Demgegenüber vermag die Netzdarstellung organisatorische Zusammenhänge deutlicher zu machen. Bei der Konkretisierung der Organisation in Richtung einer Individualisierung (im Formalisierungsansatz von Meldman/Holt die Konkretisierung von 'Gericht' zum 'Gerichtsschreiber') treten jedoch grundsätzliche Probleme auf:

- Im deutschen Recht ist die Aufbauorganisation von Gerichten in anderen Rechtsvorschriften geregelt als die Ablauforganisation. Die Zivilprozeßordnung kennt auf Seiten des Gerichts keine Festlegung, welche konkrete Person welche Klage entgegennimmt und welche andere konkrete Person diese in der Rolle des Richters bearbeitet. Festlegungen hinsichtlich der Aufbauorganisation von Gerichten finden sich z.B. im Gerichtsverfassungsgesetz (GVG) und dessen Einführungsgesetz (EGGVG). Konkrete Zuordnungen von Klagen zu bearbeitenden Personen bei Gericht werden hingegen den einzelnen Geschäftsverteilungsplänen der Gerichte überlassen oder sind nicht geregelt (z.B. in den Geschäftsstellen der Gerichte).
  Die oben bereits angeschnittene Frage, wie die abstrakten und generellen Regeln des Gesetzes auf einen konkreten individuellen Anwendungs-

----

98) Bei einer Rückübersetzung ließen sich viele unterschiedliche sprachliche Formulierungen finden, die denselben semantischen Gehalt obiger Regelungen zum Ausdruck bringen.

fall innerhalb einer Organisation übertragen werden können, wird hier nicht geklärt.[99)]
Andererseits erzwingt das Formalisierungsmittel 'Netze' eine konkrete - so nicht im Gesetz ausformulierte - Darstellung, wenn sie hinreichend exakt die gesetzliche Regelung wiedergeben will. Hier stellt sich zwangsläufig die Frage nach der Legitimität einer solchen vom Gesetzgeber unter Umständen bewußt vermiedenen Konkretisierung für die Rechtsanwendung.[100)]

- Betrachten wir die Formalisierung auf der individualisierten Ebene - so wie sie oben dargestellt wurde -, dann ist die Formalisierung wiederum unvollständig bzw. ungenau. Der Gerichtsschreiber muß nämlich jederzeit bereit sein, weitere Klagen entgegenzunehmen und zu bearbeiten. Er kann also nicht durch einen Prozeß so lange blockiert sein, bis dieser beendet ist.

Das von Meldman und Holt verwendete Beispiel ist besonders gut geeignet, die Vorzüge von Petri-Netzen aufzuzeigen. Würde eine Formalisierung nämlich ausschließlich materiell-rechtliche Regeln betrachten - als Beispiel könnte man sich die oben bereits erwähnten Clubregeln bei Fiedler vorstellen[101)] -, so wäre die Anwendung von Petri-Netzen wenig ergiebig.

Spezifikationsmethoden

Motiviert durch Verständigungsschwierigkeiten zwischen DV-Personal und Fachabteilungen, durch die Problematik von undurchschaubaren Systemen sowie den Schwierigkeiten bei der Wartung von Software und nicht zuletzt durch die hohen Kosten der Softwareproduktion, wird von Informatikern

----

99) Zwar gibt es im Rahmen der Darstellung von Programmen in der Softwaretechnologie Methoden der Verfeinerung, nur ist dort im Unterschied zum Recht jeder Entscheidungsschritt determiniert, positiviert und in seiner Abarbeitungsfolge festgelegt. Demgegenüber sind im Recht die Handlungsanweisungen dort, wo keine positivierten Regeln existieren, meistenteils über die Ausbildung der Juristen vermittelt worden.

100) Hierin kann z.B. eine Delegation von Entscheidungsbefugnissen gesehen werden;
vgl. zu dieser Problematik auch C.Eberle/H.Garstka, Soll das Verwaltungsverfahren durch einen bundesweiten Programmablaufplan determiniert werden?, in: ÖVD 1972 Heft 6, S.265 f.

101) vgl. den Abschnitt über Mengenlehre (2.2.2.) und H.Fiedler, Juristische Logik in mathematischer Sicht, in: ARSP LII/1 (1966), S.108

seit einigen Jahren über sogenannte Spezifikationssprachen gearbeitet und diskutiert. Der Nutzen dieser Sprachen und der zugehörigen Programmentwicklungssysteme wird in der Oberdeckung mehrerer Entwicklungsphasen der Systemanalyse gesehen. Dabei kann nicht die Rede davon sein, daß es zum gegenwärtigen Zeitpunkt einheitliche Methoden oder Konzepte gäbe. Budde u.a.[102] haben eine Gegenüberstellung von 14 verschiedenen Ansätzen unternommen (vgl. die nachfolgende Abbildung), wobei ersichtlich ist, daß die verschiedenen Ansätze unterschiedliche Ansatzpunkte und eine verschieden weit reichende Umfassung von Entwicklungsstufen auszeichnet. Den vollen Nutzen als Spezifikationssprache entfalten dabei allerdings erst einige wenige bzw. versprechen dies. Spezifikationssprachen und die dazugehörigen rechnergestützten Programmentwicklungssysteme werden in der heutigen Softwaretechnik daran gemessen, inwieweit sie

- Programmgeneratoren,
- Verfahren zur (automatischen) Verifikation,
- (automatische) Testverfahren,
- Verfahren der Programmdokumentation und schließlich
- Verfahren der Projektführung

beinhalten.

Durch Spezifikationssprachen sind Systemkomponenten in der Weise zu skizzieren, daß eine genaue, minimale Beschreibung ihres Verhaltens vollständig für den beabsichtigten Zweck vorliegt. Das Vorgehen richtet sich hierbei z.B. nach der Schrittfolge:[103]

- Identifikation von zu verarbeitenden Objekten und Verarbeitungsvorgängen sowie Klassifizierung und formale Definition derselben,
- Definition aller Beziehungen zwischen Objekten und zwischen Objekten und Vorgängen,
- Definition aller Ein- und Ausgabebelege (Benutzerschnittstellen)
- Definition der Daten und Funktionsstrukturen,
- Definition der Datenflüsse oder der Beziehungen zwischen Daten und Funktionen,

----

102) R.Budde/P.Schnupp/A.Schwald, Untersuchung über Maßnahmen zur Verbesserung der Softwareproduktion, Teil 1, München/Wien 1980, S.170 ff.

103) Die Darstellung dieser Schrittfolge folgt H.Sneed, Methodik der formalen Softwarespezifikation, in: ÖVD 1982 Heft 5, S.62 ff.; vgl. hierzu aber auch Abschnitt 1.3.3., S.64.

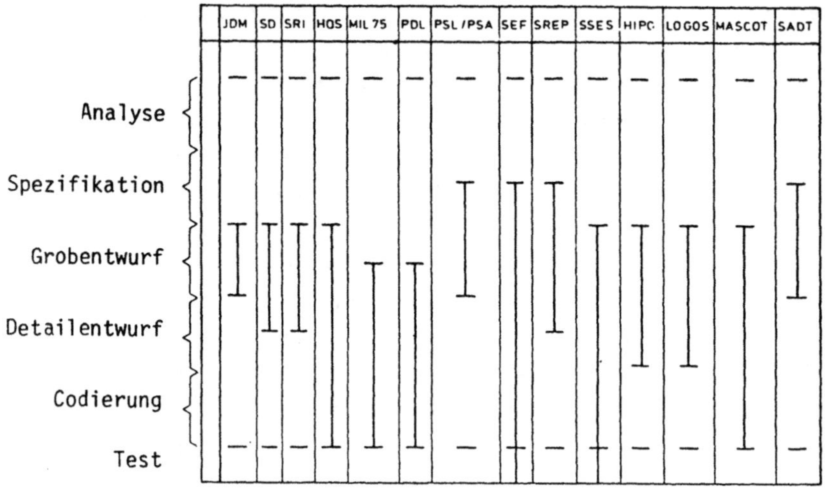

HIPO	Graphische Unterstützung für Softwareentwürfe
HOS	formale Beschreibung von Softwaresystemen
JDM	Design-Methode zur Softwareentwicklung
LOGOS	Beschreibung von Rechnerfunktionen
MASCOT	Entwurf von Realzeit-Software
MIL	Beschreibung von Relationen zwischen Modulen
PSL/PSA	Formulierung und Analyse von System- und Programmentwurf
SADT	zur graphischen Darstellung von Anforderung und Entwurf
SD	Modularisierungsmethode
SEF	geplantes Instrumentarium für alle Programmierphasen
SREP	Formulierung und Analyse von System- und Programmentwurf
SRI/PARNAS	zur Programmspezifikation
SSES	Entwurfssystem

Abb.2.19.: Zuordnung von Methoden und Systemen zu den einzelnen Entwicklungsphasen aus: Budde, R.; Schnupp, P.; Sehwald, A.: Untersuchung über Maßnahmen zur Verbesserung der Software-Produktion, Teil1, S. 175.

- Verfeinerung der Daten und Funktionsbäume aufgrund der Datenflüsse
- Bestimmung der Entscheidungslogik (Festlegen der Bedingungen für die Ausführung der einzelnen Funktionen)
- Verfeinerung der Datenflüsse, Datenbäume und Funktionsbäume
- Definition sämtlicher Funktionen, die in den Funktionsbäumen vorkommen
- Definition sämtlicher Daten, die in den Datenbäumen vorkommen und
- Verifikation des Softwaresystems (Prüfung der Vollständigkeit und Konsistenz etc.)

Diese, schon auf eine bestimmte Spezifikationssprache zugeschnittene Vorgehensweise[104] deutet die schrittweise Verfeinerung des Programmentwurfs an.
Idee der Spezifikationssprachen ist es, daß der Prozeß der Modellbildung[105] in die Systementwicklung integriert wird und daß dieses Verfahren weitgehendst rechnergestützt abgearbeitet werden kann. Ziel ist es dabei auch, die Rationalisierung des Softwareerstellungsprozesses voranzutreiben, und zwar unter gleichzeitiger Verbesserung der Qualität des Endproduktes. Dazu schreibt Luft:

> "Insbesondere zeigt auch die Verbindung zwischen der analytischen Methodik zur Programmverifikation und dem anhand von Verifikationsregeln disziplinierbaren Prozeß der Programm-Konstruktion, daß im Hinblick auf die praktische Relevanz der Programm-Verifikation der analytische dem synthetischen Prozeß nachgeordnet ist."[106]

Mit dem analytischen Prozeß ist hier nicht die Analyse der (zu automatisierenden) Aufgabe oder Tätigkeit, sondern der analytische Prozeß der Kontrolle des Programms, also des Arbeitsproduktes des Programmierers, gemeint. Zusammengenommen mit der hier noch nicht erwähnten Arbeitszerlegung in kleine, sowohl zeitlich als auch vom Gesamtumfang eines Softwareproduktes aufteilbare Arbeitsschritte, wird hinter den Bemühungen um die Klärung von theoretischen Fragen (wie z.B. des Korrektheitsbegriffes) eventuell zugleich eine tayloristische Strategie erkennbar.

----

104) vgl. H.Sneed, a.a.O., S.62 ff: die sogenannte SOFSPEC -Spezifikationsmethode

105) Dies wird im obigen Beispiel relativ deutlich.

106) A.L.Luft, Zur Bedeutung formaler Spezifikationsmethoden beim Software Engineering, in: Angewandte Informatik 1982 Heft 4, S.218

Hierzu noch einmal Luft:

"Der große Gewinn der Theorie der Programmverifikation liegt primär in der Beantwortung der Frage, anhand welcher Entwurfsschritte sich die Konstruktion von Programmen schrittweise formal korrekt (formal nachvollziehbar) gestalten läßt. Die Komplexität des Verstehens formaler Modelle wird durch die Zwischenschaltung einer Vielzahl aufeinander bezogener, immer 'feiner' werdender formaler Modelle (Beschreibungsstufen) im allgemeinen vermindert."[107)]

In diesen Verfahren wird auch nach Möglichkeiten gesucht, Tätigkeiten der Programmerstellung maschinell zu erledigen.[108)]
Ein Überblick über die verschiedenen Methoden und Verfahren zur Produktivitätserhöhung findet sich bei Budde u.a.[109)].

Es gibt nun zwei Gründe, warum Methoden der Softwarespezifikation(-ssprachen) noch keinen breiteren Eingang in die Formalisierung des Rechts gefunden haben: Einmal befinden sich viele der Methoden selbst noch im Entwicklungsstadium und zum anderen ist es zunächst nicht das primäre Anliegen der meisten Rechtsinformatiker, im gegenwärtigen Zeitpunkt nach der Produktivitätserhöhung bei Problemlösungen zu suchen, deren angemessene Formalisierbarkeit und Automatisierbarkeit erst erforscht werden muß.
An dieser Stelle soll auf zwei weitere Ansätze näher eingegangen werden, die im Bereich der Wissenschaft die Anwendung und Entwicklung von Spezifikationsmethoden im Recht bearbeiten. Diese sind

erstens: Ansätze des Einsatzes von Entscheidungstabellen, teilweise mit dem ausdrücklichen Hinweis auf die Möglichkeit des Rückgriffs auf vorhandene Programmpakete: die Entscheidungstabellengeneratoren

und zweitens: das LEGOL-Projekt.

----

107) A.L.Luft, a.a.O., S.218

108) R.Budde u.a., a.a.O., S.191

109) R.Budde, a.a.O., S.219 ff.

110) vgl. den Hinweis bei L.Reisinger, Rechtsinformatik, Berlin/New York 1977, S.240

Entscheidungstabellen

Nach einer Diebold-Statistik aus dem Jahre 1976 werden Entscheidungstabellen[111]) zu den erfolgreichsten softwaretechnischen Methoden gerechnet.[112]) Ihr Aufbau ist für nicht komplexe Fälle relativ einfach.
Die Prinzipien der Entscheidungstabellen liegen im Bereich der Aussagenlogik und verwenden insbesondere die Implikation (wenn-dann-Beziehung) zwischen Bedingungen und Aktionen. Wenn die Bedingungen B_1 ... B_n erfüllt sind, werden (bestimmten Bedingungskombinationen zugeordnete) Aktionen A_1... A_m ausgeführt. Die Bedingungen werden in der oberen Hälfte der Tabelle eingetragen (Bedingungsteil), Aktionen in der unteren Hälfte (Aktionsteil). In der linken Hälfte der Tabelle werden Bedingungen und Aktionen verbal bezeichnet (im sogenannten Textteil) und in der rechten Hälfte der Tabelle Bedingungskombinationen und Aktionen dargestellt (im sogenannten Regel- oder Anzeigenteil).

ETAB: Betrag prüfen		R_1	R_2	R_3	R_4
B_1	Betrag numerisch	J	J	N	N
B_2	Betrag positiv	J	N	J	N
A_1	Betrag übernehmen	X			
A_2	go to Fehlerdruck		X	X	X

Abb.2.20.: Begrenzte Entscheidungstabelle

Bei der obigen Entscheidungstabelle handelt es sich um eine begrenzte, d.h., die Bedingungsanzeiger bestehen nur aus J (oder Y) für "ja, die Bedingung ist erfüllt" oder N für "nein, die Bedingung ist nicht erfüllt" . Bei n Bedingungen gibt es dann 2^n mögliche Kombinationen von Bedingungseintragungen.

----

111) vgl. auch DIN 66 241

112) BMFT (Hrsg.), Forschungsbericht FB DV 76-03

ETAB: Feldkontrolle		R_1	R_2	R_3	R_4
B_1	Inhalt Feld A =	100	200	200	-
B_2	Inhalt Feld B =	-	+1	-1	±0
A_1	führe aus	UP_1			UP_1
A_2	verzweige nach		P_1	P_2	

darin UP = Unterprogramm
P = Anschlußpunkt

Abb.2.21.: Erweiterte Entscheidungstabelle

Um die Vielzahl von Kombinationen zu reduzieren, kann in sogenannten erweiterten Entscheidungstabellen (Abb.2.21.) ein Teil der Bedingungen in den Bedingungsanzeigenteil sowie ein Teil der Aktionen in den Aktionsanzeigern aufgenommen werden. Darüber hinaus läßt sich die Anzahl der Bedingungsanzeigenteile durch eine Zusammenfassung derjenigen Bedingungsanzeigen reduzieren, die die gleichen Aktionen zur Folge haben. Dazu wird der Bedingungsanzeiger '-', der sogenannte 'don't care-Anzeiger', eingeführt. Wird er verwendet, kommt es auf eine konkrete Bedingung in dem genannten Fall nicht an. Schließlich gibt es noch gemischte Entscheidungstabellen:

ETAB		R_1	R_2	R_3	R_4
B_1	Inhalt Feld A =	10	20	10	20
B_2	Feld B positiv	J	J	N	N
A_1	verzweige nach UP.5	X	X		
A_2	verzweige nach			UP.4	UP.4

darin UP = Unterprogramm

Abb.2.22.: Gemischte Entscheidungstabelle

In gemischten Entscheidungstabellen sind als Bedingungselemente folgende Eintragungen zulässig:

- J oder N
- verbale Formulierungen
- Zahlenwerte oder (mathematische) Ausdrücke und/oder
- mathematische Formeln.

Nicht weiter interessierende Bedingungskombinationen (zum Beispiel Fehlerausgänge) können zu einem ELSE-Ausgang zusammengefaßt werden.

Der große Vorteil, den Entscheidungstabellen gegenüber manchen anderen Formalisierungsmethoden bieten, liegt darin, daß mit ihnen eine

- Vollständigkeitsüberprüfung,
- Prüfung auf Redundanz und
- Prüfung auf Widersprüche

vorgenommen werden kann.
Die Prüfung auf Vollständigkeit bei begrenzten Entscheidungstabellen ist dadurch einfach, daß lediglich überprüft wird, ob die Anzahl der aufgeführten Bedingungskombinationen gleich 2^n ist, wobei n die Anzahl der Bedingungen ist. Bei verdichteten Entscheidungstabellen ist die Anzahl aller möglichen Regeln Z

$$Z = 2^n - \sum_{i=1}^{r} (2^{d_i} - 1) \quad ,$$

wobei n wieder die Anzahl der Bedingungen, r die Anzahl der aufgeführten Regeln und d die Anzahl der 'don't care-Anzeiger' innerhalb einer bestimmten Regel ist..
Redundante Regeln sind solche, die in einer oder mehreren anderen Regeln enthalten sind. Das kann nur durch den Vergleich von Regeln festgestellt werden, wobei redundante Regeln immer eine geringere Anzahl von 'don't care-Anzeigern' ausweisen.
Widersprüche zwischen Regeln treten immer dann auf, wenn zwei oder mehrere Regeln mit der gleichen oder ineinander enthaltenen Bedingungskombinationen zu verschiedenen Aktionen führen.

Die nachfolgende Tabelle stellt einen Versuch dar, §32 Abs.4 Sätze 2 und 3 des Einkommenssteuergesetzes von 1979[113] zu erfassen.[114]

	ZUORDNUNG EINES KINDES (§ 32 Abs.4 Sätze 2 und 3 EStG) Zu bearbeiten für jedes Kind, das in einem Kindschaftsverhaltnis zum Steuerpflichtigen steht.	R 01	R 02	R 03	R 04	R 05	R 06	R 07	R 08	R 09	R 10	R 11	R 12	R 13	R 14	R 15	R 16	R 17	R 18	R 19	R 20	R 21	R 22	R 23
B 1	Ist der Steuerpflichtige verheiratet und sind für die Ehegatten die Voraussetzungen des § 26 Abs. 1 Satz 1 erfullt?	J	J	J	J	J	J	J	J	J	J	J	J	N	N	N	N	N	N	N	N	N	N	N
B 2	Besteht ein Kindschaftsverhaltnis auch zum Ehegatten? – Abschnitt 181 Abs. 1 EStR –	J	N	N	N	N	N	N	N	N	N	N	N	#	#	#	#	#	#	#	#	#	#	#
B 3	Lebt der andere Elternteil und ist er unbeschränkt steuerpflichtig? Abschnitt 181 Abs. 2 Nr. 1 S. 1 EStR	–	J	J	J	J	J	J	J	J	J	J	N	J	J	J	J	J	J	J	J	J	J	N
B 4	Ist der Steuerpflichtige der Vater (V) oder die Mutter (M) des Kindes? (V/M)	–	V	V	V	V	V	M	M	M	M	M	–	V	V	V	V	V	M	M	M	M	M	–
B 5	War das Kind erstmals im Kalenderjahr mit Hauptwohnung gemeldet in der Wohnung des Vaters, V in der Wohnung der Mutter, M in einer gemeinsamen Wohnung der Eltern, E nicht in einer der vorgenannten Wohnungen? N	–	V	N	M	E	N	V	N	M	E	N	–	V	N	M	E	N	V	N	M	E	N	–
B 6	Gehört das Kind nachweislich einer Bescheinigung der zuständigen Behörde zum Haushalt des Vaters? Abschn. 181 Abs. 2 Nr. 3 EStR	–	–	J	–	–	N	–	J	–	–	N	–	–	J	–	–	N	–	J	–	–	N	–
A 1	Das Kind wird dem Steuerpflichtigen zugeordnet	–	–	–	–	–	–	–	–	–	–	–	–	X	X	–	–	–	–	–	X	X	X	X
A 2	Das Kind wird den Ehegatten gemeinsam zugeordnet	X	X	X	–	–	–	–	–	X	X	X	X	–	–	–	–	–	–	–	–	–	–	–
A 3	Das Kind wird dem anderen Elternteil zugeordnet	–	–	–	X	X	X	X	X	–	–	–	–	–	–	X	X	X	X	X	–	–	–	–

Abb.2.23.: Entscheidungstabelle §32 Abs.4 Sätze 2 und 3 EStG

----

113) §32 Abs.4 Sätze 2 und 3 EStG lautet:
"Ein Kind eines unbeschränkt einkommenssteuerpflichtigen Elternpaares, bei dem die Voraussetzungen des §26 Abs.1 Satz 1 nicht vorliegen, wird dem Elternteil zugeordnet, in dessen Wohnung es erstmals im Kalenderjahr als Hauptwohnung gemeldet war. War das Kind nicht in einer Wohnung eines Elternteils oder war es in einer gemeinsamen Wohnung der Eltern mit Hauptwohnung gemeldet, so wird es der Mutter zugeordnet; es wird dem Vater zugeordnet, wenn dieser durch eine Bescheinigung der zuständigen Behörde nachweist, daß es zu seinem Haushalt gehört hat."

114) vgl. W.Bergmann, Wenn der Steuerpflichtige ein Kind hat, in: DSWR 1980 Heft 10, S.224 ff. (S.227)

Bergmann teilt nun diese umfangreiche Entscheidungstabelle in zwei auf, da in der Mehrzahl aller Entscheidungssituationen nur eine der beiden geprüft werden muß. Dabei erhält er im Ergebnis folgende Tabellen:

	ZUORDNUNG EINES KINDES (§ 32 Abs. 4 S. 2 u. 3 EStG) 1. Entscheidungsstufe	R1	R2	R3	R4	R5
B1	Ist der Steuerpflichtige verheiratet und sind für die Ehegatten die Voraussetzungen des § 26 Abs. 1 S. 1 erfüllt?	N	J	J	J	N
B 2	Besteht auch zum Ehegatten ein Kindschaftsverhältnis? – Abschnitt 181 Abs. 1 EStR	–	J	N	N	–
B 3	Lebt der andere Elternteil (mit gleichem Kindschaftsverhaltnis) und ist er unbeschränkt steuerpflichtig? Abschnitt 181 Abs. 2 Nr. 1 S. 1 EStR	N	–	N	J	J
A 1	Das Kind wird dem Steuerpflichtigen oder dem Ehegatten gemeinsam zugeordnet – ohne weitere Prüfung	X	X	X	–	–
A 2	Zuordnung entweder zum Steuerpflichtigen oder zum anderen Ehegatten. Prüfen GEHE NACH ET Teil 2	–	–	–	X	X

	ZUORDNUNG EINES KINDES (§ 32 Abs. 4 S. 2 u. 3 EStG) 2. Entscheidungsstufe	R1	R2	R3	R4	R5	R6	R7	R8	R9	R10
B 1	Ist der Steuerpflichtige der Vater (V) oder die Mutter (M) des Kindes? V/M	V	V	V	V	V	M	M	M	M	M
B 2	War das Kind erstmals im Kalenderjahr mit Hauptwohnung gemeldet in der Wohnung des Vaters, V in der Wohnung der Mutter, M in einer gemeinsamen Wohnung der Eltern, E nicht in einer der vorgenannten Wohnungen? N	V	M	E	N	N	V	M	E	N	N
B 3	Gehört das Kind nachweislich einer Bescheinigung der zuständigen Behörde zum Haushalt des Vaters? – Abschn. 181 Abs. 2 Nr. 3 EStR –	–	–	–	J	N	–	–	–	J	N
A 1	Das Kind wird dem Steuerpflichtigen oder den Ehegatten gemeinsam zugeordnet.	X	–	–	X	–	–	X	X	–	X
A 2	Das Kind wird dem anderen Elternteil zugeordnet	–	X	X	–	X	X	–	–	X	–

Abb.2.24.: Aufteilung der Entscheidungstabelle in zwei Entscheidungstabellen

Erwähnt werden soll an dieser Stelle die Möglichkeit, Entscheidungstabellen unmittelbar in Programme zu übersetzen. Die verschiedenen Möglichkeiten der Konstruktion von Entscheidungstabellengeneratoren

beschreiben z.B. Metzner und Barnes sehr ausführlich.[115]
Eine weitere Anwendung von Entscheidungstabellen mit den sich dabei ergebenden Bemerkungen ist in Abschnitt 3.2./3.3. dargestellt (S.181 ff.).

LEGOL-Projekt

In dem Projekt LEGOL (LEGally Oriented Language) an der London School of Economics (System Research Group) werden seit etwa Mitte der siebziger Jahre Ansätze, die sich vorher durch

- die Entwicklung von Entscheidungstabellengeneratoren
- die Entwicklung von relationalen Datenbanken und
- die Entwicklung von Higher Level Programming Languages

abzeichneten, weiterentwickelt. Dabei handelt es sich im Kern um Verfahren zur Spezifizierung und Entwicklung von Informationssystemen. Die Idee des LEGOL-Ansatzes entsprang weniger dem Interesse an der Formalisierung rechtlicher Regelungen als vielmehr dem Wunsch von Systemanalytikern[116], durch die Entwicklung eines neuen Instruments die Arbeit der System-Analyse zu vereinfachen, ja gar zu revolutionieren.[117]
Hinsichtlich dieses Zieles gibt es Ähnlichkeiten mit den Arbeiten der Office Automation Group am MIT, besonders zu der Sprache OSL (Office Specification Language)[118]. Beide Ansätze stehen in einem eventuell problematischen Verhältnis zu partizipativen Systementwicklungen, und zwar insofern, als sie von normativ, respektiv von 'objektiv' von oben gesetzten Verwaltungszielen ausgehen und die konkrete Systemgestaltung

----

115) J.Metzner/B.Barnes, Decision Table Languages and Systems, New York/ San Francisco/London 1977

116) In dem Projekt sind die ersten fünf Jahre ausschließlich Informatiker vollzeit-beschäftigt gewesen; Juristen waren unseres Wissens nur gastweise beschäftigt.

117) R.Stamper: LEGOL-2: A Language for Specifying Formal Organisations, LSE Systems Research Group, London School of Economics, 3rd July 1978 oder R.Stamper u.a., The LEGOL-Project since 1976, in: Computers and Law Feb.1980 Nr.23,S.10-13 (S.10): "Actually the project started as a study of how to specify information systems. It turns out that this task is exactly analogous in many respects to the task of drafting legislation."

118) M.Hammer/J.Kunin, OSL Office Specification Language, Version I, Draft paper, July 1980, MIT

- und damit auch die konkrete Aufteilung zwischen Mensch und Maschine - aus der formalen Organisationsstruktur nur noch ableiten.
Da der LEGOL-Formalismus als formale Sprache nach Aussage seiner Autoren nicht unbedingt auf die Anwendung eines Rechners angewiesen ist, ließe sich das äußere Erscheinungsbild der Sprache mit anderen formalisierten Sprachen vergleichen, etwa einem Relationenkalkül. Da der Sprache jedoch eine axiomatische Grundlegung fehlt und sich die Semantik der Sprache allein aus der speziellen Implementation einer der verschiedenen LEGOL-Versionen ableitet[119)], ist der Vergleich zum gegenwärtigen Zeitpunkt nur oberflächlich möglich.

Auf der Ebene der LEGOL-Systeme betrachtet, besteht der Ansatz der Londoner Forscher aus einem relationalen Datenbanksystem, in dem

— die Daten - Entities genannt - zusammen mit
— den Datenbeschreibungen - Entity Definitions genannt - und
— den Regeln (in den Versionen von LEGOL-2) in
  - structure norms (strukturierende Regeln, wie z.B. Reihenfolge der Anwendung von action norms, Vorrangigkeit bestimmter Regeln)
  - action norms (Regeln des Typs einer unmittelbar anwendbaren Ausführungsvorschrift)
  - definition norms (definierende Normen, z.B. Legaldefinitionen) unterteilt,

abgelegt sind. Die Grundidee des Systems[120)] besteht nun darin, daß Regeln formaler Organisationen von einem menschlichen Analysator mit Hilfe der Sprache LEGOL formalisiert, beschrieben und abgespeichert[121)] werden. Zur besseren Benutzung des Systems wird ein Wörterbuch (dictionary) erstellt, das zur Abfrage herangezogen werden kann. Offensichtlich übernimmt es die Funktion eines Thesaurus (vgl. die folgende Abbildung).

---

119) In den verschiedenen Versionen von LEGOL wurden beispielsweise die verschiedenen Operatoren unterschiedlich benannt. In den Versionen von LEGOL-2.1 (und folgenden) wurden ihnen natürlichsprachliche Begriffe zugeordnet.
Einen kurzen Überblick über die LEGOL-Entwicklung bis 1980 geben R.Stamper u.a., The LEGOL Project since 1976, a.a.O., S.10 f.
Der Sprache LEGOL, später LEGOL-1 genannt, folgten die Version LEGOL-2.0 und parallel dazu LEGOL-2.1 . Daneben gibt es die LEGOL-2-Dialekte LEGOL-2.A und -2.X . Im Augenblick wird außerdem an LEGOL-2.2 und LEGOL-3 gearbeitet.

120) vgl. R.Stamper, Modelling Legal Rules by Computer, in: B.Niblett (Hrsg.), Computer Science and Law, Cambridge 1980, S.45-71

121) von Menschen oder Gruppen von Menschen (bleibt unklar)

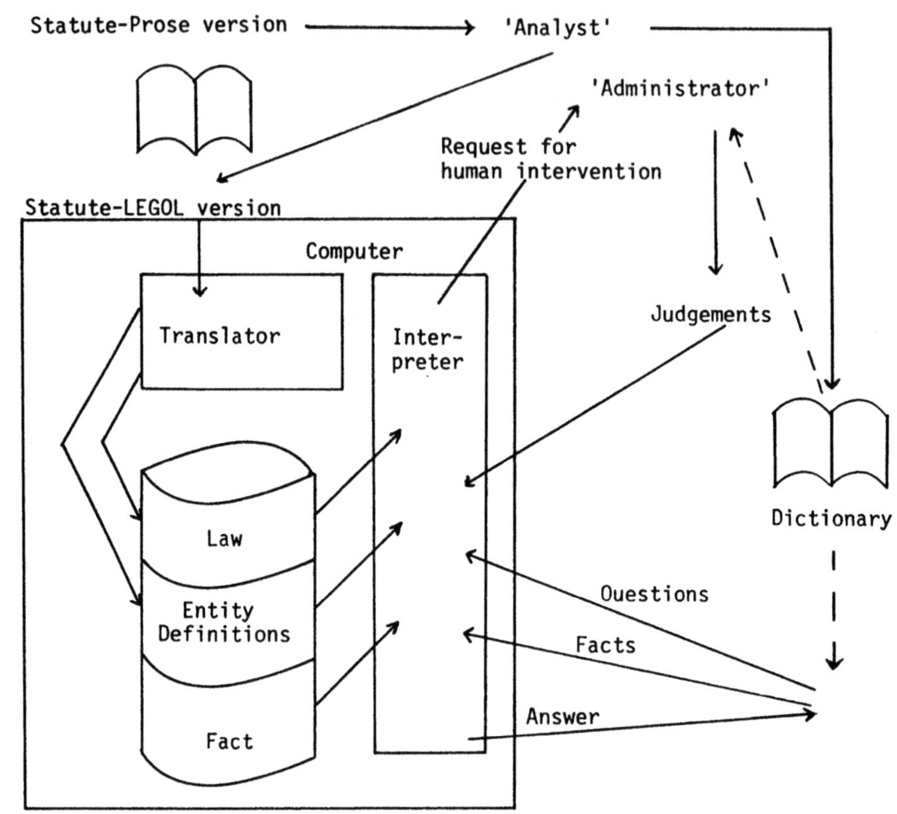

Abb.2.25.: Hauptfunktionen im LEGOL-System

Regeln und Daten können - aufbereitet durch einen 'Interpretierer' (ein Programm, das die Funktion übernimmt, die Befehle des Systemnutzers zu interpretieren, d.h. in für den Rechner verständliche Befehle zu übersetzen) - von Benutzern des Systems abgefragt werden. Kann der Rechner bestimmte Anfragen nicht beantworten, so werden zudem Nachfragen gestartet, die der sogenannte Administrator beantwortet. Offensichtlich ist es nicht vorgesehen, daß der Nutzer von LEGOL diese Fragen selber beantwortet. Soweit zur Funktionsweise von LEGOL und dessen Einbindung in Organisationen.

Der Beitrag, den LEGOL bei der Systemanalyse leisten soll, ist folgender: Die zu untersuchende Organisation ist formal hinsichtlich ihrer (Ablauf-) Regeln zu beschreiben. Diese Regeln sind wiederum durch die Sprache LEGOL zu formalisieren. Der Weg zu dieser Formalisierung und die Behandlung der nicht-formalisierbaren Anteile der Ablauforganisation werden in der Literatur zu LEGOL nicht weiter behandelt. Da gerade formale Organisationen zuförderst gedankliche Konstrukte sind, die in der Realität nur ansatzweise zu realisieren sind, ist offen, wo der entscheidende Vorteil des LEGOL-Systems gegenüber anderen Verfahren der Systemanalyse[122] liegen soll. Die Verallgemeinerungen der Anwendbarkeit des LEGOL-Ansatzes auf rechtliche Regelungen bzw. auf auszuführende Verwaltungsvorschriften scheint zudem nicht hinreichend begründet. Allein die Tatsache, daß formale Organisationen in der öffentlichen Verwaltung seitens ihrer Aufgaben auf gesetzliche Definition ihres Handlungsspielraumes und ihrer Aufgabenfestlegung angewiesen sind, reicht dazu jedenfalls nicht aus. Weder beschreiben die bestehenden Verwaltungsregelungen Verwaltungshandeln und die Art der Aufgabenerledigung hinreichend, noch erscheint es immer sinnvoll und/oder praktikabel zu automatisieren, was hinreichend exakt geregelt ist[123]. Allgemein bleibt zweifelhaft, ob die Probleme der Systemamalyse dadurch gelöst werden, daß eine formalisierte Sprache zur Systemspezifikation und zur Formalisierung, d.h. zur widerspruchsfreien, abstrahierten Darstellung der Abläufe bereitgestellt wird, ohne daß der Weg zu der Formalisierung reflektiert wird.[124]
Geschieht dies nicht, treten zwei - für Formalisierungsansätze typische - Schwierigkeiten[125] auf:

----

122) vgl. H.Wedekind, Systemanalyse, München 1973

123) vgl. die Vielzahl der Beispiele bei N.Luhmann, Funktion und Folgen formaler Organisationen, Berlin 1972, die zeigen, daß selbst Normverstöße (Illegalität) nach Ansicht von Systemtheoretikern zur Stabilisierung formaler Organisationen beitragen (insbesondere Kapitel 22, S.304 ff.): "... die These nämlich, daß es positive Funktionen von Normverstößen gibt, führt auf die tieferliegende Einsicht zurück, daß soziale Systeme eine widersprüchliche Normorientierung erfordern und daß, wenn sie sich eine widerspruchsfreie Normordnung schaffen, ein gewisses Maß an Illegalität unvermeidlich wird." (S.305)

124) vgl. hierzu A.L.Luft, Rationaler Sprachgebrauch und orthosprachliche Standardisierung als Grundlagen des Software Engineering, in: Informatik-Spektrum Band 5 Heft 4 (1982), S.209 ff. (S.216)

125) die hier bei LEGOL (mit seinem umfassenden Anspruch) besonders deutlich werden und deshalb hier Erwähnung finden sollen

Einmal verlagert sich das Problem: Soweit keine den Anforderungen des Systems entsprechende Normen existieren (z.B. weil sie im rein manuellen Vollzug nicht durchsetzbar wären), müssen solche zur Funktion der Maschine trotzdem geschaffen und durchgesetzt werden.
Ein weiteres Problem taucht in diesem Zusammenhang auf: Die Organisationsgestaltung geht sonst immer von bestehenden Organisationsstrukturen aus und bezieht z.B. die Frage der Qualifikation der vorhandenen Personen in das Konzept ein. Betrachtet man jedoch eine Aufgabe einzig aus der Sicht der definierten und normativ vorgegebenen Aufgaben, dann besteht zumindest die Gefahr, daß völlig an der bestehenden Organisation vorbei geplant und automatisiert wird.

Die LEGOL-Beschreibungen konzentrieren sich in allen Schriften auf die Sprache des Systems und auf die Ausgestaltung bzw. die Funktionsweise der LEGOL-Datenbank. Dieses soll hier nur in groben Zügen nachvollzogen werden, um zu zeigen, welche Entwicklungen aus der Richtung Systemanalyse/-spezifikation und aus dem Bereich der experimentellen Datenbanksysteme Bezug zur Formalisierung rechtlicher Regelungen aufweisen.
Wie in der Abbildung zum Aufbau des LEGOL-Systems dargestellt, müssen die LEGOL-Regeln (rules) zur Spezifizierung einer Anwendung als erstes angegeben werden.[126] Die dort zu vollziehende Formalisierung von Organisationsregeln - oder auch rechtlichen Regelungen - wird von dem menschlichen Analysierer vollzogen. Ihre Aufgabe ist es, natürlichsprachliche Normen in eine Form zu bringen, in der

- die zu benutzenden Ausdrücke
- die Operationen, die durchgeführt werden sollen und
- die Anweisungen darüber, wie die Ergebnisse präsentiert werden sollen,

festgelegt sind.
In einer vereinfachenden Art beschreibt Jones die Grammatik einer Regel wie folgt:[127]

```
      rule  : : =  target update source
    target  : : =  reference
    update  : : =  ← / ⟸
    source  : : =  expression  { operator expression }
expression  : : =  reference / "["expression{operator expression}"]"
```

----

126) vgl. genauer: S.Jones u.a., LEGOL-2: A Language Based on the Relational Algebra for Specifying Legislation, LSE Systems Research Group, London School of Economics 1978

Die Struktur dieser LEGOL-2.0 -Grammatik ist der von Programmiersprachen sehr ähnlich. Auf der linken Seite des update-Symbols $\Leftarrow$ ist der Platz angegeben, auf dem das Resultat der Operationen (rechts vom update-Symbol) abgelegt werden soll. Als Beispiel einer Anwendung von einer Abfrage (wohl auch als Normanwendung gedacht) findet sich in den LEGOL-Beschreibungen z.B.:

$$FA\ (FN) \Leftarrow A\ (NC) \quad \text{while} \quad NC\ (FN) > 1 \quad ,$$

wobei FA (FN) als target expression fungiert, die Formel rechts von dem update-Symbol als source expression.
Die Regeldarstellungen von LEGOL sind so angelegt, daß sie mit Hilfe eines Programms - dem 'interpreter' - automatisch gelesen und auf die Daten (entity expression) angewendet werden[128)], die in Form von Tabellen in der Datenbank abgespeichert sind[129)]. In dem oben angeführten Beispiel wird eine Familienbeihilfe (family allowance FA) dann gewährt, wenn die Anzahl der Kinder größer als 1 ist.[130)]
Die Höhe der Beihilfe hängt von der Zahl der unterhaltsberechtigten Kinder (number of children NC) ab. In der Datenbank sind einerseits die Anzahl der Kinder jeder Familie (family name FN) und auch die Beihilfesätze gespeichert:

A	NC
8/-	2
18/-	3
28/-	4
...	...

(Beihilfesätze)

NC	FN
3	Jones
4	Smith
1	Webster
...	...

(Daten über Familien)

----

127) zur weiteren Erläuterung siehe S.Jones, a.a.O., S.11 f.

128) Die Funktion des Interpreters ist nach S.Jones, a.a.O., S.12:
"a) Evaluating the source expression, taking into account matching identifier labels and relevant time attributes.
b) Restructuring the resultant table to be compatible with the target entity representation, agein taking into account matching identifier labels.
c) Merging the resultant tupels with the existing target, and storing the updated entity representation."

129) Die Darstellung von Daten einer relationalen Datenbank ist hier der Einfachheit halber - aber in Übereinstimmung mit der gängigen Terminologie - als Speicherung in Tabellenform bezeichnet.

130) Die Kinder dürfen außerdem das schulpflichtige Alter nicht überschritten haben, vgl.S.Jones, a.a.O., S.13

Mit Hilfe des Programms (dem 'interpreter') wird die Anfrage nun so ausgeführt, daß die beiden Spalten (NC) miteinander abgeglichen werden, so daß als Resultat folgende neue Tabelle herauskommt:

A	NC	FN
18/-	3	Jones
28/-	4	Smith

Das Ergebnis weist in jedem Eintrag (Zeile) die Summe der Beihilfen für jede anspruchsberechtigte Familie aus. (Zur Kontrolle ist hier die Anzahl der Kinder - als gemeinsamer Parameter - nochmals aufgeführt.)
Dieses sehr einfache Beispiel diente zunächst dazu, die Funktionsweise des LEGOL-Systems vom Prinzip her zu erklären. In der Funktionsbeschreibung des Interpreters ist eine besondere Spezialität des LEGOL-Systems benannt, die time attributes: Dies sind Zeit-Atttribute, die jeder Entität zugeordnet werden können. Die Zeit-Attribute werden mit Angabe des Zeitpunktes des Beginns (start time) und des Endes (end time) der Existenz von Entitäten abgespeichert. Entsprechend zu den Zeitintervallen gibt es LEGOL-Operatoren, die auf diesen Zeit-Attributen Operationen ausführen. Der Operator 'while' ist - um nur einen herauszugreifen - dazu da, Zustände herauszusuchen, die in einem bestimmten Zeitintervall existieren (und andere wegzulassen, die nicht gleichzeitig zutreffen). Die Funktion des LEGOL-Operators 'while' läßt sich am ehesten mit der logischen Konjunktion vergleichen. Die oben dargestellte Berechnung von Familienbeihilfen sieht bei einer Einbeziehung von Zeit-Attributen dann so aus:

A	NC	start	end	NC	FN	start	end
8/-	2	1/1/65	1/1/70	3	Jones	21/3/59	1/6/67
18/-	3	1/1/65	1/1/70	2	Jones	1/6/67	3/9/72
...	...	...	...	2	Smith	2/4/66	8/10/73
25/-	2	1/1/70	-	3	Smith	8/10/73	-
40/-	3	1/1/70	-	1	Webster	3o/7/50	-
...	...	...	...	...	...	...	...

Die Funktion 'while' produziert aus der Anweisung

$$\text{FA (FN)} \Leftarrow \text{A (NC)} \quad \text{while} \quad \text{NC (FN)} > 1$$

sodann folgende Ergebnistabelle:

A	NC	FN	start	end
18/-	3	Jones	1/1/65	1/6/67
8/-	2	Jones	1/6/67	1/1/70
25/-	2	Jones	1/1/70	3/9/72
8/-	2	Smith	2/4/66	1/1/70
25/-	2	Smith	1/1/70	8/10/73
40/-	3	Smith	8/10/73	-

Die Familie Jones hatte zwischen dem 1/1/65, dem Tag des Inkrafttretens des Family Allowance Acts, und dem 1/6/67, der Schulentlassung des ältesten Kindes, Anspruch auf 18/- Shillinge. Bis zur Erhöhung der Beihilfesätze zum 1/1/70 reduzierte sich der Anspruch auf 8/- Shillinge, um sich danach auf 25/- Shillinge zu erhöhen, bis auch das zweite Kind die Schule verlassen hatte. Bei Familie Smith erhöhte sich der Anspruch von 8/- auf 25/- bei der Beihilfeerhöhung und schließlich auf 40/- Shillinge bei der Geburt des dritten Kindes am 8/10/73. Dieser Anspruch dauert noch an (der Strich '-' bedeutet, daß das Zeitintervall noch nicht abgeschlossen ist).

Die Sprache LEGOL kennt eine ganze Reihe weiterer Operatoren, die hier nicht weiter erläutert werden sollen.[131] Darunter sind sowohl weitere zeitabhängige als auch arithmetische Operatoren. Desweiteren gibt es Funktionen wie z.B. die Berechnung von Minimum und Maximum und die Ausgabe von Entitäten mit den höchsten oder niedrigsten Werten aller Eintragungen.

Zweierlei ist zu dem obigen Beispiel zu bemerken:

Es wurde deutlich, daß Normen (hier Vorschriften des Family Allowance Acts) zum Teil selbst als Daten behandelt werden. Die Aufgabe des menschlichen Analysators bei der Aufbereitung/Formalisierung von Normen ist es offensichtlich, Normen nicht etwa nur in Sätze der Sprache LEGOL zu 'übersetzen', sondern geeignete Darstellungen des Inhaltes (der Semantik der zu formalisierenden rechtlichen Vorschriften) in Form von Datentabellen und gegebenenfalls neuen Funktionen (d.h. Auswertungsprogrammen für die Datenbank) zu finden. Für ersteres ist die dargestellte Tabelle der Beihilfesätze schon erläutert worden. Die Erarbeitung neuer Funktionen im LEGOL-Projekt erforderte die Formalisierung des österreichischen Erbfolgerechts (§§727 - 760 ABGB).[132]

----

131) zur weiteren Betrachtung siehe S.Jones, a.a.O., S.17 ff.

132) vgl. S.Jones, Control Structures in Legislation, in: B.Niblett (Hrsg.), Computer Science and Law, Cambridge 1980, S.157 ff.

Zweitens ist an der Art der Formalisierung von Rechtsnormen und der Abbildung von Sachverhalten in LEGOL bemerkenswert, daß den Normen kein Wahrheitswert - im Sinne der klassischen Logik - zugeordnet werden kann. Stamper bemerkt dazu:

> "To build an information system, or devise a code of rules which will allow a community of people working together to share their relevant knowledge of the world, we must represent the subject matter in a suitable way. The method described here involves building a formal structure, containing for each 'atomic' fragment of the real world, a surrogate or individual substitute. These surrogates must not be thought of as propositions about the world; they are neither true nor false but they are presumed to have a definite period of existence."[133)]

Die Konsequenzen dieser Aussagen werden vom LEGOL-Projekt jedoch nicht ausdrücklich behandelt, sondern implizit - durch die Darstellung von Objekten und Normen und deren gegenseitige Anwendung aufeinander - implementiert.
Zu den bisherigen Ergebnissen des LEGOL-Projektes bleibt festzuhalten, daß die Projektansätze hinsichtlich juristischer Anwendungen nicht über ein experimentelles Stadium hinausgekommen sind.[134)] Die Formalisierung von Rechtsnormen ist bisher noch auf juristisch triviale Beispiele beschränkt geblieben[135)], so daß abzuwarten bleibt, ob mit diesem Ansatz wesentliche Fortschritte zu der bisherigen Diskussion zu erwarten sind. Andererseits werden aus den LEGOL-Beschreibungen einige wichtige Fragen ausgeklammert, nämlich die bisher nirgendwo erwähnte Frage nach Maßnahmen der Einschränkung von Zugriffsmöglichkeiten auf die Datenbank. So taucht in den Beispielen häufiger folgende Abfrage auf:

$$\text{WEDLOCK } (M,W_1) \text{ while COHABIT } (M,W_2) \quad :$$

----

133) R.Stamper/S.Tagg/P.Mason/S.Cook, Developing the LEGOL Semantic Grammar, in: C.Ciampi (Hrsg.), Artificial Intelligence and Legal Information Systems, Amsterdam/New York/Oxford 1982, S.357-379 (S.363)

134) Die Vielzahl von zur Zeit nur oberflächlich beschriebenen verschiedenen Systemversionen (LEGOL, LEGOL-2.0, LEGOL-2.1, LEGOL-2.2, LEGOL-3, LEGOL-X, LEGOL-2.A) macht es schwer, ein konsistentes Bild zu erhalten.

135) Die Programmierung obiger Beispiele umfaßt bei der Verwendung einer herkömmlichen Programmiersprache und einer Datenbank nur wenige Statements.

Dies ist eine Abfrage, die die Ausgabe sämtlicher verheirateter Männer bewirkt, die mit einer anderen Frau als ihrer Ehefrau zusammenleben. Angenommen, alle in der Datenbank gespeicherten Daten über Ehemänner, Ehefrauen und sonst mit Männern zusammenlebende Frauen seien rechtmäßig, d.h. aufgrund von Rechtsvorschriften im System gespeichert, dann erhebt sich immer noch die Frage, ob und gegebenenfalls von welcher Stelle aus eine solche Auswertung rechtmäßig erstellt werden darf. Die technisch nur sehr schwer zu lösende Frage, wie solche Auswertungen gegebenenfalls verhindert werden können, wenn solche Überlegungen von Anfang an in dem System nicht berücksichtigt wurden, wird in dem Projekt überhaupt nicht diskutiert. Andererseits ist es eine unabdingbare Voraussetzung des Systems, sämtliche relevante Daten dauernd zugriffsbereit zu halten. Angesichts der Erkenntnisse u.a. der Wirkungsforschung erscheint ein Konzept fragwürdig, das unumstritten eine Reihe von Gefährdungen, z.B. des Persönlichkeitsrechtes, in sich birgt und Sachzwänge schafft, aber keine Lösungen anbietet.

Aus arbeitswissenschaftlicher Sicht lassen sich an dieser Stelle - mangels genauer Beschreibungen - nur einige Hinweise auf mögliche Problemfelder eines LEGOL-Einsatzes geben. Mit der Trennung der Funktionen des 'Analysten', 'Administrators' und 'Users' sowie auch von weiteren DV-Arbeiten (nicht genannt, aber dennoch erforderlich) wird der Prozeß der Normanwendung arbeitsteilig organisiert. Die verschiedenen Tätigkeitsbereiche erfordern zugleich recht unterschiedliche Qualifikationen. Es ist deshalb nicht auszuschließen, daß durch die Trennung der Normanalyse und der Anwendung von Normen wichtige Kenntnisse über Zusammenhänge (z.B. Interpretationsspielräume oder Beziehungen zu anderen Rechtsbereichen) verlorengehen.
Die Frage der Benutzerfreundlichkeit des Systems ist überhaupt nicht angesprochen. Es scheint keinen besonderen Stellenwert im LEGOL-Projekt einzunehmen.

Schließlich ist aus juristischer Sicht besonders interessant, ob und welche Probleme der Rechtsanwendung vom LEGOL-System bearbeitet werden können.
Einmal ist deutlich geworden, daß sich der Einsatz von LEGOL nicht nur auf die Rechtsfolgeberechnung beschränkt. Das obige Beispiel der Familienbeihilfe zeigt, daß auch die Subsumtion von Sachverhalten, die allerdings in Form von verdateten Abbildern eines Lebenssachverhaltes vorrätig gehalten

werden müssen, dann möglich ist, wenn automationsgerechte Rechtsvorschriften existieren oder Vorschriften nachträglich automationsgerecht gemacht worden sind. Interpretationsspielräume dürfen bei der Normanwendung nicht mehr gegeben sein. Dasselbe trifft auf rechtsdogmatische Veränderungen zu, die beispielsweise die Vorrangigkeit bestimmter Rechtsvorschriften betreffen. Regeln, auch die zweiter und höherer Ordnung, müssen widerspruchsfrei sein. Änderungen, z.B. des entscheidungsrelevanten Datenumfanges, führen zwangsläufig zu notwendigen Systemänderungen. Entscheidet beispielsweise ein Gericht, daß die Familienbeihilfe davon abhängig gemacht werden muß, ob ein Kind, für das die Unterhaltspflicht besteht, zu Hause wohnt oder nicht, dann müssen die Tabellen um eine Eintragung erweitert werden, die ausweist, ob jedes Kind im schulpflichtigen Alter auch zu Hause wohnt. Es ist aus den LEGOL-Beschreibungen nicht ersichtlich, ob solche Änderungen besonders einfach durchzuführen sind. Der oben genannte Fall zeigt aber auch, daß es innerhalb des LEGOL-Systems keine Möglichkeiten gibt, verschiedene dogmatische Ansichten gleichzeitig einem Benutzer des Systems anzubieten. Dies bedeutet, daß als Anwendungsgebiete für LEGOL nur solche Rechtsgebiete in Frage kommen, die entsprechend unstrittig sind, was zuallererst auf die Rechtsanwendung in der Massenverwaltung zutrifft. Nur ist hier wiederum fraglich, ob es wirtschaftlich sinnvoll und möglich ist, für periodische Arbeiten, wie z.B. das monatliche Gewähren von Familienbeihilfen, permanent sämtliche Daten vorrätig zu halten.[136)]

Expertensysteme

Expertensysteme sind in jüngster Zeit zu einem wichtigen Arbeitsgebiet der 'Künstlichen Intelligenz'-Forschung geworden.[137)] Nachdem anfänglich in der 'Künstlichen Intelligenz' (KI) die Suche nach universellen Mechanismen zur Automatisierung 'intelligenter' Arbeitsgänge (z.B. Sprachver-

----

136) zur Diskussion um LEGOL vgl. auch: R.Stamper, Formal Languages as a Tool to Formalize Law, Vortrag beim International Workshop on Formal Methods in Law, St.Augustin März 1982

137) P.E.Hart, Directions for AI in the Eighties, in: SIGART 1982 Heft 1, S.11: "The expert systems area underwent a major expansion, and emerged as strong and identifiable subfield."

stehen) dominierend war, hat eine partielle Revision dieser Zielsetzung stattgefunden.[138]

Expertensysteme können als Prototyp derjenigen Systeme in der KI angesehen werden, die auf der Basis von Informationen, Arbeitstechniken und Bewertungskriterien eines Anwendungsgebietes arbeiten. Sie wurden entwickelt, um die Arbeit von Experten durch die Automatisierung einzelner Arbeitsschritte zu effektivieren.

Die Techniken, die zur Darstellung und Anwendung von Basiswissen eines Anwendungsgebietes im Computer entwickelt wurden, sind aus der KI entlehnt. Insofern lassen sich Expertensysteme als mit Hilfe von KI-Methoden entwickelte Anwendungssysteme zur Lösung praktischer Probleme klassifizieren.

Ein Expertensystem besteht nach Raulefs[139] Definition aus folgenden Komponenten:

- Wissensbasis	(enthält alle Wissensinhalte)
- Problemlösungskomponente	(bearbeitet die vom Benutzer gestellten Aufgaben)
- Erklärungskomponente	(begründet die erarbeiteten Lösungen und vermittelt die Erarbeitung an den Benutzer)
- Wissensakquisitionskomponente	(unterstützt die Konstruktion der Wissensbasis)
- Dialogkomponente	(führt den Dialog mit dem Benutzer)

----

138) Raulefs spricht in diesem Zusammenhang von einer "Paradigmenverschiebung in der KI im letzten Jahrzehnt", P.Raulefs, Methoden der Künstlichen Intelligenz: Übersicht und Anwendungen in Expertensystemen,
in: J.Nehmer (Hrsg.), GI - 12.Jahrestagung, Proceedings, Berlin/Heidelberg/New York 1982, S.170-187

139) P.Raulefs, a.a.O., S.171

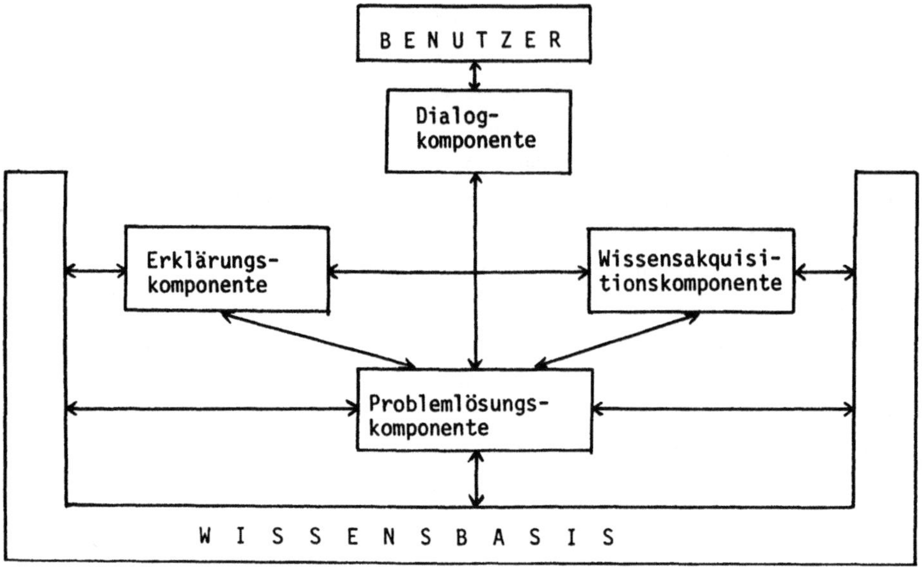

Abb.2.26.: Aufbau eines als Beratungssystem konzipierten Expertensystems

Expertensysteme werden zur Diagnose von Systemzuständen, Interpretation gegebener (physikalischer) Datenbestände, Konstruktion von elektrischen Schaltkreisen ebenso eingesetzt wie zum Beweis mathematischer Sätze oder zur Vermittlung und Einübung von Wissen.[140)] Michaelson kommt in seiner Darstellung des Steuerplanungssystems TAXADVISOR[141)] zu dem Schluß, daß die Struktureigenschaften dieses Systems für die Konstruktion von Expertensystemen in anderen Bereichen - wobei er das Rechtswesen mit einbezieht - nützlich sein werden.[142)]

Im folgenden Abschnitt soll auf ein bedeutendes Beispiel für Expertensysteme im Recht - das TAXMAN-Projekt - exemplarisch eingegangen werden.

----

140) vgl. P.Raulefs, a.a.O., S.170/171

141) TAXADVISOR wurde für die staatliche Steuerplanung in den U.S.A. entwickelt; R.Michaelson, Application of an Expert Computer System to Federal Tax Planning, in: SIGART 1982 Heft 10, S.18 ff.

142) R.Michaelson, a.a.O., S.19

Das TAXMAN-Projekt

Ein wesentlicher Kritikpunkt an dem Modellansatz von LEGOL war die Nicht--Erweiterbarkeit und die Nicht-Offenheit des Datenmodells für rechtsdogmatische Veränderungen bzw. Erweiterungen. An diesen Problemen arbeiten gegenwärtig einige Wissenschaftler des Laboratory for Computer Science Research der Rutgers Universität um McCarty und Sridharan. Das erste System, das sie erstellten, TAXMAN I[143], war in der Lage, Fakten von Gerichtsentscheidungen zum Körperschaftssteuerrecht (Corporate Tax Law) und Konzepte des U.S. Steuerrechts (U.S.Internal Revenue Code) zu verarbeiten und eine Analyse der steuerlichen Auswirkungen einer bestimmten Unternehmensorganisation zu liefern. Das seit etwa Ende 1978 in der Entwicklung befindliche TAXMAN II System[144] soll der offenen Struktur ('open texture') rechtsdogmatischer Konzepte entgegenkommen und eine kognitive Theorie juristischer Begründungen und Argumentationen liefern. Untersucht werden dabei frühe Anwendungsfälle von bzw. Entscheidungen zu Vorschriften der Körperschaftssteuer.
Zur Forschungsstrategie und zum Forschungsansatz im TAXMAN-Projekt schreibt McCarty[145]:

"Since the representation problems for a legal consultation system are so difficult, it is tempting to start with the "simplest" possible legal issue; such as the subject matter of the first-year law school courses. We might therefore be tempted to investigate assault and battery cases from the first-year torts course (see Meldman, 1975), or offer and acceptance cases from the first-year contracts course. But these cases are "simple" for law students primarily because they draw upon ordinary human experience, and this is precisely what makes them so difficult for an artificial intelligence system. To understand tort cases, we must understand all the ways in which human beings can be injured, intentionally and unintentionally, mentally and physically, with and without justification. To understand contract

----

143) Das TAXMAN-Programm wurde 1972 bis 1973 von L.T.McCarty entwickelt. Die erste umfassende Beschreibung des Systems ist: L.T.McCarty, Reflections on TAXMAN: An Experiment in Artificial Intelligence and Legal Reasoning, in: DVR Band 5 Heft 4 (1976), S.305-373

144) vgl. L.T.McCarty, The Implementation of TAXMAN II: An Experiment in Artificial Intelligence and Legal Reasoning, Universitiy of New York at Buffalo November 1978

145) L.T.McCarty, Some Requirements for a Computer-Based Legal Consultant, Technical Report LRP-TR-8 LCSR State University of New Jersey/Rutgers Juli 1980, S.4

cases, we must understand the expectations of real people in concrete business situations, and the ambiguities of human language in expressing particular contractual intentions. If we abstract away these details, we will miss entirely the central features of legal reasoning, and our consultation systems will tend to produce only the more trivial results.[146)]
Paradoxically, the cases that are most tractable for an artificial intelligence system are those cases, usually involving commercial and corporate matters, which a lawyer finds most complex. There is a simple reason why this is so. A mature legal system in an industrialized democracy is composed of many levels of legal abstractions: the law initially defines "rights" in terms of concrete objects and ordinary human actions, but these rights are then treated as "objects" themselves, and made subject to further human "actions"; by repeating this process of reification many times, a complex body of commercial law can be developed. (For an excellent discussion of this phenomenon, see Smith, 1976, pp.190-231.) Because of their technical complexity, the legal rules at the top levels of this conceptual hierarchy are difficult for most lawyers to comprehend, but this would be no obstacle for an artificial intelligence system. The commercial abstractions, in fact, are artificial and formal systems themselves, drained of much of the content of the ordinary world; and because of the commercial pressures for precision and uniformity, they are, by legal standards, well structured. A reasonable strategy for developing a computer-based legal consultation system, then, would be to start here."

McCarty geht also forschungsstrategisch schon von einer gegebenen Präzisierung von rechtlich geregelten Sachverhalten aus und hinterfragt deshalb nicht, welche Alternativen zur gegebenen Präzisierung (in diesem Fall auch der Verrechtlichung) bestehen.

----

146) Welche ungeheueren Komplexitätsprobleme bei der Entwicklung von AI-Modellen auftreten, macht vielleicht folgende Bemerkung von McCarty deutlich:
"We are committed, as a methodological approach, to the implementation of the TAXMAN theory in a functioning program, but have concluded that it is not feasible, given our current technology, to construct a single unified system for the analysis of a case as complex as Eisner vs. Macomber. A major part of the problem lies in the limited adress space of the DEC-20 Computer."
aus: L.T.McCarty/N.S.Sridharan, A Computational Theory of Legal Argument, Technical Report LRP-TR-13 LCSR State University of New Jersey/Rutgers, 1982, S.26/27

Die folgende Darstellung des TAXMAN-Projektes lehnt sich an folgende Arbeiten von Sridharan[147)] und McCarty[148)] an.

Das TAXMAN-Konzept ist zuletzt mit Hilfe der Sprache AIMDS[149)] implementiert worden. Diese Sprache ist für Aufgaben der 'Künstlichen Intelligenz' (Artificial Intelligence - AI) entwickelt worden und gehört zu der Klasse der 'frame-based-languages'. Mit dieser Sprache werden im TAXMAN--System Schablonen - sogenannte templates - zur Beschreibung von Klassen von Objekten, die in dem Rechnermodell vorkommen sollen, definiert.

```
Templates serve to

   (a)  provide a vocabulary from which the language
        descriptions of class members can be constructed;

   (b)  denote algebraic properties of the relations
        defined with that class as the domain/range;

   (c)  introduce information that serves to control the
        actions that need to be taken when
        adding/removing/updating descriptions of instances.

(TDN:   (STOCK
         ((DIVIDEND-RATE FN) NUMBER)
         (VOTING YESNO)
         (COMMON YESNO (COMPLEMENT PREFERRED))))

(TDN:   ((OWN REL)
         ((OWNER FN) ACTOR (INVERSE OWNEROF))
         ((OWNED FN) PROPERTY)))
```

Abb.2.27.: Templates

Als zweiter Schritt wird ein System von Relationen geschaffen, durch welches mögliche Beziehungen zwischen den - in Schablonen beschriebenen - Objektklassen festgelegt werden (vgl. die nächste Abbildung).

----

147) N.S.Sridharan, Artificial Intelligence - Representing Knowledge in AIMDS, in: Informatica e Diritto 1981, Heft 2/3, S.201-221

148) L.T.McCarty/N.S.Sridharan, A Computational Theory of Legal Argument, ebd.

149) N.S.Sridharan, Artificial Intelligence - Representing Knowledge in AIMDS, a.a.O., S.201 ff.

FN	Functional	The given relation is a function. Thus the relation is one to one.
L	List	The given relation is not a function. Thus the relation is one to many
IRR	Irreflexive	The relation is irreflexive, i.e. ~ (X R X) for all X.
REF	Reflexive	The relation is reflexive, i.e. (X R X) is true for all X.
ASYM	Asymmetric	The relation is asymmetric, i.e. (X R Y) implies ~ (Y R X) for distinct X,Y.
SYM	Symmetric	The relation is symmetric, i.e. (X R Y) iff (Y R X) for distinct X,Y.

Abb.2.28.: Algebraic properties of relations

Relationen, die in Schablonen existieren, können eine Reihe von algebraischen Eigenschaften haben. Jede solche Eigenschaft wird durch eine Markierung in der Schablonendefinition gekennzeichnet. Da diese Markierung (flags) paarweise disjunkt sind, ergibt sich im Systemzusammenhang, daß jede Relation 18 verschiedene Kombinationen von Eigenschaften besitzen kann. Einige Relationen sind dabei nur von untergeordnetem Interesse. Zum Beispiel ist die Kombination (FN REF) eine Identitätsfunktion.

Die Markierungen ergeben zusammen mit den Meta-Relationen (vgl. die nächste Abbildung) nach Ansicht der Autoren ausdrucksvolle Eigenschaften. Meta-Relationen sind Inversionen, Komplemente und andere Relationen von Relationen.
Insoweit entspricht die Modellbildung exakt der oben dargestellten Vorgehensweise (vgl. Abschnitt 1.3.3.) . Allerdings steht die nun folgende weitere Differenzierung in einzelne Objekte nicht im Widerspruch zu dem Modell, denn bisher wurden nur Klassen von Objekten definiert.

INVERSE	R1 is the inverse of R2. R2 is the inverse of R1. (X R1 Y) is true/false iff(Y R2 X) is true/false.
COMPLEMENT	R1 is the complement of R2. R2 is the complement of R1. (X R1 Y) is true/false iff (X R2 Y) is false/true.
INCLUDES	R1 includes R2. R2 is included by R1. If (X R2 Y) is true, then (X R1 Y) is also true.
EXCLUDES	R1 excludes R2. R2 is excluded by R1 If (X R1 Y) is true, then (X R2 Y) is false.
CLOSURE	R1 is transitive closure of R2. R2 is base relation for R1.

Abb.2.29.: Meta-relations

Um einzelne reale Objekte im Rechnermodell darstellen zu können, müssen einzelne Exemplare (instances) von Schablonen und die mit ihnen assoziierten Relationen zu einem bestimmten Kontext generiert werden (vgl. folgendes Beispiel).

```
(STOCK STOCK-1
       (VOTING YES)
       (COMMON YES)
       (DIVIDEND-RATE 5))

(OWN OWN-1
     (OWNER PHELLIS)
     (OWNED SHARE-1))
```

Abb.2.30.: Descriptions of instances

Auf diesen so beschriebenen Strukturen von Beschreibungen (descriptions) arbeitet dann eine Menge von (sogenannten Pattern-Matching-)Prozeduren. Ihre Funktion soll am nachfolgenden Beispiel erläutert werden (vgl. die nächste Abbildung). Dieses Beispiel beschreibt das Eigentum eines Eigentümers (A2) von (NQ1) Stammanteilen (common stock) der Firma (C01), die insgesamt (NS1) Anteile ausgegeben hat.

```
(OWN O1
    <owner (ACTOR A2)>
    <owned (SHARE SH1
              <shareof (STOCK S1
                          <quantity NS1>
                          <common YES>
                          <issuer (CORPORATION CO1)>)>
              <quantity NQ1>)>)
```

Abb.2.31.

Diese Beschreibung setzt voraus, daß bereits folgende Schablonen definiert wurden:

- OWN (mit den Relationen Eigentümer (owner) und
  Eigentum (owned))
- SHARE (mit den Relationen Menge (quantity) und
  Anteil (shareof))
- STOCK (mit den dargestellten Relationen Menge (quantity) und
  Stammanteil (common) und
  Emittent (issuer))
- ACTOR Akteur und
- CORPORATION , deren Relationen nicht aus der Beschreibung hervorgehen.

Mit dieser Beschreibung können jetzt einzelne Exemplare von Schablonen (template variables) generiert werden, z.B.:

"Myrtle H.Macomber ist Eigentümer von 2200 Stammanteilen von Standard Oil."

Oder es kann - ein solches Netzwerk vorausgesetzt - eine Beschreibung gefunden werden, die darauf paßt, indem Variable instantiiert werden. Dabei wird durch die Prozeduren nach der Existenz von Eigentümern gesucht. Die Prozeduren werden den folgenden beiden Möglichkeiten zugeordnet, der Generation (generation) oder der Erkennung (recognition) von Strukturen.

Die Netzwerke der Fakten werden (und müssen aus Speicherplatzgründen) in verschiedene Kontexte aufgeteilt. Diese Kontexte werden gewöhnlicherweise dazu benutzt, verschiedene Fälle darzustellen. Jeder Kontext ist weiter unterteilt durch einen Binärbaum von verschiedenen Zuständen (vgl. die nächste Abbildung), die normalerweise verschiedene Zeitpunkte des dargestellten Realitätsausschnittes repräsentieren.

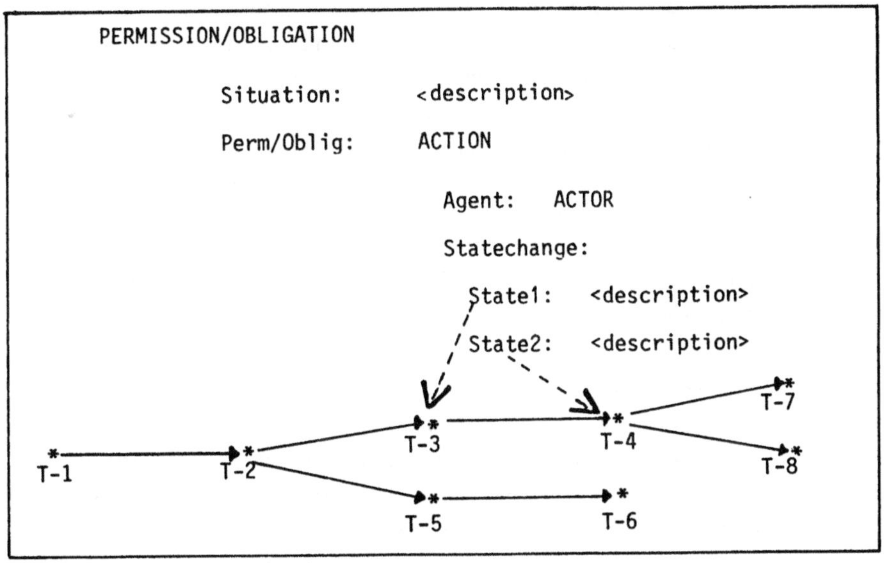

Abb.2.32.: The Organization of Description Spaces

Zustandsänderungen werden durch ein Paar von Zustandsbeschreibungen dargestellt. Zustandsbeschreibungen werden entweder für das Generieren neuer Zustände oder für das Erkennen von Unterschieden von zwei existierenden Zuständen benutzt. Wird nun eine Zustandsänderung mit einem Agenten - einem handelnden Objekt - gekoppelt, so ergibt beides zusammen eine Aktion. Aktionen wiederum sind in ein System von Erlaubnissen (permissions) und Verpflichtungen oder Verboten (obligations) eingebettet. Dieses sind Regeln, die für eine gegebene Situation festlegen, ob eine bestimmte Aktion erlaubt oder verboten ist.

Diese Strukturelemente von TAXMAN bzw. AIMDS sind zwar im Ansatz einfach, dennoch können zusammengesetzte Strukturen recht komplex werden. Solche Komplexität kann häufig dadurch wieder reduziert werden, daß die Einbindung verschiedener Netzwerke in eine strikte Hierarchie von Abstraktionen (abstractions) und Konkretisierungen (expansions) vorgenommen wird. Auf dem untersten Niveau steht die einzelne Beschreibung. Die Abstraktion ist definiert als eine zusammengesetzte Beschreibung auf einem höheren Niveau. Beschreibung, Abstraktion, Konkretisierung und (pattern-matching-)Prozeduren müssen Schritt für Schritt abgearbeitet werden, wenn es darum geht, Muster zu erkennen und neue Einträge zu erzeugen. Soweit zu den Grundbausteinen des Systems.
Die Anwendung auf das Steurrecht beschreibt McCarty so:

"Fortunately, the organization of our description spaces corresponds closely to the organization of the corporate tax domain, and the various concepts of corporate tax law can therefore be encoded directly into the framework of the abstraction/expansion hierarchy. The basic "facts" of a corporate tax case can be represented in a relatively straightforward manner. Corporations issue securities, transfer property, distribute dividends etc. Below this level there is an expanded representation of the meaning of a security interest in terms of its component permissions and obligations: the owners of the shares of a common stock, for example, have certain rights to the "earnings", the "assets", and the "control" of the corporation. Above this level there is the "law": the statutory rules which classify transactions as taxable or nontaxable, ordinary income or capital gains, dividend distributions or stock redemptions, etc. We have demonstrated that the TAXMAN system is capable of representing the full set of facts of an actual corporate tax case, such as United States v. Phellis, 257 U.S. 156 (1921), and capable also of representing the statutory rules and concepts which classify such cases as tax-free reorganizations under Sections 368(a)(1)(B), (C) and (D) of the Internal Revenue Code."[150)]

----

150) L.T.McCarty/N.S.Sridharan, A Computational Theory of Legal Argument, a.a.O., S.5

Probleme treten allerdings bei einigen Definitionen, z.B. bei den Abstraktions- und Konkretisierungshierarchien, im System auf. An diesen Fragen wird derzeit gearbeitet.[151)]

Den Bemühungen der 'Künstlichen Intelligenz'-Forschung um eine Automatisierung menschlicher Denkarbeit und Kreativität liegt zum Teil eine problematische Annahme zugrunde:
Es wird davon ausgegangen, menschliche Auseinandersetzung mit Problemen oder mit anderen Menschen sei eine isolierbare geistige Funktion - isolierbar vom Alltagswissen und reduzierbar auf eine Folge formaler Operationen auf einer reduzierten und formalen Menge von Objekten. Ursache dafür ist u.E. ein funktionales Menschenbild, bei dem ein Herauslösen von Einzelaspekten aus einer Gesamtpersönlichkeit selbstverständlich und unproblematisch erscheint.[152)]
Im folgenden soll nicht der Streit um die prinzipielle Endlichkeit des menschlichen Geistes (Gehirns) und seine theoretisch denkbare Abbildung in einer Maschine aufgegriffen werden[153)], sondern angedeutet werden, daß mit der in einem Jahrzehnt wahrscheinlich zur Verfügung stehenden Rechnerleistung kaum praktikable Ergebnisse der Bemühungen der KI-Forschung um eine Formalisierung im Rechtswesen zu erwarten sind.
Die grundlegende Frage der Lösbarkeit juristischer Probleme in einem begrenzten Zustandsraum[154)] wird von den für die Entwicklung von TAXMAN verantwortlichen Forschern selbst aufgegriffen:

----

151) vgl. L.T.McCarty/N.S.Sridharan, a.a.O., S.20

152) Die Korrespondenz zum naturwissenschaftlichen Vorgehen (Reduzierung von Ganzheiten auf Einzelphänomene, die zunächst untersucht werden; Dividierung in diverse Fachdisziplinen usw.) ist evident; es bleibt die Frage, ob man mit dieser Methodik menschlicher Vielfalt gerecht wird.

153) Eine Darstellung des KI-Ansatzes in dieser Frage findet sich in D.R.Hofstadter: Gödel Escher Bach, Harmondsworth 1980; das zugrunde liegende Menschenbild kritisiert M.Kühn, CAD und Arbeitssituation, Berlin/Heidelberg/New York 1980

154) "Suchverfahren setzen einen Zustandsraum voraus, in dem nach einem oder mehreren Zielen gesucht wird." , H.-J. Schneider (Hrsg.), Lexikon der Informatik und Datenverarbeitung, München/Wien 1983, S.530

"According to Hart, legal rules have irreducible gaps and a case which falls within these gaps can be resolved only by exercise of judicial discretion, free of all conceptual constraints. According to Dworkin, however, even the most difficult of cases can be resolved by proper exercise of legal reasoning and legal argumentation."[155)]

Es gibt eine ganze Reihe von Gründen dafür, daß die erstgenannte Auffassung die realistischere ist und sich das Recht deshalb einer lückenlosen Formalisierung versperrt. Geht man von der bereits zitierten Auffassung Fiedlers aus, daß Rechtsfindung primär ein Prozeß der Willensbildung in menschlichen Organisationen sei[156)], so wird deutlich, daß das Recht zwangsläufig als Spiegel der gesellschaftlichen Widersprüche selbst widersprüchlich sein wird, wo unterschiedliche Interessen in den Gesetzgebungsprozeß Eingang gefunden haben. Diese Widersprüche kommen zum Teil auch in unbestimmten Rechtsbegriffen zum Ausdruck, deren Ausdeutung sich erst im Zuge längerer Auseinandersetzungen entwickelt. Vallauri schreibt dazu:

"In other words, a legal decision is an act of policy of law, a motivated choice of the solution that the jurist considers to be the best among those logically possible within positive law."[157)]

Daß dies keineswegs ein ausschließlich aus dem rechtlichen System ableitbarer Prozeß ist, geht aus der Tatsache hervor, daß sich mit dem Wandel gesellschaftlicher Verhältnisse auch die Rechtsprechung ändert, ohne daß dem formale Gesetzesänderungen vorangegangen sind.[158)] Das bedeutet aber, daß in die rechtliche Argumentation Allgemein- und Erfahrungswissen eingeht und die entscheidende Kunst des Rechtsanwenders gerade darin besteht, die Umstände eines Falles so zu interpretieren, daß eine überzeugende Argumentation dabei herauskommt.

----

155) L.T.McCarty/N.S.Sridharan, A Computational Theory of Legal Argument, a.a.O., S.28

156) H.Fiedler, Habilschrift 1969, a.a.O., S.107

157) L.L.Vallauri, Informatics and 'Political' Criteria of the Legal Decision, in: Proceedings of the International Study Congress on Logica, Informatica e Diritto, Florenz 1980, S.49

158) z.B. die Rechtsprechung zu Personalinformationssystemen

Dies ist den Vertretern der KI-Forschung durchaus klar. So zitiert Niblett den Richter Holmes mit dem Ausspruch: "The life of the law has not been logic, it has been experience."[159)] Ohne sich näher mit den Konsequenzen dieser Aussage auseinanderzusetzen, zieht nicht nur die KI-Forschung daraus die vereinfachende Konsequenz, daß Techniken zu entwickeln sind, die die Repräsentation von Wissen gestatten. Sridharan schreibt:

"We have attempted to deal specifically with limitations of memory and limitations of processing power that humans have. But people do exhibit extraordinary intelligence. They can organize their information, focus their attention on what is relevant and structure their processes to overcome their own limitations to meer the demands of a task. This raises the prime challenge for the field of artificial intelligence - how do we make the computer do the same."[160]

Dabei ist klar, daß es nicht darum gehen kann, das gesamte Wissen eines Menschen zu speichern:

"A third feature of a practical system is that the boundaries of its field of action - what logicians call the Universe of Discourse - must be clearly defined. ... More generally, a user must understand that the machine operates only within a problem space that has been prepared for it. Many errors stem from overlooking this fact."[161)]

Da selbst so begrenzte 'Welten' wie das Schachspiel zu gewaltigen Suchräumen führen, wenn sie erschöpfend durchsucht werden sollen, ist man auf die Entwicklung von heuristischen Verfahren angewiesen.[162)]
Die Ausführungen haben deutlich werden lassen, daß eine Anwendung von Verfahren der 'Künstlichen Intelligenz' für die Entwicklung juristischer Argumentationsstrategien nur dann praktikabel sein dürfte, wenn viele Alltagserfahrungen ausgegrenzt werden. Es ist fraglich, wieweit das für Rechtsgebiete tragbar ist.

----

159) B.Niblett, Computer Science and Law, in :ders.,a.a.O.,S.18

160) N.S.Sridharan, Artificial Intelligence - Representing Knowledge in AIMDS, in: Informatica e Diritto 1981 Heft 2/3, S.202

161) B.Niblett, a.a.O., S.17

162) N.S.Sridharan, a.a.O., S.203;
es stellt sich die Frage, inwieweit durch heuristische Verfahren zustandegekommene Entscheidungen verantwortbar sind.

Werden Begriffe aus ihrem Kontext gelöst, so wird für die Beschreibung selbst einfachster Sachverhalte schnell ein unverhältnismäßig großer Aufwand an formalen Mitteln notwendig.[163] Dabei wird von den Entwicklern häufig das explosive Anwachsen von Komplexität[164], das mit vielen Ausweitungen eines Systems verbunden ist, ausgeklammert. Realistisch erscheint langfristig eine Lösung des Problems, wie sie in anderen Bereichen computergestützter kreativer Prozesse favorisiert wird: dort wird bewußt auf eine Vollautomatisierung verzichtet und eine Problemlösung im Dialog angestrebt, in der die (formalen) Potentiale des Computers mit der menschlichen Kreativität verbunden werden sollen, so wie es im TAXMAN-Projekt auch angestrebt wird.

----

163) vgl. die Erörterungen in Abschnitt 2.3., S.160 f.

164) vgl. Fußnote 146, S.146

2.3. Grundsätzliche Probleme bei der Formalisierung im Recht

Die generelle Möglichkeit der Formalisierung des Justizsyllogismus verleitet vielleicht allzu schnell dazu zu glauben, die Formalisierung des Rechts sei kein grundsätzliches Problem mehr. Zum einen ist hier noch einmal Fiedlers Zitat zu wiederholen, daß nämlich "Rechtsfindung nicht primär Ableitung in objektivierten Systemen, sondern ein Prozeß der Willensbildung in menschlichen Organisationen ist"[165]. Der Syllogismus ist mithin ein allgemeines Modell nur eines Teils des Rechtsfindungsprozesses und nicht selbst Rechtsfindung. Im Rahmen der Tätigkeit der juristischen Entscheidungsfindung ist die auf reine Ableitung reduzierte Modellhandhabung zudem der letzte - unbedeutendste - Schritt. Diese Aussage ist allerdings insoweit zu relativieren, als sich zum Teil erhebliche Differenzen bei der Rechtsanwendung daraus ergeben, daß der der Ableitung im Modell vorausgehende Erkenntnisprozeß von höchst unterschiedlicher Komplexität ist. Im Rahmen der Rechtsinformatik gibt es hier zwei Unterscheidungsansätze:
Einmal wird die Komplexität unmittelbar aus dem Charakter einer Norm abgeleitet. Svoboda bildet hier drei "levels of subsumtion"[166] (an anderer Stelle gebraucht er den Begriff 'Subsumtionsniveau') "according to three gradually differing types of discretionary margin and legal obligation"[167]. Zum anderen wird gerne vom Typus der Rechtsanwendung her unterschieden einerseits in Massenverwaltung[168], deren Normexekution von vorneherein - im Rahmen der Rationalisierung der öffentlichen Verwaltung oder der Organe der Rechtspflege - teilweise maschinisierbar ist, und andererseits in die rich-

----

165) H.Fiedler, Die Bestimmtheit der gesetzlichen Straftatbestände als methodisches und verfassungsrechtliches Problem, Habilschrift 1969, S.107

166) W.Svoboda, Structural Analysis of the Law for the Purpose of Installing Query-Answering Systems, in: Consiglio Nazionale delle Richerche, Logica Informatica Diritto, Florenz 1981, S.758

167) W.Svoboda, a.a.O., S.769

168) vgl. zu den Grundsätzen der Rechtsanwendung in der öffentlichen Verwaltung H.J.Wolff/O.Bachof, Verwaltungsrecht, Band 1, München, 9.Auflage 1974 §31 mit Ausführungen zur Selbstbindung und zur Ermessensausübung der Verwaltung;
zu der automatisierten Verwaltung: H.Fiedler, Functional Relations between Legal Regulations and Software, in: B.Niblett (Hrsg.), a.a.O., S.137 f. und C.Eberle/H.Garstka, Soll das Verwaltungsverfahren durch einen bundesweiten Programmablaufplan determiniert werden? in: ÖVD 1972 Heft 6, S.365 ff.

terliche Entscheidungsfindung[169]. Beide Formen der Rechtsanwendung umfassen - entsprechend ihrer unterschiedlichen Rolle - zudem teilweise unterschiedliche Entscheidungsspielräume.
Noch einmal ganz anders stellt sich die Frage der Modellbildung und ihres Stellenwertes im Rahmen der Gesetzgebungsverfahren. Hierauf wird im folgenden allerdings nicht weiter eingegangen.
Über die Art der anzuwendenden Methoden bei der Modellbildung besteht ebenfalls Uneinigkeit in der Rechtstheorie. An dieser Stelle kommen wir zurück zur Grundform des juristischen Schlusses im Prädikatenkalkül. Betrachtet man den Justizsyllogismus noch einmal,

nämlich:

Alle A sind B
Alle C sind A
―――――――――
Alle C sind B,

dann ist bei genauerem Hinsehen erkennbar, daß diese Modellbildung offensichtlich vor dem Hintergrund der individuellen, auf einen einzelnen Rechtsfall bezogenen Formalisierung beruht. Es wurde bisher in den Beispielen nur angedeutet, daß der Obersatz die abstrakte generelle Rechtsnorm, der Untersatz der individuelle konkrete Rechtsfall (sowie teilweise dessen Subsumtion) und schließlich die Konklusion das 'Urteil' sein sollte. Dem ist also bereits die begriffliche Subsumtion des Sachverhalts unter eine konkrete Norm vorausgegangen. Darüber hinaus ist die Art und Weise des Zustandekommens der Formalisierung des Tatbestandes und der Rechtsfolge ein Problem. Häufig stehen nämlich Tatbestände und Rechtsfolge gar nicht in derselben Norm.
Solche Fragen wurden u.a. schon von Rödig aufgeworfen, der feststellte, daß die von ihm verfolgte Formalisierung keine eins-zu-eins-Transformation von geltenden Gesetzesparagraphen in die formalisierten Rechtssätze zuläßt.
Ja, er weist sogar nach, daß eine paragraphenweise Formalisierung zu sich gegenseitig widersprechenden Sätzen führen kann (so anhand der vorgenommenen Formalisierung des §812 BGB von Schreiber, die zusammen mit der Formalisierung des §814 BGB sich selbst zu wiederlegen in der Lage ist, und anhand Hassemers Formalisierung des § 263 Abs.1 StGB)[170].

----

169) vgl. z.B. K.Larenz Methodenlehre der Rechtswissenschaft, Berlin/Heidelberg/New York, 3.Auflage 1975, S.421 ff. in dem Abschnitt über die Bedeutung der 'Präjudizien' für die Bildung von 'Richterrecht'

170) J.Rödig, Die Theorie des gerichtlichen Erkenntnisverfahrens, Berlin/Heidelberg/New York 1973, S.81 f.

Sollen also Normen formalisiert werden, dann sind u.a. folgende Fragen zu klären:

- soll die Formalisierung/Modellbildung
  - abstrakt und generell sein (Rechtssatzformalisierung)
  - individuell und konkret auf einen Sachverhalt zugeschnitten sein oder
  - sowohl die abstrakte und generelle Norm beinhalten als auch die Angaben oder Daten des individuell-konkreten Rechtsfalles umfassen?
- sollen mehr die syntaktischen oder auch semantischen Aspekte der betreffenden Norm formalisiert werden?

Abhängig von der Beantwortung dieser Fragen ist die Modellbildung im Einzelfall höchst unterschiedlich. Dies ist insbesondere bei der Gegenüberstellung der einzelnen Formalisierungsansätze im Abschnitt 2.2. aufgefallen.
Die Verschiedenartigkeit der einzelnen Beispiele hat ihre Ursache u.a. in der Unterschiedlichkeit der Grundentscheidungen zu den oben genannten Fragen. Insofern spiegelt sich zum Teil schon das Hauptinteresse an der Formalisierung oder auch Algorithmisierung seitens der Ersteller in der Beantwortung dieser Frage wieder. Um ein Beispiel zu nennen: die öffentliche Verwaltung hat kaum Interesse, individuell-konkrete Modellbildungsmethoden zur Entscheidung ihrer Rechtsfälle zu erarbeiten, sondern vor allem solche, die abstrakte und generelle Regelungen zur Bearbeitung ihrer Massenfälle unterstützen. Bei den Ansätzen, die aus der wissenschaftlichen Forschung kommen, ist das Interesse an der Formalisierung gerade stärker auf den einzelnen Rechtsfall bzw. die einzelne Rechtsnorm ausgerichtet. Dabei geht es in fast allen Fällen darum, die jeweilige Methode der Formalisierung und ihre Vorteile zu demonstrieren und als mögliche praktische Anwendung (im Sinne der Informatik) aufzuzeigen. Im Fall der in 3. näher beschriebenen Formalisierung der gesetzlichen Erbfolge, wo es bei einer nicht anderslautenden testamentarischen Verfügung des Erblassers um die Regelbehandlung der Erbteilung geht, wird zum Beispiel deutlich, daß nicht der Aspekt der Rationalisierung der Arbeit im Vordergrund steht, sondern die logische Analyse (d.h. die Semantik) der §§1922-1930 BGB). Diese Unterschiede in den Ansätzen der Formalisierung lassen einen unmittelbaren Vergleich einzelner Formalisierungsansätze nur eingeschränkt zu.

Komplexitätsprobleme

Eine Bestandsaufnahme der Anwendung formaler Methoden im Recht stößt zwangsläufig auf die Frage nach der Komplexität von Problemstellungen. In diesen Zusammenhang gehören die Komplexitätsbetrachtungen bei Petri-Netzen[171)] ebenso wie die Unentscheidbarkeit des Prädikatenkalküls[172)] oder die Berechenbarkeitsproblematik in der Artificial Intelligence-Debatte[173)].
Zu den proklamierten Vorteilen einer Axiomatisierung des Rechts zählen ihre Befürworter an wesentlicher Stelle die

- Widerspruchsfreiheit
- Vollständigkeit und
- Unabhängigkeit

eines Axiomensystems geltender rechtlicher Normensysteme. Der Vorschlag der Statuierung eines Axiomensystems geltender rechtlicher Normensysteme und die Ableitung von gültigen Rechtssätzen daraus wurde ausführlich von Rödig[174)] propagiert. Der Vorteil scheint auf der Hand zu liegen, da die Anwendung der bestehenden Rechtssätze vermeintlich erleichtert wird und eben die (formalisierten) Normensysteme auf ihre Widerspruchsfreiheit, Vollständigkeit und Unabhängigkeit überprüft werden könnten. Daran lassen sich in zweierlei Weise Komplexitätsprobleme festmachen:

a) die Komplexitätsproblematik innerhalb einiger Wissenschaftsdisziplinen, aus denen wichtige Formalisierungsmittel für die Formalisierung im Recht stammen;

b) die Komplexitätsprobleme, die auftauchen, wenn ein bestehendes Normensystem formalisiert werden soll.

----

171) vgl. dazu N.Jones/L.Landweber/Y.Lien, Complexity of Some Problems in Petri Nets, in: Theoretical Computer Science Band 4 (1977), S.277-299 sowie M.Jantzen/R.Valk, Formal Properties of Place/Transition Nets, in: Net Theory and Applications, Berlin/Heidelberg/New York 1980, S.165-212

172) vgl. H.Hermes, Aufzählbarkeit, Entscheidbarkeit, Berechenbarkeit, Berlin/Heidelberg/New York 1971, S.165 f.

173) vgl. etwa D.R.Hofstadter: Gödel Escher Bach, Harmondsworth 1980

174) J.Rödig, Axiomatisierbarkeit juristischer Systeme, in: DVR Band 1 Heft 2/3 (1972), S.170 ff.

Wenden wir uns zunächst a) zu:
In der Prädikatenlogik ist zwar ein Kalkül angebbar, aus dem sich die allgemeingültigen Formeln der Prädikatenlogik herleiten lassen[175], aber Church wies die Unentscheidbarkeit der Menge der allgemeingültigen Formeln der Prädikatenlogik nach[176]; genauer gilt der

Satz: Es gibt kein allgemeingültiges Verfahren, mit dessen Hilfe für jede vorgelegte Formel der Prädikatenlogik in endlich vielen Schritten feststellbar ist, ob sie allgemeingültig ist oder nicht[177].

Zudem existiert für die Prädikatenlogik zweiter Stufe kein Algorithmus, mit dem genau die allgemeingültigen Formeln dieser Logik ableitbar sind[178].
Die Prädikatenlogik zweiter Stufe wird deshalb - wie die höherer Stufen - als unvollständig bezeichnet.

In Teilbereichen der Informatik, die als geeignete Formalisierungsmethoden gelten (wie etwa die Theorie der Petri-Netze) gibt es ähnliche Komplexitätsprobleme[179].
Jones, Landweber und Lien[180] zeigen z.B., daß die Erreichbarkeit und Begrenztheit für das von Merlin[181] eingeführte Zeit-Petri-Netz nicht entscheidbar sind. Die Autoren bedauern dieses Ergebnis, weil die Zeit-Petri-Netze einige interessante Eigenschaften, vor allem hinsichtlich der Regenerierbarkeit[182], besitzen.

----

175) Vollständigkeitssatz der Prädikatenlogik von Gödel (1930)

176) A.Church, An Unsolvable Problem of Elementary Number Theory, Amer. J.Math. 58, (1936), S.345-363

177) Einen Beweis liefert u.a. H.Hermes, Aufzählbarkeit, Entscheidbarkeit, Berechenbarkeit, Berlin/Heidelberg/New York 1971, S.165-172

178) vgl. H.Hermes, a.a.O., S.172 f.

179) vgl. auch die im Zusammenhang mit der Behandlung des TAXMAN-Projektes erfolgte Einschätzung der Anwendungsmöglichkeiten der 'Künstlichen Intelligenz'

180) N.Jones/L.Landweber/Y.Lien, a.a.O., S.295 f.

181) P.Merlin, A study of the recoverability of computing systems, Ph.D. Thesis, U.C. - Irvine 1975

182) im englischen Original "Recoverability"

Außerdem weisen sie nach, daß das Regulierbarkeitsproblem sogar für 1-begrenzte Petri-Netze exponentiellen Raum erfordert, und vermuten,

"that the controllability and reachability problems for general nets if decidable, will be more difficult to solve, i.e., they probably will not be solvable within exponential space."[183)]

Ähnlich vorsichtig resümieren Jantzen und Valk eine Zusammenstellung von Komplexitätsproblemen in Petri-Netzen:

"As a consequence of the preceeding results we conclude, that for practical use it is either necessary to restrict oneself to very simple classes of Petri nets, or one should not expect to find computational simple algorithms which automatically solve problems similar to those discussed in this section."[184)]

In einigen Disziplinen, die als prädestinierte Formalisierungsmittel gelten, spielen Komplexitätsbetrachtungen und Entscheidbarkeitsprobleme also eine z.T. wesentliche Rolle. In der Diskussion um die Formalisierung von Rechtsnormen wird dieser Problematik nicht immer die gebührende Aufmerksamkeit zuteil.

Wesentlich andersartige Komplexitätsprobleme treten aber dann zu Tage, wenn der Versuch unternommen wird, ein bestehendes Rechtsnormensystem in Formalsprache zu transformieren. Es ist kein Zufall, daß nahezu alle konkreten Formalisierungsansätze sich auf diejenigen Rechtsnormen beziehen, deren rechtssprachliche Formulierung schon einen hohen 'Ordnungsgrad' aufweisen. So benötigt Zimmermann zur Formalisierung der gesetzlichen Erbfolge (§§1922 bis 1930 BGB) ein Begriffsinstrumentarium, welches wesentlich umfangreicher ist als der Gesetzestext[185)]. Rechnet man die schon bei relativ einfach formalisierbaren rechtlichen Teilgebieten auftretenden Komplexitätsprobleme auf umfangreichere Teilsysteme von Rechtsnormen - deren Gegenstand und Sprache zudem oft komplizierter ist als beispielsweise die Regelung der gesetzlichen Erbfolge - hoch, ist ein 'Berg von Komplexitätsproblemen' zu erwarten.

----

183) M.Jones u.a., a.a.O., S.293

184) M.Jantzen/R.Valk, a.a.O., S.188

185) vgl. Abschnitt 3.3.: "Komplexität der Formalisierungsmodelle", S.190 ff.

Rechtsnormen sind Ausdruck gesellschaftlicher Verhältnisse und beinhalten (z.T. nur scheinbare) Widersprüche. Dieses wird u.a. auch mit der Begründung, die Rechtsordnung sei zu komplex, erklärt. Diese Komplexität wird die Formalisierung axiomatisierter rechtlicher Regelungen durch Gebrauch etwa des Prädikatenkalküls nicht beseitigen können. Wie ausgeführt, ist die Prädikatenlogik selbst unentscheidbar, woraus folgt, daß es keinen Algorithmus gibt, aufgrund dessen entschieden werden kann, ob für beliebige vorgegebene Mengen R von Rechtsregeln und eine beliebige Formel r r aus R folgt oder nicht[186]. Damit ist aber das mittels Prädikatenlogik formalisierte Rechtssystem (bzw. Teile davon) nur noch beschränkt algorithmisierbar[187].

Ein Ausweg aus dem Dilemma der Komplexität wird in der 'Reduktion auf das Wesentliche' gesehen. Abgesehen davon, daß infolge dieses Prozesses 'sperrige Realitätsgehalte' ausgegrenzt werden, bleiben Fragen nach der Reduktionsmethode und ihrer Zielvorgaben: "Was ist wesentlich? Was kann ausgegrenzt oder vernachlässigt werden?" etc. offen[188].

----

186) vgl. H.Hermes, a.a.O., S.165 f.

187) vgl. U.Klug, Juristische Logik, a.a.O., S.171 Nr.7a

188) vgl. die Abschnitte 1.3.3., S.45 ff. und 3.3., S.188 ff.

3. Beispiel: Formalisierung der gesetzlichen Erbfolgeregelung - Vergleichende Betrachtung von Formalisierungsinstrumenten

Im Rahmen dieser Arbeit ist die vollständige Behandlung aller Formalisierungsansätze im Recht nicht zu leisten. Wesentliche Gesichtspunkte - auf die es im Rahmen der Fragestellung des Projekts ankommt - lassen sich aber an ausgewählten Beispielen illustrieren. Dies ist in Kapitel 2. ausgeführt worden, wobei die Darstellung von den Formalisierungsmethoden ausgeht.
Im folgenden Teil wird eine andere Annäherung an das Thema versucht. Ein gegebener rechtlicher Regelungsbereich - die gesetzliche Erbfolgeordnung - wird als Ausgangspunkt der Betrachtung gewählt, und zwei vorhandene Formalisierungsansätze werden am Beispiel dieses Normenkomplexes ausführlich beschrieben und verglichen. Dabei erfolgte die Auswahl des Erbrechts vor allem deshalb, weil hier verschiedene Formalisierungsansätze vorliegen, und zum anderen, weil ihre Ausgestaltung - zumindest teilweise - bis hin zur Automatisierbarkeit[1)] erfolgte. Ein Vergleich der beiden Formalisierungsansätze (Graphentheorie, Entscheidungstabellen) des Erbrechts beinhaltet somit die Möglichkeit der detaillierten Entwicklung von Argumentationssträngen.
Im folgenden werden zunächst ausführlich die Formalisierungsansätze von Zimmermann und Franzen dargestellt, die abschließend anhand verschiedener Aspekte, wie:

- Vollständigkeit des Formalisierungsmodells
- Programmierbarkeit
- Komplexität
- Auswirkungen auf das Verhältnis Bürger/Recht
- juristische Bedeutung der gesetzlichen Erbfolge bzw. der Formalisierungsmodelle

einer detaillierten Betrachtung unterzogen werden. Hierbei ist besonders darauf hinzuweisen, daß die Entwicklung dieser Formalisierungsansätze nicht hinsichtlich eines späteren Praxiseinsatzes erfolgte, sondern ausschließlich mit dem Ziel, Probleme des Einsatzes von Formalisierungsinstrumenten im Recht exemplarisch zu untersuchen.

----

1) Der graphentheoretische Ansatz von Zimmermann enthält ein LISP-Programm auf der Basis des Formalisierungsmodells; dabei wurde mit den Ausarbeitungen kein Anwendungszweck verfolgt, sie waren vielmehr als Formalisierungsexperiment angelegt.

Beide Ansätze erfolgten im gegenseitigen Zusammenhang in einem Entwicklungsprojekt der GMD insbesondere auch zu Zwecken des Vergleichs. Die folgende Darstellung führt insofern diese Intention beider Ansätze weiter.

3.1. Ein graphentheoretischer Formalisierungsansatz[2)]

Zimmermann stellt die Prinzipien der gesetzlichen Erbfolge mit graphentheoretischen Hilfsmitteln dar. Aus den verbalen Formulierungen des BGB (§§1922-1930) werden - so Zimmermann - ein einheitliches Strukturprinzip entwickelt sowie Lücken und Unklarheiten des Gesetzestextes enthüllt. Ziel des Formalisierungsansatzes ist es, die Erben 1., 2. und 3.Ordnung explizit zu definieren (§§1924 Abs.1, 1925 Abs.1 und 1926 Abs.1 BGB), während die Erben i-ter Ordnung allgemein angegeben werden.
Dabei müssen zwei Einschränkungen gemacht werden:

1. Der Ehegatte des Erblassers wird nicht berücksichtigt.
2. Personen, die die Annahme ihres Erbteils verweigern, werden wie verstorbene Personen behandelt.

Sei X die Menge aller lebenden und verstorbenen Blutsverwandten des Erblassers x_0, wobei x_0 selbst auch Element von X ist.

Um die Verwandschaftsbeziehungen in der Menge X zu kennzeichnen, werden antisymmetrische, zweistellige Relationen K zwischen Personen x und y ($x,y \in X$) eingeführt, wobei $(x,y) \in K$, wenn y Kind von x ist. Dieser Sachverhalt soll graphisch durch eine gerichtete Kante von x nach y dargestellt werden:

$$x \longrightarrow y \qquad \text{"y ist Kind von x"}$$

Die Relation K besteht aus der Menge aller Paare (x,y) , für die gilt: "y ist Kind von x" .
Die Menge X zusammen mit der Relation K bildet den Graphen (X,K) mit der Eckenmenge X und der Kantenmenge K.

----

2) Die Darstellung orientiert sich eng an:
B.Zimmermann, Formale Behandlung der gesetzlichen Erbfolge, GMD-Entwicklungsunterlage ERB-1, Birlinghoven 1973;
deshalb wird auf die Angabe von wörtlichen Zitaten verzichtet.

Die folgenden graphentheoretischen Schreibweisen stehen dann für:

Kx		die Menge aller Kinder von x
K^2x	:=	KKx die Menge aller Enkel von x
$\hat{K}x$	:=	$x \cup Kx \cup K^2x \cup \ldots$ x mit all seinen Abkömmlingen
$K^{-1}x$		die Eltern von x
$K^{-2}x$	:=	$K^{-1}K^{-1}x$ die Großeltern von x
$\hat{K}K^{-1}x$		die Eltern von x mitsamt ihren Abkömmlingen

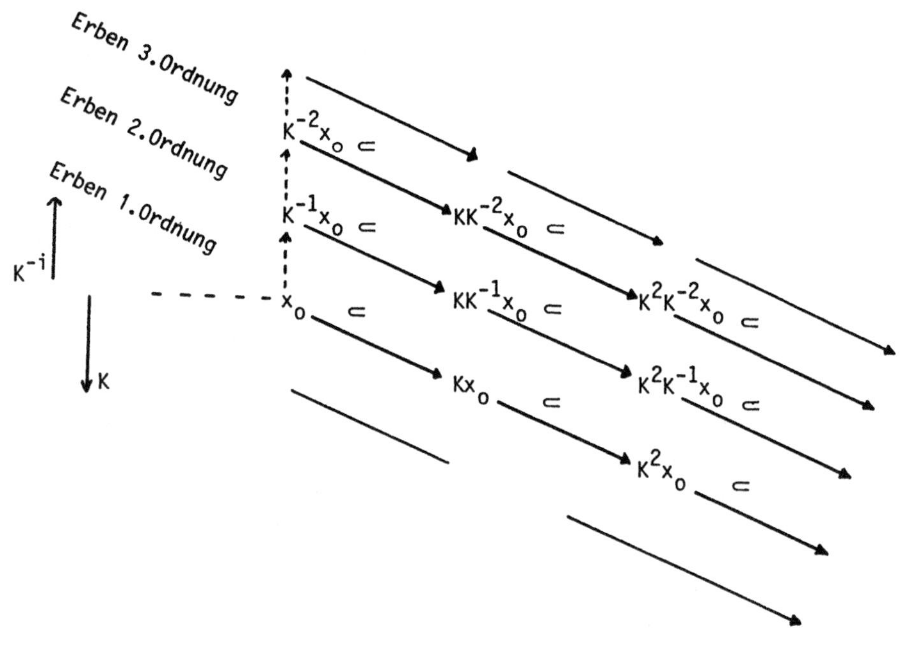

Abb.3.1.: Schematische Darstellung der Verwandten von x_o

In Abbildung 3.1. ist die Verwandschaft eines Erblassers x_o - schematisch vereinfacht - dargestellt, wobei einer Diagonale des Schemas genau die Erben einer bestimmten Ordnung im Sinne des Gesetzgebers entsprechen.

Definition: $\hat{K}K^{-i}x_o \; := \; K^{-i}x_o \cup KK^{-i}x_o \cup K^2K^{-i}x_o \cup \ldots$

bezeichne die Menge der Erben (i+1)-ter Ordnung.

Für i = 0 ergibt sich die Menge der Erben 1.Ordnung als $\hat{K}K^{o}x_o = \hat{K}x_o$.[3]

Da diese Definition keine eindeutige Klasseneinteilung[4] der in Frage kommenden Erben in disjunkte Klassen zuläßt, wird zusätzlich die Menge der Erben der 'echten' i-ten Ordnung folgendermaßen definiert:

Definition: $O_i \; := \; \hat{K}K^{-(i-1)}x_o - \hat{K}K^{-(i-2)}x_o$

bezeichne die Menge der Erben der 'echten' i-ten Ordnung.

Also $O_1 = \hat{K}K^{o}x_o$, $O_2 = \hat{K}K^{-1}x_o - \hat{K}x_o$ usw.

Die O_i bezeichnen wir als die Menge der Erben der 'echten' i-ten Ordnung.

§1930 BGB regelt die Rangfolge der Ordnungen - in der bisher entwickelten Terminilogie ausgedrückt - folgendermaßen:

Die erste Menge der Folge

$\hat{K}x_o$, $\hat{K}K^{-1}x_o$, $\hat{K}K^{-2}x_o$, ... (Ordnungen nach BGB) bzw.

O_1, O_2, O_3, ... ('echte' Ordnungen) ,

die lebende Personen enthält, bekommt das Erbe zugesprochen.

Damit ist die Rangfolge der Ordnungen wiedergegeben als Rangfolge von Mengen. Offen bleibt hier aber, wie die Verteilung des Erbes auf die Personen, die zu einer der Mengen gehören, formal darzustellen ist.
Im BGB wird die Verteilung des Erbes in jeder der drei ersten Ordnungen unterschiedlich behandelt, während für höhere Ordnungen ein vereinfachtes Verteilungsprinzip vorgeschrieben ist.[5]
Im folgenden werden die Ordnungen der Reihe nach mit dem Ziel betrachtet, ein möglichst einheitliches Formulierungsprinzip zu erhalten.

----

3) In dieser Menge ist x_o - der Erblasser - als Element selbst auch enthalten; insofern entspricht das Modell hier nicht der Realität.

4) Die Klassen sind nicht disjunkt, weil ein Erbe i-ter Ordnung nach dieser Definition auch ein Erbe jeder höheren Ordnung ist.

5) Die Gründe hierfür wurden nicht untersucht; vgl. dazu die Zusammenfassung am Ende von Abschnitt 3.1., S.180.

Erben 1.Ordnung:

Ausgehend von der Menge $\hat{K}x_0$ - die Erben 1.Ordnung - bilden wir den Untergraphen $(\hat{K}x_0,K/)$ dadurch, daß wir die Kantenmenge folgendermaßen einschränken:
Die Einschränkung von K auf $\hat{K}x_0$ - geschrieben $K/\hat{K}x_0$ oder K/ , wenn klar ist, worauf eingeschränkt wird - ist definiert durch:

$$(x,y) \in K/\hat{K}x_0 \quad , \text{ falls } x,y \in \hat{K}x_0 \text{ und } (x,y) \in K$$

Der Untergraph $(\hat{K}x_0,K/)$ enthält nur solche Kanten, die für $\hat{K}x_0$ relevant sind. Im folgenden soll dieser Untergraph derart verändert werden, daß die Erbverteilung sichtbar wird.

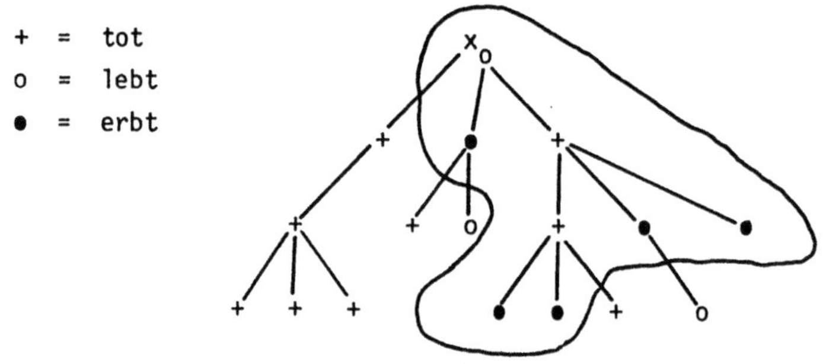

Abb.3.2.

Der umrandete Teil des Untergraphen in Abbildung 3.2. gibt an, auf welche lebenden Personen ein Erbteil fällt (●) .
Aus der folgenden Abbildung 3.3. ist ablesbar, welchen Erbanteil ein Erbe bekommt:

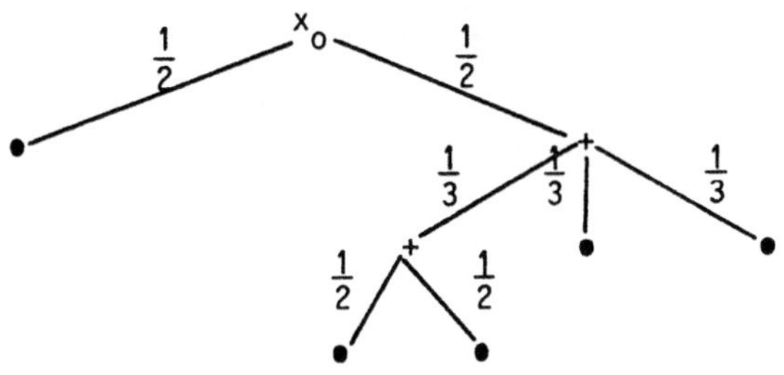

$$\frac{1}{12} = \frac{1}{2} \cdot \frac{1}{3} \cdot \frac{1}{2}$$

Abb.3.3.

Der Erbanteil bestimmt sich nach proportionaler Verteilung des Erbes bei jeder Verzweigung, durch Multiplikation aller Verteilungsquotienten auf dem Weg vom Erbe zum Erblasser.

Die Erbfolge nach Stämmen[6] bedeutet die Verteilung des Erbes zu gleichen Teilen auf die Kinder (§1924 Abs.3 BGB). Ist eines der Kinder verstorben, so geht dessen Erbteil an die Abkömmlinge dieses Kindes über (§1924 Abs.3) (vgl. Abb.3.5.).

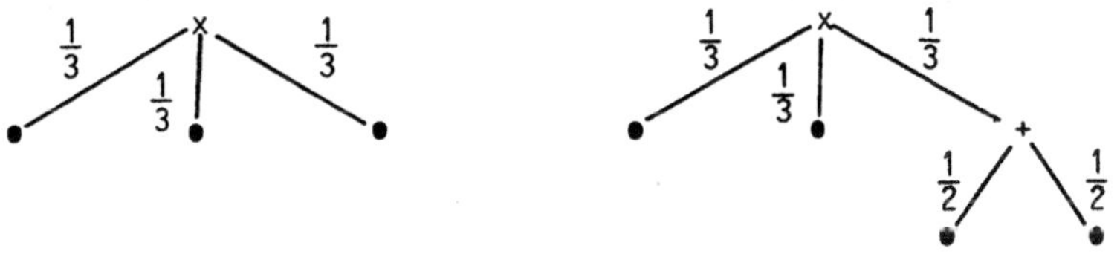

Abb.3.4.

Dieses rekursive Verteilungsprinzip wird überall dort angewendet, wo ein Erbteil auf eine verstorbene Person fällt. Das rekursive Verteilungsprinzip bricht ab, wenn ein Erbteil auf eine lebende Person fällt, da nach §1924 Abs.2 BGB ein lebender Abkömmling seine Kinder und Kindeskinder von der Erbfolge ausschließt.

----

6) eines der Verteilungsprinzipien des Erbrechts neben der Erbfolge nach Verwandschaftsgrad bzw. nach Linien

Es ergibt sich folgende Fallunterscheidung:

- x lebt : bekommt seinen Erbteil
- x verstorben, hat lebende Abkömmlinge : rekursive Weiterverteilung auf die Abkömmlinge
- x verstorben, hat keine lebenden Abkömmlinge : (Fall im BGB nicht explizit aufgeführt)

Für den dritten, im BGB nicht explizit aufgeführten Fall nehmen wir an, daß der Erbteil des verstorbenen x gleichmäßig auf seine Geschwister verteilt wird. Diese Annahme führt uns zur Reduktion (1):
Entfernen wir aus dem Untergraphen ($\hat{K}x_0$,K/) bzw. aus der zugehörigen Eckenmenge $\hat{K}x_0$ alle verstorbenen Personen, die zudem keine lebenden Abkömmlinge mehr haben, so erhalten wir die reduzierte Eckenmenge $red_1\ \hat{K}x_0$ und nennen diese Operation Reduktion (1). Der zugehörige Graph wird mit ($red_1\ \hat{K}x_0$,K/) bezeichnet.

Formal: $(\hat{K}x_0, K/) \xrightarrow{\text{Reduktion (1)}} (red_1\ \hat{K}x_0, K/)$,

wobei $red_1\ \hat{K}x_0 := \hat{K}x_0 - \{x \in \hat{K}x_0 \mid \hat{K}x \text{ tot}\}$.

Der in Abbildung 3.2. verwendete Graph sieht nach Anwendung von Reduktion (1) folgendermaßen aus:

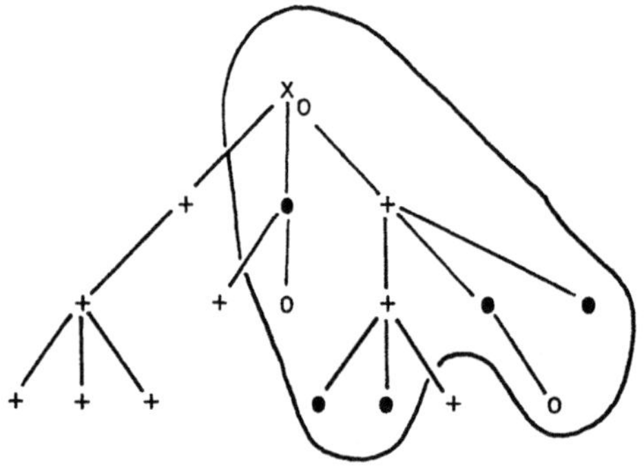

Abb.3.5.: Im Untergraph ($red_1\ \hat{K}x_0$,K/) ist der Erbanteil ausgestorbener Stämme nicht mehr vorhanden.

§1924 Abs.2 BGB macht die Einschränkung, daß ein zur Zeit des Erbfalles lebender Abkömmling die durch ihn mit dem Erblasser verwandten Abkömmlinge von der Erbfolge ausschließt. Diese Regelung soll in eine weitere Reduktion umgesetzt werden.
Während Reduktion (1) auf der Entfernung von Ecken basierte, ist es zweckmäßig, §1924 Abs.2 BGB vermittels Kantenreduktion umzusetzen. Damit ist die Entfernung derjenigen Kanten aus dem Untergraph gemeint, die für die Verwandschaftsbeziehung eines lebenden Erben, dessen Abkömmlinge nach §1924 Abs.2 BGB von der Erbfolge ausgeschlossen sind, zu seinen Abkömmlingen stehen. Diese Kantenreduktion erweist sich im Falle der Heirat von Kindeskindern als sinnvoll:

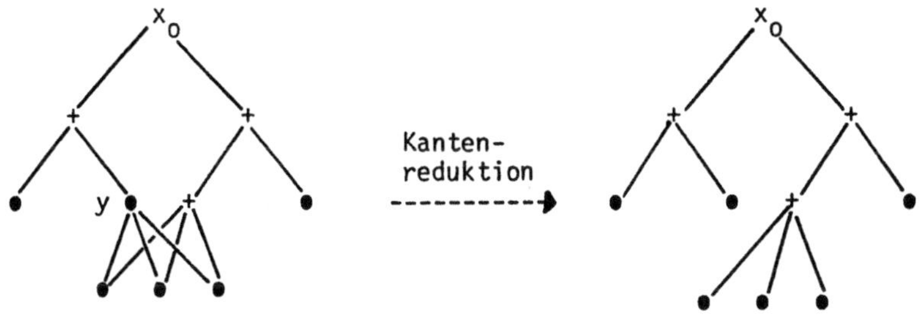

Abb.3.6.

Die Kantenreduktion berücksichtigt im Fall einer Heirat von Kindeskindern, daß die Abkömmlinge von y, obwohl durch §1924 Abs.2 BGB von der Erbfolge ausgeschlossen, aus dem Untergraph nicht entfernt werden, weil ihnen ein Erbteil vom Ehegatten von y zufällt.

<u>Reduktion (2):</u>

Die Reduktion der Kantenmenge des Graphen $(\hat{K}x_0, K/)$ bezeichnen wir als Reduktion (2) - abgekürzt red_2 - und beschreiben sie formal:

$$K/\hat{K}x_0 \xrightarrow{\text{Reduktion (2)}} red_2\, K/\hat{K}x_0 - \{(x,y) \in K/\hat{K}x_0 \mid x \text{ lebt}\}$$

Infolge der Reduktion (2) zerfällt der Graph $(\hat{K}x_0, K/)$ möglicherweise in mehrere Komponenten, die untereinander keine Verbindung haben (d.h. es existieren nur Kanten zwischen Ecken aus jeweils derselben Komponente). Das bedeutet, daß für die Erbfolge nur diejenigen lebenden Personen in Betracht kommen, die in der Komponente des Graphen, in der auch x_o liegt, angesiedelt sind.

Die Reduktionen (1) und (2) liefern schließlich, hintereinander ausgeführt[7], den <u>Verteilungsgraphen</u> (V,G) von $(\hat{K}x_o, K/)$, der folgendermaßen definiert ist:

$$(V,G) \; := \; (red_1\, \hat{K}x_o,\; red_2\, K/red_1\, \hat{K}x_o)$$

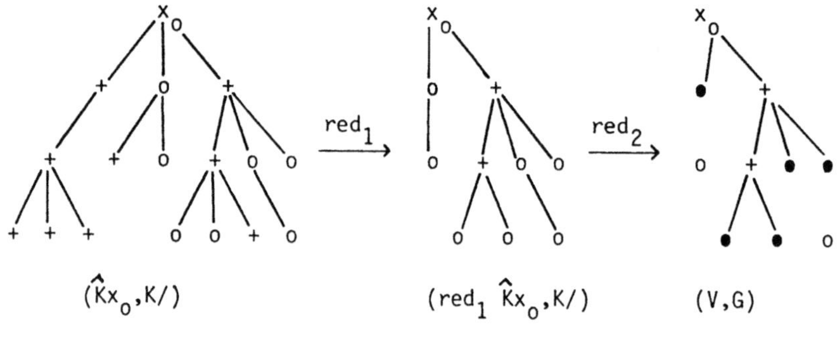

Abb.3.7.

Mit Hilfe des Verteilungsgraphen haben wir den als Erbe in Frage kommenden Personenkreis eingegrenzt, nicht aber den Anteil am Erbe bestimmt. Dazu ordnen wir den Kanten des Verteilungsgraphen Faktoren zu. Hat eine Ecke n ausgehende Kanten, so erhält jede dieser Kanten den Faktor 1/n zugeordnet:

$f: (x,y) \rightsquigarrow f(x,y) = 1/|Gx|$ alle $x,y \in V$, $|Gx|$ = Mächtigkeit von Gx

<u>Fall 1</u>

Angenommen, $z \in V$ lebt und es gibt genau einen Weg vom Erblasser x_o nach z über $x_1, x_2, x_3, \ldots, x_{i-1} \in V$, dann ergibt sich der Erbteil von z aus dem Produkt der den Kanten zugeordneten Faktoren:

$$\text{Erbanteil von } z = \prod_{k=o}^{i-1} f(x_k, x_{k+1}) = f(x_o, x_1) \cdot \ldots \cdot f(x_{i-1}, x_1)$$

----

7) Die Reihenfolge der Reduktionen ist für das Ergebnis unerheblich.

Fall 2:

Liegt Heirat zwischen Blutsverwandten vor, existieren möglicherweise mehrere Wege von x_0 nach z. Da sich in diesem Fall die Erbanteile summieren, ist für die vorkommenden Wege nach der obigen Formel das Produkt zu berechnen und anschließend die Summe der Produkte zu bilden:

$$\text{Erbanteil von } z = \sum_{\substack{\text{alle} \\ \text{Wege} \\ \text{von } x_0 \\ \text{nach } z}} \prod_{k=o}^{i-1} f(x_k, x_{k+1}) \; .$$

Erben 2.Ordnung:

Die Verteilung des Erbteils eines verstorbenen Elternteils wird nach den gleichen Regeln wie in §1924 BGB (Erben 1.Ordnung) auf die Abkömmlinge vorgenommen. §1925 BGB regelt auch den Fall, daß keine lebenden Abkömmlinge vorhanden sind: Der Erbteil geht an den "überlebenden Teil". Gemeint ist der überlebende Elternteil bzw. seine Abkömmlinge. Dieses Prinzip entspricht der oben gemachten Annahme, ein Erbteil nicht auf ausgestorbene Zweige zu verteilen.[8)]
Bei der Verteilungsvorschrift für Erben 2.Ordnung existiert eine gewisse Symmetrie zur 1.Ordnung. Der Verteilung auf die Kinder entspricht hier eine Verteilung des Erbes zu gleichen Teilen auf die Eltern. Diese Verteilungsrichtung läuft der Verteilungsrichtung der Relation K entgegen.

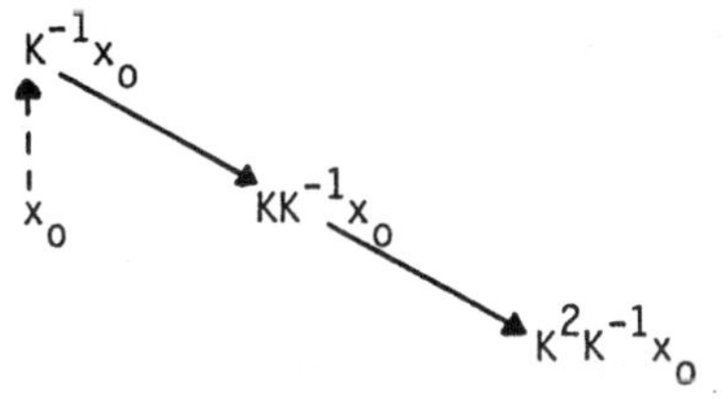

Abb.3.8.

----

8) vgl. S.165 in diesem Abschnitt

Wir wollen zunächst von der Richtung der Relation K absehen und lediglich die Richtung der Verteilung betrachten.
Das Verteilungsfeld wird durch die Folge

$$x_o, K^{-1}x_o, KK^{-1}x_o - x_o, K(KK^{-1}x_o - x_o), \ldots$$

gebildet.

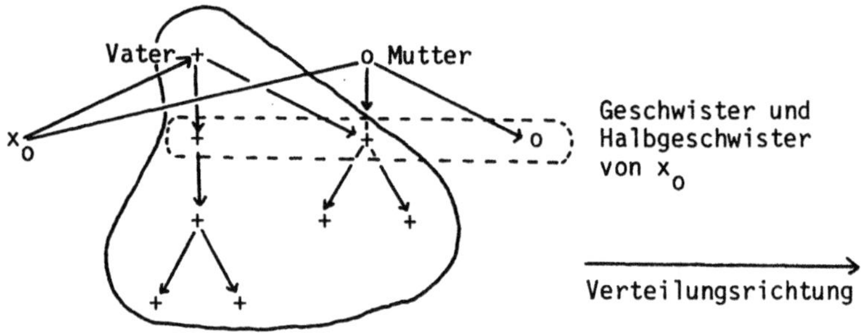

Abb.3.9.: Der ausgestorbene Zweig ist umrandet

In Abbildung 3.9. ist der Fall illustriert, daß der Vater des Erblassers und dessen Abkömmlinge verstorben sind. Nach §1925 Abs.3 BGB geht der Erbteil des Vaters auf die Mutter von x_o bzw. auf deren Kinder aus früheren Ehen über. Dieses Verteilungsprinzip entspricht der Entfernung des (verstorbenen) väterlichen Zweiges aus dem Graphen, so wie es die Reduktion (1) vorsieht[9]. Es bietet sich also an, die bei der Behandlung der Erben 1.Ordnung vorgenommenen Reduktionen auch in diesem Fall anzuwenden. Damit deutet sich ein allgemeines Vorgehen an, das bei der Behandlung der Erben 3.Ordnung näher untersucht wird.

Erben 3.Ordnung:

Die Erben 3.Ordnung sind die Großeltern des Erblassers und deren Abkömmlinge. Der Erbteil eines verstorbenen Großelternteils geht - nach dem Prinzip der 1.Ordnung - an dessen Abkömmlinge. Leben keine Abkömmlinge mehr, so regelt §1926 Abs.3 und 4 BGB genau, wem dieser Erbanteil zufällt.

----

9) vgl. S.170 in diesem Abschnitt

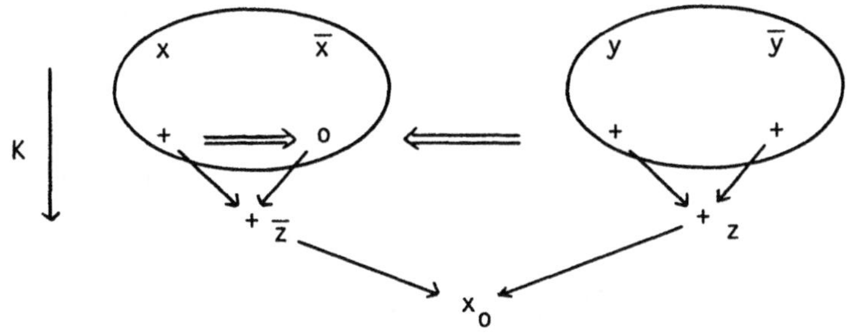

Abb.3.10.: Ist der Großelternteil x tot und ohne lebende Abkömmlinge, so geht der Erbteil von x an den Gatten/in $\bar{x}$. Entsprechend geht der Erbteil von y bzw. $\bar{y}$ an $\bar{x}$.

In Abbildung 3.10. sind die Regelungen des §1926 Abs.3 und 4 BGB schematisch an einem Beispielsgraphen ausgeführt. Dabei stehen die Doppelpfeile für den Verteilungsweg des Erbes. Für den Fall, daß x tot ist und keine lebenden Abkömmlinge existieren, ist der Verteilungsweg $x \Longrightarrow \bar{x}$; für den Fall, daß y und $\bar{y}$ tot und ohne lebende Abkömmlinge sind, ist der Verteilungsweg $K^{-1}z \Longrightarrow K^{-1}\bar{z}$. Für die verallgemeinerte Konstruktion eines Verteilungsgraphen sind die Doppelpfeile nicht geeignet.

Im folgenden soll untersucht werden, ob sich die Verteilungswege für Erben 2.Ordnung von x_o nach $K^{-1}x_o$ so verallgemeinern lassen, daß sie auch für die Erben 3.Ordnung angewendet werden können. Dazu werden (hypothetische) Verteilungswege von x_o über $K^{-1}x_o$ nach $K^{-2}x_o$ angenommen:

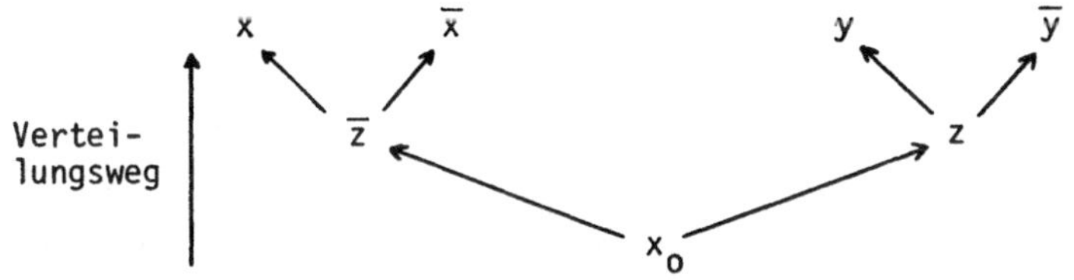

Abb.3.11.: Verteilungswege im Graphen (X_x,V_x)

Hinsichtlich der Frage nach den Auswirkungen der o.a. Reduktionen auf (X_x,V_x) ist hier nur Reduktion (1) interessant:

$$red_1\ (X_x,V_x) = (X_x - \{x \in X_x \mid \hat{V}_x x \text{ tot}\}\ ,\ V_x)$$

Für den Fall §1926 Abs.3 BGB - x tot und ohne lebende Abkömmlinge sowie $\bar{x}$ lebt oder hat lebende Abkömmlinge - ergibt sich folgende Reduktion:

red$_1$ (X_x, V_x)

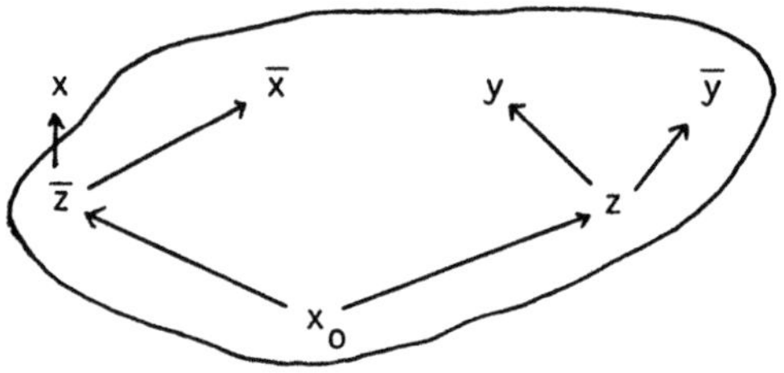

da $\hat{V}_x x$ = x tot

Abb.3.12.: red$_1$ (X_x, V_x)

Die Auswirkung der in Abbildung 3.12. skizzierten Reduktion (1) - der an $\bar{z}$ gehende Erbteil verteilt sich nicht mehr auf x und $\bar{x}$, sondern geht ganz an $\bar{x}$ - entspricht der Formulierung des §1926 Abs.3 BGB. Vom Gesetzgeber wird hier also indirekt das Prinzip verfolgt, das Erbe nicht an ausgestorbene Zweige zu verteilen. Dabei handelt es sich einmal um Zweige 'nach unten' - die Stämme - und Zweige 'nach oben' - die Linien - , die sich aber unter dem Gesichtspunkt der Verteilungsrichtung nicht mehr unterscheiden lassen.
Ist die Verteilungsrichtung definiert, muß nur die anteilgleiche Verteilung nach unten wie nach oben sowie das Löschen ausgestorbener Zweige beachtet werden.

<u>Beispiel:</u> Ein ausgestorbener Zweig kann folgende Form haben:

Großeltern

Eltern

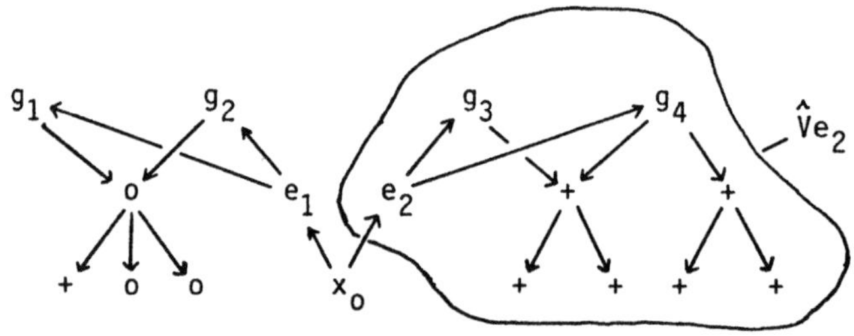

Abb.3.13.: Der ausgestorbene Zweig $\hat{V}e_2$ ist umrandet

Die in Abbildung 3.13. eingezeichneten Verteilungskanten deuten wir als Relation V, den ausgestorbenen Zweig bezeichnen wir mit $\hat{V}e_2$. Im folgenden soll eine verteilungseinschränkende Reduktion - bezogen auf die Relation V - , die ausgestorbene Zweige wie $\hat{V}e_2$ löscht, konstruiert werden.

Die Erbverteilungsrichtung durchläuft die Relation K zunächst rückwärts und später vorwärts (bzw. nach oben und unten), weshalb sie aus K^{-1} und K zusammengesetzt werden muß. Der Graph, der über die Verteilungsrelation V und dem entsprechenden - noch nicht reduzierten - Personenkreis entsteht, wird mit <u>Verteilungsfeld</u> bezeichnet. Dieses Verteilungsfeld erhalten wir durch die Kopplung[10)] derjenigen Graphen, die einmal die 'Verteilung nach oben' (durch (X_x, V_x), bzw. einmal die 'Verteilung nach unten' (durch den Untergraphen $(O_3, K/)$ von (X,K)) beschreiben.
Zur exakten Ausführung dieser 'Kopplung' sind zwei graphentheoretische Begriffe notwendig:
Die Vereinigung zweier Graphen (X,K) und (X',K') ist definiert als Vereinigung der Eckenmengen und der Kantenmengen:

$$(X,K) \cup (X',K') \; : \; = (X \cup X', \; K \cup K')$$

Der <u>inverse Graph</u> zum Graphen (X,K) ist definiert als Graph, der als Kantenmenge die inverse Relation K^{-1} enthält, wobei

$$K^{-1} \; = \; \{(x,y) \mid (y,x) \in K\}, \text{ also } (X,K^{-1}).$$

Den Graphen der 'Verteilung nach oben' bezeichnen wir mit <u>Ergänzung</u>. Die Eckenmengen der Ergänzung (X_x, V_x) ist folgendermaßen definiert:

$$\overset{\smile -2}{x_o} \; : \; = \bigcup_{i=0}^{2} K^{-i}_{x_o} \; : \; = \; x_o \cup K^{-1}x_o \cup K^{-2}x_o$$

Die Kantenmenge der Ergänzung ergibt sich aus den relevanten Kanten der inversen Relation K^{-1} für $\overset{\smile -2}{x_o}$ somit

$$(X_x, V_x) \; = \; (\overset{\smile -2}{x}, \; K^{-1}/)$$

Die Ergänzung (X_x, V_x) ist inverser Untergraph von (X,K).

Der Graph der 'Verteilung nach unten' ist $(O_3, K/)$.

Die Vereinigung der Graphen (X_x, V_x) und $(O_3, K/)$ ergibt ein <u>Verteilungsfeld</u> für die Erben 3.Ordnung, welches wir mit (X_3, V_3) bezeichnen[11)] (vgl. Abb.3.14.).

----

10) Dieser Begriff hat hier nur beschreibenden Charakter; die 'Kopplung' der Graphen wird im folgenden ausgeführt.

11) Die Graphen (X_x, V_x) und $(O_3, K/)$ haben gemeinsame Ecken in den Ahnen der 3.Ordnung - $K^{-2}x_o$ - .

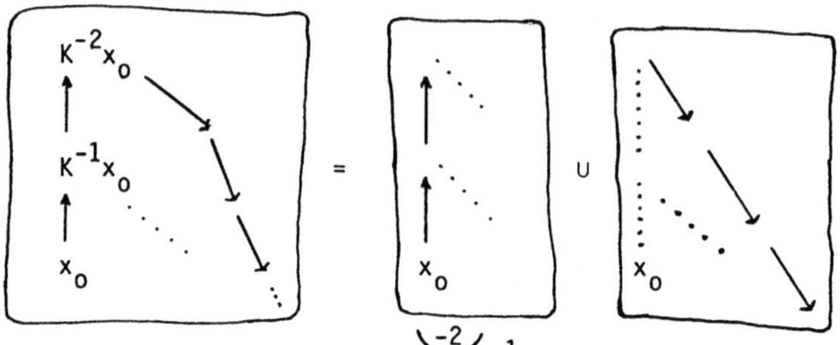

$$(X_3,V_3) \quad = \quad (\overset{\smile\,-2}{x_0},K^{-1}/) \;\cup\; (O_3,K/)$$

Abb.3.14.: Verteilungsfeld (X_3,V_3)

Das so für die Erben 3.Ordnung definierte Verteilungsfeld soll im folgenden - in Anlehnung an das Verfahren für die Erben 1.Ordnung - mit Hilfe der Reduktionen (1) und (2) eingeschränkt werden.

$$(X_3,V_3) \xrightarrow{\text{Reduktion (1)}} red_1\ (X_3,V_3) \xrightarrow{\text{Reduktion (2)}} red_2 red_1\ (X_3,V_3)$$

Reduktion (1) bezüglich V_3 faßt nur zusammen, denn die Reduktion (1) auf $(\overset{\smile\,-2}{x_0},K^{-1}/)$ wurde oben anhand der Einzelfälle von §1926 Abs.3 und 4 BGB untersucht. Implizit wurde dabei die Vereinigung beider Komponenten des Verteilungsfeldes schon berücksichtigt. Die Reduktion (1) auf $(O_3,K/)$ entspricht der Reduktion bezüglich K wie in der 1.Ordnung.

Reduktion (2) wirkt nur in $(O_3,K/)$, weil der Graph $(\overset{\smile\,-2}{x_0},K^{-1}/)$ bis auf $K^{-2}x_0$ ja nur aus verstorbenen Personen besteht. Somit ist auch in dieser Hinsicht kein neuer Fall aufgetreten.
Die Reduktionen (1) und (2) sind daher auch in ihrer Hintereinanderausführung vertauschbar:

$$red_1 red_2\ (X_3,V_3) \ = \ red_2 red_1\ (X_3,V_3)$$

Der <u>Verteilungsgraph für die Erben 3.Ordnung</u> ist damit bestimmt:

$$red_2 red_1\ (X_3,V_3)\ .$$

Der jeweilige Anteil am Erbe kann entsprechend der Verteilungsvorschrift für die Erben 1.Ordnung berechnet werden.

Die obige Konstruktion des Verteilungsfeldes und des Verteilungsgraphen läßt sich auf die 2. und 1.Ordnung verallgemeinern:

$\overset{-j}{\smile}(x_0,K^{-1}/)$ stehe für die i-te Ergänzung und $(O_i,K/)$ sei der Graph der 'echten' i-ten Ordnung, $(X_i,V_i) := \overset{-j}{\smile}(x_0,K^{-1}/) \cup (O_i,K/)$ das Verteilungsfeld, $red_2 red_1\ (X_i,V_i)$ der Verteilungsgraph für die Erben der 'echten' i-ten Ordnung.

Für die <u>1.Ergänzung</u> ergibt sich der Graph $\overset{-1}{\smile}(x_0,K^{-1})$.

Für die <u>0.Ergänzung</u> ergibt sich $(x_0,\emptyset)$.

Das Verteilungsfeld ist daher:

$$(X_1,V_1) := (x_0,\emptyset) \cup (O_1,K/) = (O_1,K/), \quad \text{da } x_0 \in O_1 .$$

<u>Erben 4. und höherer Ordnung:</u>

Der Gesetzgeber verwendet für die Erben 4. und höherer Ordnung ein vereinfachendes Verteilungsprinzip.

Graphisch läßt sich eine höhere Ordnung folgendermaßen darstellen:

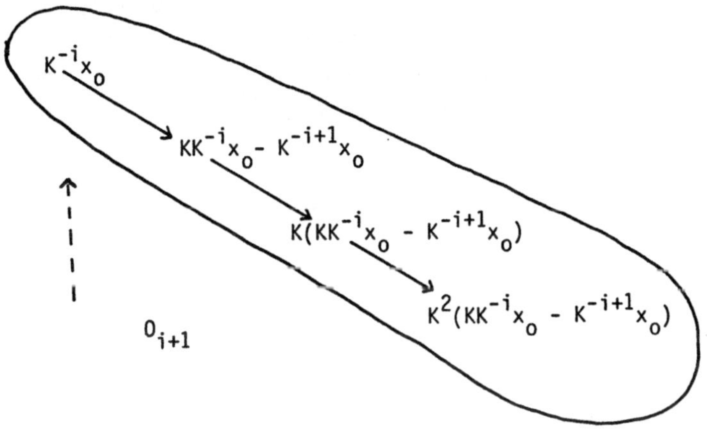

Abb.3.15.

Nach §§1928, 1929 und 1930 BGB fällt das Erbe an die erste Menge der Folge $O_4, O_5, O_6, \ldots$, die eine lebende Person enthält, sagen wir O_{i+1}. Innerhalb der Menge O_{i+1} fällt das Erbe wiederum an die erste Menge mit lebenden Personen aus der Folge:

$$K^{-i}x_0,\ KK^{-i}x_0 - K^{-i+1}x_0,\ K(KK^{-i}x_0 - K^{-i+1}x_0),\ K^2(KK^{-i}x_0 - K^{-i+1}x_0),\ \ldots$$

etwa: $K^j(KK^{-i}x_0 - K^{-i+1}x_0)$.

Innerhalb dieser Menge wird das Erbe unter den lebenden Personen zu gleichen Teilen aufgeteilt. Damit ist dann die Verteilung beendet.

Zusammenfassung:

Zimmermann führt die unterschiedliche Behandlung der gesetzlichen Erbfolge durch den Gesetzgeber innerhalb der 1. bis 3.Ordnung auf einen Algorithmus zurück, der alle Ordnungen einheitlich behandelt. Die Verwandschaftsbeziehungen zwischen Erblasser und Erben - maßgeblich für die Verteilungsregelung des BGB - werden graphentheoretisch erfaßt. Mit Hilfe von Reduktionen und Verteilungsgraphen gelangt Zimmermann zu einem allgemein formulierten Verteilungsfeld. Der gefundene Algorithmus führt die komplexere Formulierung von §1926 Abs.3 und 4 BGB auf das Prinzip von §1924 BGB zurück. Die im BGB nicht explizit formulierte Vorschrift, das Erbe nicht auf ausgestorbene Zweige zu verteilen, wird als allgemeingültig herausgestellt.
Bezüglich der einfacheren Verteilungsvorschrift für 4. und höhere Ordnungen im BGB vermutet Zimmermann, daß "das Prinzip des einheitlichen Algorithmus, der sich ohne Einschränkungen auch auf höhere Ordnungen anwenden ließe, zum Teil deshalb nicht fortgesetzt wurde, weil man vor den Schwierigkeiten der verbalen Formulierung zurückschreckte, die sich schon in der 4.Ordnung stärker spürbar gemacht hätten."[12)]

---

12) B.Zimmermann, a.a.O., S.24

3.2. Die Formalisierung der Vorschriften der gesetzlichen Erbfolge durch Anwendung der Entscheidungstabellentechnik[13)]

Anders als Zimmermann bezieht Franzen das Ehegattenerbrecht in die Formalisierung der gesetzlichen Erbfolge mit ein. Hierbei kann nur eine der drei Möglichkeiten der Erbfolge für den überlebenden Ehegatten zur selben Zeit gelten[14)], nämlich:

- entweder bestand Zugewinngemeinschaft, die gem. §1371 Abs.1 BGB ausgeglichen wird;
- oder es bestand Zugewinngemeinschaft, die gem. §1371 Abs.3 BGB ausgeglichen wird;
- oder es bestand Gütertrennung.

Für die Darstellung der gesetzlichen Erbfolge für Erben erster Ordnung macht Franzen weitere Einschränkungen bzw. Vereinfachungen:

- Der Fall ehelicher Gütergemeinschaft wird weggelassen.
- Nichteheliche Kinder werden in den Fällen des §1934a BGB nicht Erbe, sondern erhalten gegen den Erben einen Erbersatzanspruch. Zur Vereinfachung der Entscheidungstabellen wird im folgenden zwischen ehelichen und nicht-ehelichen Kindern nicht unterschieden.
- Gesetzliche Vorausvermächtnisse, wie der 'Voraus' des Ehegatten (§1932 BGB) und der sogenannte 'Dreißigste' (§1969 BGB) werden nicht berücksichtigt.

In der Entscheidungstabelle werden alle unmöglichen Kombinationen zu der ELSE-Regel zusammengefaßt.
Die Formeln im Aktionsteil geben die Verteilung des Vermögens des Verstorbenen unter dem überlebenden Ehegatten und den Erben erster Ordnung an, wobei

---

13) Die Darstellung erfolgt in enger Anlehnung an R.Franzen, Strukturanalyse der gesetzlichen Erbfolge durch Entscheidungstabellen und logische Ausdrücke, GMD/IDR-Entwicklungsunterlage ERB-3, Birlinghoven 1974

14) Die Novellierung des Familienrechts hat auf die hier genannten Paragraphen keine Auswirkung gehabt.

- n gleich der Zahl der lebenden Kinder plus der Zahl der toten Kinder mit überlebenden Abkömmlingen ist,
- V das Vermögen des Erblassers darstellt, wobei V = A + Z,
- A gleich dem Anfangsvermögen ist und
- Z den Zugewinn darstellt.

Das Erstellen einer Entscheidungstabelle für Erben zweiter Ordnung ist nicht mehr in einer einzigen Tabelle zu bewerkstelligen. Immerhin gibt es hier selbst unter den einschränkenden Bedingungen von oben bereits sechs einzelne Bedingungen mit insgesamt (theoretisch) $2^6 = 64$ Bedingungskombinationen. Davon sind zwar viele wegen der sich gegenseitig ausschließenden Zustände von

— Gütergemeinschaft
— Zugewinngemeinschaft, die nach
  - §1371 Abs.1 BGB oder
  - §1371 Abs.3 BGB ausgeglichen werden kann
— oder Gütertrennung

in einer Fehlerkombination zusammenfaßbar. Dennoch hat Franzen wegen der immer noch verbleibenden hohen Anzahl von Möglichkeiten eine Aufspaltung in folgende zwei Entscheidungstabellen ET 2.1 und ET 2.2 vorgenommen:

"ET 2.1: Je nachdem, ob die erste Bedingung in ET 2.1 bejaht oder verneint wird, lebte der Ehegatte zur Zeit des Erbfalls; es bestand Gütertrennung oder Gütergemeinschaft.

ET 2.2: Je nachdem, ob die erste Bedingung in ET 2.2 bejaht oder verneint wird, erfolgt der Zugewinnausgleich nach §1371 Abs.1 BGB oder §1371 Abs.3 BGB; der Ehegatte lebte zur Zeit des Erbfalles."[15)]

Die Entscheidungstabelle ET 2.1 ist sehr einfach. Die vollständige Entscheidungstabelle hat $2^5 = 32$ Regeln. Durch Irrelevanzeinträge gelang eine Reduktion auf 16 Regeln; §§1925, 1931; §1934a BGB sind zu beachten.

----

15) R.Franzen, a.a.O., S.12

	R1	R2	R3	R4	R5	R6	R7	ELSE
Ehegatte lebt, und es bestand Zugewinngemeinschaft, die nach §1371 Abs.1 BGB ausgeglichen wird.	N	N	N	Y	N	N	Y	
Ehegatte lebt, und es bestand Zugewinngemeinschaft, die nach §1371 Abs.3 BGB ausgeglichen wird.	N	N	Y	N	N	Y	N	
Ehegatte lebt, und es bestand Gütertrennung.	N	Y	N	N	Y	N	N	
Zahl der lebenden Kinder und die Zahl der toten Kinder mit lebenden Abkömmlingen ≤ 2	-	N	N	N	Y	Y	Y	
Ehegatte erhält V/2.				X			X	
Ehegatte erhält $\frac{Z}{2} + \frac{1}{8}(A + \frac{1}{2}Z)$.			X			X		
Ehegatte erhält V/4.		X						
Ehegatte erhält V/(n + 1).					X			
Jedes lebende Kind bzw. die lebenden Abkömmlinge der toten Kinder erhalten V/n.	X							
Jedes lebende Kind bzw. die lebenden Abkömmlinge der toten Kinder erhalten V/(n + 1).					X			
Jedes lebende Kind bzw. die lebenden Abkömmlinge der toten Kinder erhalten $\frac{V}{2}/n$.				X			X	
Jedes lebende Kind bzw. die lebenden Abkömmlinge der toten Kinder erhalten $\frac{1}{n}(\frac{7}{8}A + \frac{7}{16}Z)$.			X			X		
Jedes lebende Kind bzw. die lebenden Abkömmlinge der toten Kinder erhalten $\frac{3}{4}V/n$.		X						
unmögliche bzw. fehlerhafte Ausgänge								X

Abb.3.16.: Es gilt: $(V - (\frac{Z}{2} + \frac{1}{8}(A + \frac{1}{2}Z))) = \frac{7}{8}A + \frac{7}{16}Z$

	1	2	3	4	5	6	7	8	9	10	11	12	13	14	15	16
Ehegatte lebt, und es bestand Gütertrennung oder Gütergemeinschaft.	N	N	N	N	N	N	N	N	Y	Y	Y	Y	Y	Y	Y	Y
Vater lebt.	N	N	N	Y	N	N	Y	Y	N	N	N	Y	N	N	Y	Y
Abkömmlinge des Vaters leben.	N	N	Y	-	Y	Y	-	-	N	N	Y	-	Y	Y	-	-
Mutter lebt.	N	Y	N	N	N	Y	N	Y	N	Y	N	N	N	Y	N	Y
Abkömmlinge der Mutter leben.	Y	-	N	N	Y	-	Y	-	Y	-	N	N	Y	-	Y	-
Vater erhält V.				X												
Abkömmlinge des Vaters erhalten V.			X													
Mutter erhält V.		X														
Abkömmlinge der Mutter erhalten V.	X															
Vater erhält $\frac{V}{2}$.							X	X				X				
Abkömmlinge des Vaters erhalten $\frac{V}{2}$.					X	X										
Mutter erhält $\frac{V}{2}$.						X		X								
Abkömmlinge der Mutter erhalten $\frac{V}{2}$.					X		X									
Ehegatte erhält $\frac{V}{2}$.									X	X	X	X	X	X	X	X
Vater erhält $\frac{V}{4}$.											X				X	X
Abkömmlinge des Vaters erhalten $\frac{V}{4}$.									X	X			X	X		
Mutter erhält $\frac{V}{4}$.										X				X		X
Abkömmlinge der Mutter erhalten $\frac{V}{4}$.									X		X		X		X	

Abb.3.17.: Entscheidungstabelle ET 2.1

	1	2	3	4	5	6	7	8	9	10	11	12	13	14	15	16
Der Zugewinnausgleich des lebenden Ehegatten erfolgt nach §1371 Abs.1, nicht nach §1371 Abs.3 BGB.	N	N	N	N	N	N	N	N	Y	Y	Y	Y	Y	Y	Y	Y
Vater lebt.	N	N	N	Y	N	N	Y	Y	N	N	N	Y	N	N	Y	Y
Abkömmlinge des Vaters leben.	N	N	Y	-	Y	Y	-	-	N	N	Y	-	Y	Y	-	-
Mutter lebt.	N	Y	N	N	N	Y	N	Y	N	Y	N	N	N	Y	N	Y
Abkömmlinge der Mutter leben.	Y	-	N	N	Y	-	Y	-	Y	-	N	N	Y	-	Y	-
Ehegatte erhält $\frac{3}{4}V$.									X	X	X	X	X	X	X	X
Ehegatte erhält $\frac{1}{4}A+\frac{5}{8}Z$.	X	X		X	X	X	X	X								
Vater erhält $\frac{3}{4}A+\frac{3}{8}Z$.				X												
Abkömmlinge des Vaters erhalten $\frac{3}{4}A+\frac{3}{8}Z$.			X													
Mutter erhält $\frac{3}{4}A+\frac{3}{8}Z$.		X														
Abkömmlinge der Mutter erhalten $\frac{3}{4}A+\frac{3}{8}Z$.	X															
Vater erhält $\frac{3}{8}A+\frac{3}{16}Z$.							X	X								
Abkömmlinge des Vaters erhalten $\frac{3}{8}A+\frac{3}{16}Z$.					X	X										
Mutter erhält $\frac{3}{8}A+\frac{3}{16}Z$.						X		X								
Abkömmlinge der Mutter erhalten $\frac{3}{8}A+\frac{3}{16}Z$.					X		X									
Vater erhält $\frac{V}{4}$.												X				
Abkömmlinge des Vaters erhalten $\frac{V}{4}$.											X					
Mutter erhält $\frac{V}{4}$.										X			X			
Abkömmlinge der Mutter erhalten $\frac{V}{4}$.									X		X					
Vater erhält $\frac{1}{8}V$.											X	X			X	X
Abkömmlinge des Vaters erhalten $\frac{1}{8}V$.									X	X			X	X		
Mutter erhält $\frac{1}{8}V$.										X				X		X
Abkömmlinge der Mutter erhalten $\frac{1}{8}V$.									X		X		X		X	

Abb.3.18.: Entscheidungstabelle ET 2.2

In der Entscheidungstabelle ET 3 (vgl. nächste Abbildung) ist die gesetzliche Erbfolge von Franzen für den Fall der Erben dritter Ordnung behandelt. Gemäß §1930 BGB ist dieser Fall einschlägig, wenn es weder Erben erster noch zweiter Ordnung gibt. Außer den schon bekannten Fallunterscheidungen zwischen den verschiedenen Formen der ehelichen Güterstände kommen hier die Unterscheidungen hinzu, welche Großeltern und welche Abkömmlinge von ihnen leben. Franzen erhält folgende 12 Bedingungen:

"1. GV 1 : der Großvater väterlicherseits lebt
2. GM 1 : die Großmutter väterlicherseits lebt
3. AGV 1 : es existieren lebende Abkömmlinge des Großvaters väterlicherseits
4. AGM 1 : es existieren lebende Abkömmlinge der Großmutter väterlicherseits
5. GV 2 : der Großvater mütterlicherseits lebt
6. GM 2 : die Großmutter mütterlicherseits lebt
7. AGV 2 : es existieren lebende Abkömmlinge des Großvaters mütterlicherseits
8. AGM 2 : es existieren lebende Abkömmlinge der Großmutter mütterlicherseits
9. EG : der Ehegatte lebt
10. ZGI : der Ehegatte stellt den Zugewinnausgleich nach §1371 I BGB her
11. ZGIII : der Ehegatte stellt den Zugewinnausgleich nach §1371 III BGB her
12. GTGM : es bestand Gütertrennung oder Gütergemeinschaft"[16)]

Da selbst bei einer erheblichen Reduktion der damit vorhandenen 2^{12} (= 4096) Bedingungskombinationen immer noch eine praktisch nicht mehr darstellbare Menge von Kombinationsmöglichkeiten in einer Entscheidungstabelle für die Erben dritter Ordnung vorhanden wäre, bildet Franzen die Tabelle anhand der verbalen Formulierung der §§1926 und 1931 BGB. Er bemerkt dazu:

> "Das Problem liegt hier in der großen Zahl der kombinatorischen Möglichkeiten, die automatisch in der verbalen Fassung des Erbrechts berücksichtigt werden."[17)]

----

16) R.Franzen, a.a.O., S.17

17) R.Franzen, a.a.O., S.18

	R1	R2	R3	R4
Zur Zeit des Erbfalls lebt der Ehegatte.	-	-	-	Y
Zur Zeit des Erbfalls leben die Großeltern.	Y	N*	N*	-
Zur Zeit des Erfalls lebt von den väterlichen oder mütterlichen Großeltern der Großvater oder die Großmutter nicht mehr.	N*	Y	N*	-
Es sind lebende Abkömmlinge der verstorbenen Großeltern vorhanden.	N*	Y	N*	-
Zur Zeit des Erbfalls leben die väterlichen oder die mütterlichen Großeltern nicht mehr, und Abkömmlinge der Verstorbenen sind nicht vorhanden.	N*	N*	Y	-
Die Großeltern erben allein und zu gleichen Teilen.	X			
Die Abkömmlinge der verstorbenen Großeltern treten als Erben an ihre Stelle.		X		
Die anderen Großeltern oder ihre Abkömmlinge erben allein.			X	
Der Ehegatte erhält - bei Zugewinnausgleich nach §1371 Abs.1 BGB $\frac{3}{4}V$; - bei Zugewinnausgleich nach §1371 Abs.3 BGB $\frac{1}{4}A + \frac{3}{4}Z$; - bei Gütertrennung nach §1414 BGB $\frac{V}{2}$; zusätzlich gemäß §1931 Abs.1 Satz 2 i.V.m. §1926 die Anteile, die den Abkömmlingen verstorbener Großeltern zufallen würden.				X

Abb.3.19.: Entscheidungstabelle ET 3

Franzen weist auf einige unbefriedigende Darstellungen in dieser Entscheidungstabelle hin:

- darauf, "daß auf Grund der verschiedenen Irrelevanzmarken ein Teil der Regeln R1, R2, R3 in R4 enthalten ist und umgekehrt. Dies ist darauf zurückzuführen, daß in §1926 BGB nicht auf §1931 BGB verwiesen wird."[18)]
- und darauf, daß Entscheidungstabellen nur dann eingesetzt werden sollen, "wenn sich bei komplizierten, ineinander verschachtelten, diskreten Fallunterscheidungen die durchzuführenden Aktionen nicht durch analytische Formeln kennzeichnen lassen".[19)]

Eine solche Formel entwickelt er sodann für Erben dritter Ordnung. Eine Formalisierung von §§1928 f. BGB mit Hilfe von Entscheidungstabellen versucht Franzen nicht.

3.3. Diskussion und Vergleich der Formalisierungsansätze

Im folgenden soll die Beurteilung der dargestellten Formalisierungsansätze anhand verschiedener Kriterien erfolgen, die aufgrund der Eigenarten des rechtlichen Bereichs sowie der verwendeten Formalisierungsmethoden eigens entwickelt wurden:

- Vollständigkeit des Formalisierungsmodells
- Programmierbarkeit
- Komplexität der Formalisierungsmodelle
- Auswirkungen auf das Verhältnis Bürger-Recht
- Juristische Bedeutung der gesetzlichen Erbfolge bzw. der Formalisierungsmodelle

Zu den Dimensionen 'Formalisierung der Arbeit' und 'Formalisierung der Bürger-Verwaltung-Kommunikation' wird in beiden Formalisierungsansätzen selbst keine Aussage gemacht.

----

18) R.Franzen, a.a.O., S.20

19) R.Franzen, ebd.

Vollständigkeit des Formalisierungsmodells

Zimmermann und Franzen entwickelten Formalisierungsansätze für den Teil des Erbrechts, in dem die gesetzliche Erbfolge geregelt ist. Hieraus werden allerdings nur einzelne Paragraphen ausgewählt.

Zimmermann formalisiert den Teil der gesetzlichen Erbfolge, in dem diese stufenartig geregelt ist. Er erfaßt damit in seinem Ansatz rund 1/3 des ersten Abschnitts über die Erbfolge.
Im verbleibenden Teil (§§1922-1930 BGB) macht Zimmermann folgende einschränkende Annahmen, um - wie er sagt - "die Prinzipien bei der Verteilung des Erbes durchschaubar zu machen"[20]:

1. Der Ehegatte des Erblassers wird nicht berücksichtigt,
2. Personen, die die Annahme ihres Erbteils verweigern, werden wie verstorbene Personen behandelt.

Insofern ist der vorliegende Ansatz von Zimmermann als eine Annäherung an den vorgefundenen Gesetzestext anzusehen, keinesfalls aber als vollständige 'Übersetzung' eines rechtlichen Regelungsbereichs in ein formalisiertes Modell. Unter der Voraussetzung der Vernachlässigung der getroffenen Annahmen allerdings ist der graphentheoretische Ansatz vollständig.

Franzen hat größere Schwierigkeiten, eine gewisse Vollständigkeit zu gewährleisten. Da die Anzahl der Regeln in einer Entscheidungstabelle nicht groß sein darf, um die Übersichtlichkeit - ein wesentlicher Vorteil der Entscheidungstabelle als Strukturierungsinstrument - nicht zu gefährden, muß die Anzahl der Bedingungen möglichst klein gehalten werden.

> "Bei der gesetzlichen Erbfolge treten allerdings so viele Bedingungen auf, daß die Bestimmungen der gesetzlichen Erbfolge nicht in einer einzigen Entscheidungstabelle dargestellt werden können."[21]

----

20) B.Zimmermann, a.a.O., S.4; wie aber aus dem Anhang hervorgeht, ist das Ehegattenerbrecht - das Zimmermann hier ausgeklammert hat - für die Verteilung des Erbes nicht gerade unerheblich.

21) R.Franzen, a.a.O., S.2

Mit der Entscheidungstabellentechnik ist eine exakte Formalisierung schon für Erben 3.Ordnung nicht zu erreichen. Was hier angedeutet wird, erweist sich im Verlauf der Darstellung in Untertabellen als äußerst schwierig. Die diversen Einschränkungen des Entscheidungsmodellansatzes sollen hier nicht insgesamt wiederholt werden. Die Vollständigkeit des Formalisierungsansatzes ist beim Ansatz von Franzen nicht gegeben, obgleich er das Ehegattenerbrecht teilweise mit abgehandelt hat. Die Weglassungen bzw. Abstraktionen, die die 'natürliche' Gesetzessprache hier unternimmt, scheinen offensichtlich doch recht vorteilhaft zu sein. Jedenfalls zeigt ein Blick in die Kommentierung der Paragraphen der gesetzlichen Erbfolge, daß es in der Praxis wenig Auslegungsschwierigkeiten gibt.

In der folgenden Tabelle ist übersichtsartig angegeben, welche Vorschriften der gesetzlichen Erbfolge mit Hilfe der Formalisierungsansätze von Zimmermann und Franzen formalisiert wurden.

Programmierbarkeit des Formalisierungsmodells:

Zimmermann fügt in einem Anhang seinem Formalisierungsansatz ein Demonstrationsprogramm an. In der Programmiersprache LISP wurden die Graph-Reduktionen sowie die Erbverteilung auf einer IBM 360 programmiert. Das Programm gibt nach Eingabe der Verwandschaftsstruktur den errechneten Erbteil aus. Hinsichtlich der Vollständigkeit des Programms gelten allerdings dieselben Einschränkungen, wie sie für das Modell formuliert worden sind: Da u.a. der Ehegatte des Erblassers nicht berücksichtigt wird, ist das Programm als unvollständiger Automatisierungsentwurf für Teile der gesetzlichen Erbfolge, aber nicht als vollständige Automatisierung der gesetzlichen Erbfolge anzusehen.

Franzen fügt seinem Formalisierungsansatz kein Programm an. Dennoch ist bei der Verwendung eines Entscheidungstabellengenerators zumindest für die Erbfolge 1. und 2. Ordnung ohne Schwierigkeiten ein solches zu erzeugen.

Komplexität der Formalisierungsansätze:

Im BGB ist die gesetzliche Erbfolge stufenartig geregelt:

- Gesamtrechtsnachfolge
- gesetzliche Erben 1. bis 3. Ordnung
- gesetzliche Erben 4. und höherer Ordnung
- Rangfolge der Ordnungen

BGB - Erbrecht/ Familienrecht	Graphentheoretischer Ansatz: (Zimmermann)*	Entscheidungstabellen-Ansatz: (Franzen)
§1371 Abs.1 Abs.2 Abs.3 Abs.4	nein	Abs.1: ja (für 1., 2. und 3. Ordnung) Abs.3: ja (für 1., 2. und 3. Ordnung)
§1922 Abs.1 Abs.2	ja ja	Abs.1: } nicht für 3. und Abs.2: } fernere Ordnungen
§1923 Abs.1 Abs.2	ja nein	Abs.1: " nein
§1924 Abs.1 Abs.2 Abs.3 Abs.4	ja ja, durch Reduktion (2) ja ja	ja ja ja ja
§1925 Abs.1 Abs.2 Abs.3 Abs.4	ja	ja ja ja nein
§1926 Abs.1 Abs.2 Abs.3 Abs.4 Abs.5	ja	ja ja ja ja ja
§1927	ja	nein
§1928 Abs.1 Abs.2 Abs.3	ja ja	nein
§1929 Abs.1 Abs.2	ja	nein
§1930	ja	teilweise

*alle Angaben mit der Einschränkung, daß Ehegatten nicht berücksichtigt werden

Abb.3.20.: Formale Behandlung der gesetzlichen Erbfolge

Die Paragraphen der gesetzlichen Erbfolge betreffen in der Regel einen leicht benennbaren Personenkreis, der zudem überschaubar ist und leicht faßbare Beziehungen zwischen Personen aufweist.
Hinzu kommt, daß schon die verbale Formulierung im BGB in Teilen eine Ordnungsstruktur bzw. eine Rangfolge der Beziehungen zwischen den in Frage kommenden Personen enthält, was die Formalisierung eines wesentlichen, nicht gerade einfachen Schrittes enthebt. Die Erben 1. bis 3. Ordnung sind im Gesetz - bis auf die fehlende Erwähnung, daß ausgestorbene Zweige nicht berücksichtigt werden - eindeutig sprachlich definiert.
Auslegungsbedürftige Begriffe oder gar Generalklauseln kommen bei der Regelung der gesetzlichen Erbfolge sowieso nicht vor.

Da schon <u>im</u> Gesetzestext selbst eine 'strukturelle' Ordnung des Regelungsbereichs vorweggenommen ist, scheint die Formalisierung im Vergleich zu anderen Rechtsnormbereichen relativ einfach durchführbar zu sein. Trotzdem macht Zimmermann die Ausnahmen, daß der Ehegatte des Erblassers nicht berücksichtigt wird, und daß Personen, die ihr Erbteil verweigern, wie verstorbene Personen behandelt werden.
Legt man das quantitative Verhältnis von Gesetzestext und Formalisierungsansatz zugrunde, ergibt sich ein Verhältnis von 1 zu 10. Die Darstellung des Formalisierungsansatzes bei Zimmermann ist also erheblich umfangreicher als der zu formalisierende Gesetzestext. Selbst das fertige Computerprogramm in der kodierten LISP-Form entspricht im Umfang etwa dem Gesetzestext.
Wie im folgenden Abschnitt über die juristische Bedeutung ausgeführt, sind gerade die rechtsbedeutsamen Konfliktregelungen - i.e. all solche Paragraphen, die häufiger Korrektur bzw. Auslegung bedurften - in den nicht-formalisierten Teilen des Erbrechts zu finden.

Größere Komplexitätsprobleme weist augenscheinlich der Formalisierungsansatz durch Entscheidungstabellen auf. Franzen begründet denn auch die Einschränkungen seines Modells entsprechend:

> "Um das Konstruktionsprinzip von Entscheidungstabellen an einem nicht zu umfangreichen Beispiel aufzeigen zu können, wird in der Entscheidungstabelle für Erben erster Ordnung der relativ einfache Fall der ehelichen Gütergemeinschaft nicht mit aufgeführt."[22]

----

22) R.Franzen, a.a.O., S.3

und:

"Bei der gesetzlichen Erbfolge treten allerdings so viele Bedingungen auf, daß die Bestimmungen nicht in einer einzigen Entscheidungstabelle dargestellt werden können."[23]

Durch die Begründung für die Darstellung der Erbfolge ab der 3.Ordnung mit Hilfe von logischen Ausdrücken weist Franzen bereits selbst in unverkennbarer Deutlichkeit auf die eingeschränkte Brauchbarkeit von Entscheidungstabellen in diesem Zusammenhang hin.

Auswirkungen auf das Verhältnis Bürger/Recht:

Die Formalisierungsansätze von Franzen und Zimmermann sind - wie oben bereits gesagt - als Formalisierungsexperimente angelegt und vornehmlich zur Gesetzesanalyse ausgearbeitet worden. Insofern sind die folgenden Überlegungen für die beiden Ansätze selbst unzutreffend, bleiben aber von Interesse für zukünftige Formalisierungsversuche.
Die Erbverteilungsvorschriften der gesetzlichen Erbfolge im BGB sind - vorausgesetzt die Grundbegriffe Erblasser, Abkömmling, Erbfall etc. sind geklärt - in Worten der Umgangssprache formuliert und relativ einfach zu verstehen. Es sind keine juristischen Kenntnisse notwendig, um die Prinzipien der gesetzlichen Erbfolge nachzuvollziehen.
Die 'Übersetzung' der BGB-Paragraphen in ein Formalisierungsmodell per Graphentheorie oder Entscheidungstabellen schließt durch die Verwendung einer mathematischen/informatischen Formalsprache von vornherein die übergroße Mehrheit der von Erbfällen betroffenen Bürger und der mit Erbfällen betrauten Rechtspersonen vom Verständnis dieser Ansätze aus.
Dabei besteht eher die Möglichkeit, den Formalisierungsansatz 'Entscheidungstabellen' zu verstehen als die graphentheoretische Formalisierung. Eben dieser Ansatz aber ist augenscheinlich der einzig gangbare hin zu einer jedenfalls partiellen Automatisierung.

Juristische Bedeutung der gesetzlichen Erbfolge bzw. der Formalisierungsmodelle:

Die o.a. Formalisierungsansätze juristischer Regelungen der gesetzlichen Erbfolge behandeln kein juristisch existierendes Problem, wie ein Blick in die Entscheidungen, Lehrbücher und Kommentierungen zeigt. Fragestellungen, wie

----

23) R.Franzen, a.a.O., S.2

die von Zimmermann angesprochene Nichtberücksichtigung ausgestorbener Zweige[24] sind offenbar in der Rechtsanwendung kein Streitpunkt. Die Gesetzestexte würden leicht den mehrfachen Umfang annehmen, würden die Gesetzgeber sich (wie in diesem Fall) solchen Anforderungen nach Ausführlichkeit und Genauigkeit beugen.
Juristisch aktuelle Erbrechtsprobleme (wie z.B. die Frage der eheähnlichen Lebensgemeinschaften) greifen beide Formalisierungsansätze nicht auf. Die Rechtsanwendung profitiert also insofern nicht durch die Begründung der Formalisierungsansätze.

Resümee

Eine Formalisierung der gesetzlichen Erbfolge in methodisch geschlossener Form erscheint am ehesten mit Hilfe graphentheoretischer Begrifflichkeit möglich zu sein. Die Graphentheorie behandelt mathematische Probleme, die sich - bildlich gesprochen - auf Knoten und Pfeilbeziehungen zwischen diesen Knoten zurückführen lassen. Dies legt die Verwendung der Graphentherorie für die Beschreibung von Verwandtschaftsbeziehungen - wie im Erbfolgerecht - nahe.
Dem stehen einige der Ausführungen, die in den vorherigen Abschnitten zur Vollständigkeit und Programmierbarkeit des Modells bzw. zur juristischen Bedeutung gemacht wurden, entgegen. Die Problematik der Modellbildung - in Abschnitt 1. ausführlicher angesprochen - läßt sich mit Hilfe des hier behandelten Beispiels der gesetzlichen Erbfolge dokumentieren.
Legen wir auf der einen Seite die Paragraphen des BGB zugrunde (hier §§1922-1930 BGB) als Gesetzesrealität und fragen, welche dieser Paragraphen das Modell (Zimmermann, Franzen) adäquat abgebildet hat, so ergibt sich folgendes Schema, das aus Abb.3.20 abgeleitet ist:

----

24) vgl. Abschnitt 3.1., S.165 ff.

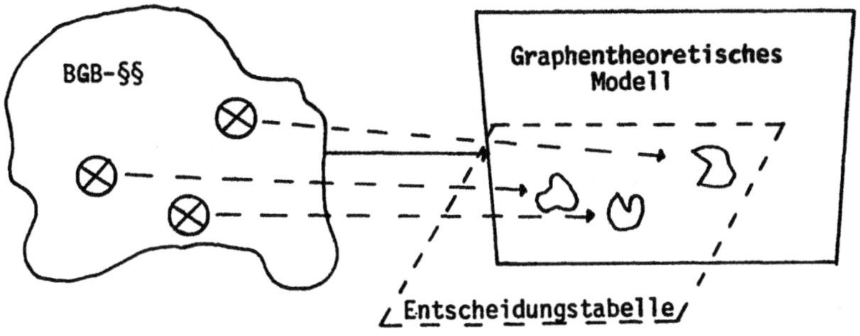

Abb. 3.21.

Das Modell erfaßt nur einen Teilausschnitt der Gesetzesrealität des Erbfolgerechts.
Insgesamt zeigt die Studie von Franzen und Zimmermann, auf welche Probleme der Versuch einer Formalisierung rechtlicher Regelungen durch ein einheitliches Instrumentarium führen kann. Die Vermutung scheint naheliegend, daß selbst in diesem einfachen Fall (der sich dann als überraschend schwierig formalisierbar erweist), eine Kombination verschiedener Instrumente erforderlich ist.
Einer demgemäß vorgehenden Programmierung der gesetzlichen Erbfolgeregelung (§§1922-1930 BGB) dürften sich kaum besondere Schwierigkeiten in den Weg stellen, denn es handelt sich bei Verwandtschaftsverhältnissen - anders als bei vielen sonstigen Beziehungen zwischen Rechtssubjekten - um eindeutige, zeitlich invariable, formal leicht faßbare Relationen.

4. Beziehungen zu Konzepten der Rechtstheorie

Die bisherige Darstellung von Formalisierungsansätzen im Recht orientierte sich weitgehend an den Voraussetzungen, den Grenzen und Möglichkeiten der Formalisierungsmethoden. Offen blieb größtenteils das Verhältnis formaler Methoden zu den Konzepten der allgemeinen Rechtstheorie, vor allem, welchen Gestaltungsanspruch die Rechtstheorie unter dem besonderen Aspekt der 'angeborenen'[1] Eigenschaften geltend gemacht hat.

Bei der Betrachtung des Beitrages, den die formalen Methoden zu einer Lehre vom logischen Aufbau der Rechtsordnung und der Struktur der Rechtssätze sowie zur Methodik der Gewinnung rechtswissenschaftlicher Erkenntnisse liefert, kommt man eher zu dem Ergebnis, daß dieser in Bereichen anzusiedeln ist, denen sich die Rechtstheorie bisher nicht gewidmet hat[2].

Zweifellos ist der Zwang für das Recht - ganz allgemein - und die Rechtstheorie im besonderen zur Auseinandersetzung mit formalen Methoden gewachsen, seit die staatliche Bürokratie sich in Teilbereichen des Rechts zur Massenverwaltung ausgewachsen hat und sich bei der Bearbeitung ihrer Aufgaben zunehmend der Informationstechnik bedient, wobei diese Entwicklung nicht erst mit dem Einsatz der Datenverarbeitung (etwa Mitte der 50er Jahre), sondern schon in den 20er Jahren mit der Einführung und Anwendung der Hollerithmaschinen begann[3]. Ein zweiter Grund für die steigende Notwendigkeit zur Auseinandersetzung mit formalen Inhalten und Methoden liegt in der allgemeinen Gesellschaftsentwicklung begründet: der Ökonomisierung immer weiterer Bereiche des gesellschaftlichen Lebens[4].

Ein dritter Grund ist natürlich auch das analytische Interesse der Rechtstheoretiker selbst. Eine große Zahl von Formalisierungsansätzen (meistens

---

1) vgl. H.Brinckmann, Datenverarbeitung und öffentliche Aufgabe, in:ÖGI (Hrsg.), Informationssysteme für die 80er Jahre, Linz 1980, S.24

2) wenn man von ganz wenigen Anstößen absieht;

3) vgl. die Übersicht in H.Fiedler, Rechenautomaten in Recht und Verwaltung, JZ 66, S.689 ff. mit weiteren Nachweisen

4) H.Bravermann, Die Arbeit im modernen Produktionsprozeß, Frankfurt 1980, S.207, formulierte dieses Phänomen so:
"Die Ökonomie übernimmt immer mehr die Gesamtheit der individuellen, familiären und gesellschaftlichen Bedrüfnisse, indem sie diese dem Markt unterwirft, neu gestaltet und zum Wirschaftsgut umfunktioniert".
siehe neuerdings auch J.Becker, Widersprüche bei der Informatisierung von Politik und Gesellschaft; Vortrag auf der Tagung 'Die Zukunft der Computer-Gesellschaft' der ev. Akademie Arnoldsheim, Bonn Bad Godesberg Februar 1983, S.4

ausschließlich normorientiert) hat ihren Ursprung in dem Erkenntnisinteresse der Theoretiker und dient vor allem der Klärung der Frage, inwieweit logische und formale Strukturen im Recht vorfindbar sind. Das Ziel dieser Arbeiten orientiert sich in der Regel denn auch an der Verbesserung der Qualität der Gesetze durch den Gesetzgeber.
Es kann somit nicht davon ausgegangen werden, daß die Ergänzungen der Rechtstheorie durch formale Methoden bzw. die Auseinandersetzung mit diesen für das Recht verzichtbar wären. Vielmehr sollte hier die Frage sein, wie das Recht und die Rechtswissenschaft diesen Umständen Rechnung trägt. Auf einer sehr (vielleicht zu) abstrakten Ebene könnte man sagen, daß sowohl Recht als auch Informationstechnologie wesentlich informationelle Phänomene von jeweils für den Regelungsmechanismus einer Gesellschaft insgesamt strukturierender Kraft sind[5]. Doch diese Darstellung muß konkretisiert werden:

"Die Wirkungsmethodik und die traditionelle Einbettung beider Bereiche sind
- im Recht die 'verstehende' Erfassung menschlicher Vorschriften und Aktionen;
- in der Informationstechnologie eine (dem Anspruch nach) formal exakte Organisation objektivierter Abläufe."[6]

Auf der Ebene der Methoden finden sich entsprechend im Recht mehr informale, stark inhaltsbezogene und in den Formalwissenschaften sehr formale, von Inhalten weitgehend abstrahierende Strukturen wieder. Die Lücke, die Formalwissenschaften im Recht auszufüllen beginnen, wurde im Recht nie als solche identifiziert. Konkrete Anweisungen, wie Recht anzuwenden ist, welche Entscheidungsstrukturen und -wege einzuhalten sind, wurden abstrakt in der Ausbildung der Rechtsanwender vermittelt und nicht konkret über vorgelegte 'Programme' vorgegeben. Selbst Dienstanweisungen in der öffentlichen Verwaltung erreichen nie den Konkretisierungsgrad, den Computerprogramme erfordern. So ist es zu verstehen, wenn festgestellt wird, daß Formalwissenschaften hier eine Lücke zu füllen beginnen. Dadurch, daß es sich dabei aber noch um einen rechtsfreien Raum handelt, werden auch erst langsam Kriterien der Rechtstheorie selbst entwickelt, wie diese Räume zu füllen sind.

----

5) vgl. H.Fiedler, Einführung in die Rechtsinformatik, Vorlesungsskript Bonn Wintersemester 1980/81

6) H.Fiedler, ebd.

Zwei Wege sind hierbei grundsätzlich gangbar: Einmal kann Recht diesen Raum für sich in Anspruch nehmen und Anforderungen stellen, wie die konkrete Ausfüllung im Einzelfall auszusehen hat. Die Alternative dazu wäre, dem sich entfaltenden technischen und (teilweise auch) ökonomischen Fortschritt seinen Lauf zu lassen, Fehlentwicklungen in Kauf zu nehmen und höchstens dann steuernd einzugreifen, wenn technischer Fortschritt zu gesellschaftlichen Mißständen führt. Folgt man der ersten Auffassung, dann stellt sich das Problem, wie es erreicht werden kann, daß Politik und Verwaltung nicht weiterhin 'Nutzer ohne Einfluß' bleibt, wie ein Befund von Brinckmann[7] nahelegt. Eine Möglichkeit hierzu besteht darin, für die Formalisierung geeignete Konstruktionsvorgaben zu machen.

Es beschäftigen sich einige Rechtstheoretiker[8] mehr oder weniger ausführlich mit Ansätzen einer formalen Rechtstheorie, bisher allerdings ohne großen Erfolg. Und dies ist nicht ohne Grund. Es scheint, daß bislang zu sehr vernachlässigt worden ist, über die Tragweite formaler Methoden nachzudenken. Keine der hier behandelten Formalisierungsmethoden vermag die Voraussetzungen zu negieren, die im Prozeß der Formalisierung durch Präzisierung, Positivierung, Abstraktion, Modellbildung, Standardisierung und - zum Zweck des DV-Einsatzes - Algorithmisierung und Maschinisierung gemacht werden müssen. Daraus resultieren zum einen natürlich die Vorteile, die die Anwendung solcher Methoden bietet[9].Andererseits werden durch diese aber auch Grenzen für die Anwendungen im Recht gesetzt.

Der Einsatz der Datenverarbeitung - als Ziel des Formalisierungsprozesses - erfordert eine Modellbildung, die im Ergebnis frei von Widersprüchen innerhalb des Systems ist[10]. Solche Widersprüche können sowohl auf der Ebene

----

7) H.Brinckmann, a.a.O., S.21 ff.

8) vgl. vor allem A.Podlech, Architektonik einer möglichen Rechtstheorie, in: Rechtstheorie 1976 Heft 1, S.1 ff.

9) vgl. H.Lehner/G.Meran/J.Möller, Der Klirrfaktor in der Frohbotschaft, in: DIE TAGESZEITUNG vom 7.10.1982, S.12 f.

10) Was nicht gleichbedeutend damit ist, daß die Regeln auch zu den Gesetzmäßigkeiten des realen Lebens - außerhalb des Modells - widerspruchsfrei sein müssen. Wie Weizenbaum sehr anschaulich gezeigt hat, können Rechnermodelle zum Beispiel Welten simulieren, in denen sich Flugzeuge schneller als Lichtgeschwindigkeit bewegen usw.;
Zur Widerspruchsfreiheit auch H.Pietschmann, Das Ende des naturwissenschaftlichen Zeitalters, Wien/Hamburg 1980, S.287 ff.

eines Programms in dessen Syntax als auch auf der Ebene der Datenintegrität[11] angesiedelt sein[12]. Das bedeutet, daß vorhandene Widersprüche - z.B. hinsichtlich bestimmter dogmatischer Behandlung einzelner Sachverhalte - im Sachgebiet beseitigt werden müssen, bevor an die Bildung eines Rechnermodells gedacht werden kann[13]. Widersprüche sind mit Hilfe von formalen Entscheidungsalgorithmen nicht auflösbar, es sei denn, der Algorithmus übergeht die Sachverhaltselemente, die einen Widerspruch herbeigeführt haben[14]. Diese Tatsache setzt eine sehr einschränkende Voraussetzung für einen praktikablen Einsatz formaler Methoden in der Rechtsanwendung. Das Problem der Widersprüche läßt sich jedoch nicht so einfach aus dem Prozeß der Rechtsanwendung verdrängen. Im Gegenteil, in Gerichtsverfahren ist ja gerade über Widersprüche zu entscheiden. Der Einsatz der Datenverarbeitung und der dazu notwendigen formalen Modelle erfolgt deshalb vordringlich an den Stellen, an denen sich Widersprüche vor der Anwendung der DV beseitigen lassen. So betrachtet, ist die Abspeicherung eines Datenschattens der Realität ein Versuch, ein nicht mehr widersprüchliches Abbild eines Lebenssachverhaltes zu erhalten[15].

Wie oben[16] schon dargestellt, müssen für den Einsatz der Datenverarbeitung sämtliche Entscheidungsregeln positiviert sein, soweit diese im Rahmen des Rechnermodells formal angewendet werden sollen. Auch aufgrund fehlender Daten zu einem Sachverhalt ist durch einen Algorithmus formal keine Entscheidung möglich. Allerdings gibt es im Recht Strategien - wie z.B. Beweislastregelungen -, die nicht erst seit der Anwendung von Rechnern existieren und die dabei behilflich sind, mit Hilfe von Annahmen fehlende Informationen zu ersetzen.

----

11) vgl. z.B. die oben schon erwähnten Integritätsbedingungen in Datenbanksystemen (Abschnitt 1.3.2., S.31 f.) von Wedekind

12) Zur Beseitigung dieser Widersprüche werden auch umfangreiche Prüfprogramme geschrieben und axiomatisch begründete Korrektheitsbeweise in der Informatik entwickelt; vgl. zur Einführung den mit 'The Concern for Program Correctness' überschriebenen Teil II in D.Gries (Hrsg.), Programming Methodology, New York/Heidelberg/Berlin 1978, S.75 ff.

13) Dies trifft selbst auf die bisher bekannten Methoden der Künstlichen Intelligenz zu.

14) In diese Richtung geht die Entwicklung sogenannter fault tolerant software

15) vgl. H.Pietschmann, ebd.

16) vgl. die Ausführungen über Positivierung in Abschnitt 1.3.2. , S.40 ff.

Die Unabhängigkeit von Entscheidungsregeln und Daten ist nicht unbedingt zur Maschinisierung der Rechtsanwendung erforderlich. Im Gegenteil, es wird die Redundanz von Daten häufig dazu genutzt, um Fehler zu erkennen. Mit diesen Verfahren treten allerdings neue Probleme auf, wie z.B. die Konsistenz von Datenbeständen.

Auf der formalen Ebene gibt es noch einige hier nicht genannte Anwendungsvoraussetzungen, die die Grenzen der Formalisierbarkeit und damit auch die Möglichkeiten der Maschinisierung stark einschränken:

- das Erfordernis, ein deterministisches Entscheidungsverfahren zu finden, (unter rechtspolitischen Gesichtspunkten kann es problematisch sein, zur Rechtsanwendung heuristische Entscheidungsverfahren einzusetzen; siehe z.B. die obigen Anmerkungen zu den Ansätzen der 'Künstlichen Intelligenz'-Forschung)
- die Notwendigkeit, berechenbare[17)] Entscheidungsregeln zu finden,
- und schließlich noch weiter einschränkend zeit- und speicherplatzbegrenzte Entscheidungsverfahren zu entwickeln, wenn an den Einsatz von Computern gedacht ist.

Im folgenden soll verdeutlicht werden, wie wenig selbstverständlich diese Voraussetzungen in den theoretischen Ansätzen sind.

Rödig[18)] zum Beispiel konstruiert sein Subsumtionsmodell, indem er einfach T_b als Menge der einen Tatbestand erfüllenden Sachverhalte sa_1, sa_2, ..., sa_n bezeichnet und damit weiter operiert. Für sein Erkenntnisinteresse mag das genügen. Er erklärt bzw. 'definiert' auf dieser Menge auch Funktionen. Das eigentliche Problem aber - die Unsauberkeit in der Definition - wird sichtbar, wenn über die Eigenschaften dieser Funktion Aussagen gefordert werden. Bei Anerkennung der oben genannten Grenzen stellt sich nämlich die Frage, ob es sich bei den von Rödig und den meisten anderen Rechtstheoretikern definiterten Funktionen um berechenbare handelt, und wenn ja, mit welchem Aufwand sie berechenbar sind. Die Antwort ist in der Struktur der

----

17) vgl. Fußnote 139 auf Seite 52

18) J.Rödig, Gerichtliches Erkenntnisverfahren, Berlin/Heidelberg/New York 1973, S.166

Mengen zu finden, auf denen diese Funktionen definiert sind. Hier gibt Rödig ein Verfahren[19] an, mit dessen Anwendung er zu einer endlichen Menge kommt.

"Gesetzt den Fall, es werde das soeben angedeutete Verfahren sozusagen der 'Entfaltung' von Tb kontinuierlich fortgesetzt. Daß eine solche Fortsetzung in praxi eine bald schon nicht mehr zu bewältigende Arbeit nötig machen würde, soll uns hier nicht stören. Bemerkenswert ist vielmehr das - wenn auch nur "gedachte" - Ende dieser Fortsetzung; der Prozeß der Tatbestandsentfaltung würde naheliegenderweise abgebrochen werden spätestens dann, wenn jeder Untergruppe einer Untergruppe usf. ... einer Fallgruppe von Tb jeweils noch ein und nur ein Sachverhalt sa_i ($1 \leq i \leq n$) entspricht."[20]

Dieses Verfahren setzt also voraus, daß die Menge aller Sachverhalte endlich ist. Dies ist zumindest umstritten.

Anders gehen Koch und Rüßmann[21] - unter Bezugnahme auf das Larenz'sche Subsumtionsschema vor. Einerseits stellen sie fest:

"Nun gelangt man allerdings mittels semantischer Interpretation des gesetzlichen Tatbestandes bis zu der je relevanten Sachverhaltsbeschreibung, nicht aber zu dem konkret vorgefallenen Sachverhalt als außersprachlichem Ereignis. Anders gesagt: Wieviele semantische Interpretationen man auch hintereinander schaltet, irgendwo muß der Prozeß abgebrochen werden und der "Sprung" in die außersprachliche Wirklichkeit getan werden, irgendwann muß behauptet werden, daß der Sachverhalt die so interpretierte Norm erfüllt oder nicht erfüllt."

Zur Gewinnung einer Sachverhaltsbeschreibung führen sie aber andererseits aus:

"Die im Vorangegangenen beschriebenen Verwendungsregeln (es ging um 'Wahrscheinlichkeitsmathematische Operationen bei Identitätsfeststellungen', Anm.d.V.) erlauben uns, von beobachteten Indizien auf nicht beobachtbare Sachverhaltsannahmen zu schließen, wenn wir über Erfahrungssätze verfügen,

----

19) J.Rödig, a.a.O., S.166 f.

20) J.Rödig, ebd.

21) H.-J. Koch/H.Rüßmann ,Juristische Begründungslehre,München 1982,S.326 f.

die in durchaus unterschiedlicher Weise über Zusammenhänge zwischen den Indizien und der fraglichen Sachverhaltsannahme berichten. Die formalen Regeln führen jedoch nur unter der Voraussetzung zu einer zutreffenden Sachverhaltseinschätzung, daß die dem Schluß zugrunde gelegten Erfahrungssätze auch gültig sind. Der Antwort auf die damit aufgeworfene Geltungsfrage muß die Antwort auf eine Sinnfrage vorausgehen. Was wird in den Erfahrungssätzen, die wir zu Schlüssen verwenden, eigentlich behauptet? Zwei Antworten kommen in Betracht. Erstens: in den Erfahrungssätzen wird ausschließlich von Erfahrungen berichtet, die ein bestimmter Mensch oder eine Gruppe von Menschen oder auch die Gesamtheit aller Wissenschaftler gemacht haben. (...) Also muß zweitens in den Erfahrungssätzen auch etwas über solche Erfahrungen behauptet werden, über die niemand Erfahrungen gemacht hat." (S.326 f.).

Die Praxis der Verwaltungsautomation hat (ob bewußt oder unbewußt) jedenfalls die Beantwortung dieser Fragen nicht abgewartet und von sich aus in Anerkennung der Erfordernisse des DV-Einsatzes festgelegt, daß ihre Programme auf endlichen Mengen von Daten operieren. Sie hat zudem die Sachverhaltsbeschreibungen auf eine endliche Menge begrenzt, nämlich in Form von Datenstrukturen, die nur bestimmte Werte und diese auch nur in vorausbestimmten Grenzen zulassen. Angesichts der noch lange nicht bewältigten theoretischen Grundlagenprobleme sind unter diesen Gesichtspunkten manche Konzeptionen der allgemeinen Rechtstheorie zu überdenken. Dies gilt nicht etwa nur für technische Zwänge, sondern auch im Hinblick auf solche Aspekte, die sich aus der Gestaltung von Arbeit zwangsläufig ergeben[22].

Es stellt sich hier also die Frage nach einer kommunikations- und arbeitsgerechten, automationsorientierten, speziellen rechtlichen Theorie, deren Gliederung und Begründung hier allerdings nur umrissen werden kann[23]. Ansatzpunkt für Gestaltungsspielräume (für Systemgestalter, betroffene Arbeitnehmer und Verwaltungsklienten) sind zum Beispiel in dem oben[24] ausgeführten Modellbegriff Stachowiaks zu erkennen. Vor allem bei dem dritten,

----

22) vgl. H.-W.Heibey/B.Lutterbeck/M.Töpel, Arbeitsbedingungen und Verwaltungsleistung in automatisierten Verfahren, in:ÖVD 1977 Heft 10, S.3 (S.7)

23) Eine Ausarbeitung konnte hier nicht mehr geleistet werden.

24) vgl. die Ausführungen über Modellbildung in Abschnitt 1.3.2., S.45 f.

dem pragmatischen Merkmal des Modellbegriffs werden durch die drei Relativierungen[25)] der Ersetzungsfunktion von Modellen Möglichkeiten für konstruktive Vorgaben seitens einer speziellen Rechtstheorie und/oder für demokratische Willensbildungsprozesse bei der Modellbildung eröffnet. Ähnliches läßt sich auch für das Verkürzungsmerkmal der Modellbildung bzw. der Abstraktion feststellen.
Um die hier angeschnittenen Fragen zu verdeutlichen, werden im folgenden Abschnitt einige Probleme der Formalisierung genauter betrachtet.

Rechtstheorie und automationsgerechte Rechtsetzung

Wie wir gezeigt haben, wurden seitens der Rechtstheorie als einschlägige Wissenschaftsrichtung keine ausreichenden Vorgaben an die Automation in Recht und Verwaltung gemacht. Es gibt noch nicht einmal - von einigen wenigen programmatischen Aussagen abgesehen - eine realistische Einschätzung bzw. Reflektion von automationsorientierter Formalisierung[26)]. Umgekehrt gibt es allerdings schon seit einiger Zeit Reaktionen des Rechts auf den Einsatz von DV. Dabei wird allerdings hier weniger an die Berücksichtigung von Sekundär- und Folgeproblemen der Automation gedacht, sondern nur eine 'erste Stufe' der Problematik, nämlich die Anpassung von Vorschriften an technische und organisatorische Primäreigenschaften der DV[27)] behandelt. Zu solchen Vorschriften zählen:

- die Grundsätze automationsgerechter und automationsgeeigneter Rechts- und Verwaltungsvorschriften der Länder und des Bundes (Anfang der siebziger Jahre);
- der Verzicht auf die Formerfordernisse beim Verwaltungsakt und der Erlaß neuer Vorschriften für automatisch erstellte Verwaltungsakte durch das Verwaltungsverfahrensgesetz des Bundes vom 25.5.1976.

----

25) siehe H.Stachowiak, Allgemeine Modelltheorie, Wien/New York 1973, S.128 ff.; gemeint sind hier die oben schon einmal zitierten Bemerkungen: "Modelle sind ihren Originalen nicht per se eindeutig zugeordnet. Sie erfüllen ihre Ersetzungsfunktion a) für bestimmte - erkennende und/oder handelnde, modellbenutzende - Subjekte; b) innerhalb bestimmter Zeitintervalle und c) unter Einschränkung auf bestimmte gedankliche oder tatsächliche Operationen." (S.132 f.)

26) Die Forderungen von H.Fiedler, Wandlungen der 'automationsgerechten Rechtsetzung', in: DVR Band 1 Heft 1 (1972), S.41 ff. blieben bisher ohne Resonanz.

27) H.Fiedler, a.a.O., S.44

- die Datenschutzgesetze des Bundes und der Länder
- diverse Einzelvorschriften, z.B. Melderecht, etc., die auch starke Bezüge zum Einsatz der Datenverarbeitung haben.

Und es stehen weitere Umwälzungen an, wie etwa die Schaffung von Ergänzungen zum Urkundenbegriff, neue Mediengesetze usw.. In all diesen Entwicklungen ist eines zu beobachten, nämlich, daß Recht häufig nur den technischen Bedingungen angepaßt wird. Das Recht hat in diesen Bereichen weitgehend seine steuernde Funktion für gesellschaftliche Entwicklungen nicht wahrgenommen. Dieses macht sich vor allem bei den 'Nebenaspekten' der Verwaltungsautomation, den Arbeitsverhältnissen und dem Bürger-Verwaltung-Verhältnis bemerkbar.
Deutlich wird dieser Aspekt an der 'automationsgerechten Rechtsetzung', deren bisherige Vorschriften gewissermaßen die formalen Anforderungen der Datenverarbeitungstechnik als alleinige und dominierende Prinzipien bei der Gestaltung neuen Rechtes herausheben[28)]. Fiedler hat in Anbetracht dieses Sachverhalts empfohlen, hier deshalb von automationsgünstigen oder automationsgeeigneten Vorschriften zu sprechen. Seine Forderung, die automationsgerechte Rechtsetzung im weiteren Sinne erfordere u.a. "die Berücksichtigung und Bewältigung der durch die Nutzung der Datenverarbeitung gemäß den Zielsetzungen der Regelung eventuell ausgelösten Sekundäreffekte"[29)], blieb - soweit ersichtlich - ohne den erhofften Erfolg. So sprechen die 'Grundsätze' vor allem mit dem, was nicht geregelt wird, eine deutliche Sprache: Kein Wort zur Arbeitsplatzgestaltung an der neuen Technik und auch kein Wort über die Gestaltung des Verhältnisses zum Verwaltungsklienten.
An den Inhalten dessen, was den rechtsetzenden Instanzen für ihre Automationsregelungen angeraten wird, erkennt man sehr deutlich die einschränkenden Voraussetzungen einer unbedenklichen Anwendung formaler Methoden wieder:

- Schon im Einleitungssatz der 'Grundsätze für die Gestaltung automationsgeeigneter Rechts- und Verwaltungsvorschriften' des BMI vom 22.11.1973 (GMBL 1973 S.555 ff.) heißt es:

----

28) H.Fiedler, a.a.O., S.44
29) H.Fiedler, ebd.

"Die Automation - insbesondere die elektronische Datenverarbeitung - ist ein wesentliches Mittel, die Anwendung und die Dokumentation von Rechts- und Verwaltungsvorschriften zu rationalisieren. Ihre vielfäligen Möglichkeiten können jedoch nur dann sinnvoll und wirtschaftlich genutzt werden, wenn die zugrunde liegenden Vorschriften den Anforderungen der Automation entsprechen".

- Die Widerspruchsfreiheit der (zu formalisierenden) Regelungen findet sich wieder
  - für die Begriffe und Bezeichnungen in 2.1 bis 2.3 der 'Grundsätze',
  - den strukturellen Aufbau der Vorschriften in 2.1 der 'Grundsätze',
- die Vollständigkeit der Regelungen in 2.1 und 2.6 der 'Grundsätze',
- die Unabhängigkeit der Regelungen in 2.2 der 'Grundsätze',
- und schließlich auf Sachverhaltsebene
  - die Widerspruchsfreiheit in 2.2 bis 2.4 der 'Grundsätze',
  - die Vollständigkeit in 2.2 der 'Grundsätze',
  - die Unabhängigkeit in 2.2 der 'Grundsätze'.

Diese Anforderungen an automationsgeeignete Rechts- und Verwaltungsvorschriften, also Vorschriften, die automationsgünstig in Bezug auf den automatisierten Vollzug der betreffenden Vorschrift selbst sind, lassen vor allem vermissen, daß entsprechende Gestaltungskriterien zur Erreichung dieses Zustandes gegeben werden. Nicht weniger problematisch sind - etwa unter dem Gesichtspunkt der Partizipation - die weiteren Anforderungen, die Fiedler an die Automationsgünstigkeit von Regelungen zugespitzt so formuliert hat:[30]

a) Verdatung der Merkmale (des Tatbestandes und der Rechtsfolgen); hinzugefügt werden muß, wie wir oben gesehen haben, auch der Sachverhalt;
b) Algorithmisierung der Zusammenhänge (z.B. möglichst kein Ermessen);
c) Vollständigkeit der Regelung (wobei Fiedler darauf hinweist, daß hier - angefangen beim Begriff der kombinatorischen Vollständigkeit - verschiedene Präzisierungen des Begriffs der Vollständigkeit möglich sind);
d) Verringerung der Komplexität der Regelung;
e) Verringerung sozialer Interaktivität beim Vollzug der Vorschriften; (ausdrücklich genannt sind dabei: Verzicht auf Antragserfordernisse, Verzicht auf Vorbehalte von Zustimmungen und Genehmigungen);

----

30) vgl. H.Fiedler, a.a.O., S.51

f) Erleichterung von Formvorschriften für das maschinelle Verfahren;
g) Abstimmung mit der inhaltlichen Gestaltung anderer Vorschriften.

Hier wird sehr deutlich, daß die strukturellen Voraussetzungen der Informationstechnik und der Methoden, derer sie sich bedient, bis auf die Ebene der Anwendung durchschlagen. Ihr gegenüber treten ebenso betroffene Bereiche - der der Arbeit und der der Kommunikation mit dem Verwaltungsklienten - völlig in den Hintergrund. Sowohl die Abstraktionshöhe als auch die den Methoden innewohnenden Gesetzlichkeiten haben zu einem Grad der Objektivierung und Entfremdung geführt, bei dem sich die Probleme der Personen, die als Arbeitnehmer oder als Adressat von Verwaltungshandeln mit diesen formalen Methoden konfrontiert werden, nicht mehr richtig greifen lassen.
Die Gefahr liegt nahe, solche zentralen Aspekte nicht mehr unter dem bewußten Gestaltungsaspekt zu bearbeiten, sondern sie zu einem Akzeptanzproblem zu machen.

5. Vergleich formaler Methoden im Recht

Ziel dieses Abschnitts ist es, anhand eines zunächst entwickelten Kriterienkatalogs zu einer vorläufigen Einschätzung wesentlicher Formalisierungsmethoden in tabellarischer Form als Ergebnis der Betrachtungen vor allem im 2.Abschnitt zu gelangen. Dazu wird zuerst die Frage einer DV-bezogenen Klassifizierung der Formalisierungsmethoden - insbesondere anhand eines Ansatzes von Budde u.a. - behandelt, um im zweiten Teil zu einem eigens aufgestellten Kriterienkatalog für den Vergleich formaler Methoden zu kommen, der sich an den Bedeutungsdimensionen der

- Formalisierung rechtlicher Regelungen[1)]
- Formalisierung von Arbeit
- Formalisierung von Kommunikation

orientiert, die im theoretischen Teil zugrunde gelegt wurden (vgl. Abschnitt 1.3.). Die Ergebnisse des Vergleichs - bei der Untersuchung einzelner Formalisierungsmethoden in Abschnitt 2.2. gewonnen - werden anschließend in Form einer tabellarischen Übersicht, gegliedert nach den o.a. Bedeutungsdimensionen sowie den jeweiligen Formalisierungsmethoden, zusammengestellt.

5.1. Klassifizierung der Formalisierungsmethoden

Eine allgemeingültige Strukturtheorie (im mathematischen Sinne) der juristischen Information und Entscheidung liegt bisher nicht vor. Es gibt andererseits Stimmen, die von vornherein die Betrachtung der Mengengesamtheit aller Rechtsnormen für praktisch irrelevant erklären[2)]. Wo von der Menge

----

1) d.h. des bereits annähernd sprachlich Objektivierten

2) so etwa G.Borchert, Zur Anwendung mathem.Methoden in der Rechtswissenschaft, 1978, S.24/25, wenn er hinsichtlich der Frage nach der Vollständigkeit der Rechtsordnung im Prinzip keinen Unterschied darin sieht, "ob man die Untersuchung lediglich auf solche Teilrechtsordnungen beschränkt; dies ist deshalb zu betonen, weil die Gesamtheit aller rechtlichen Regelungen kaum jemals von praktischem Interesse sein wird, sondern immer nur Teilgebiete."

aller Rechtsnormen gesprochen wird - wie bei Fohmann[3] - wird ein spezieller Aspekt rechtlicher Regelungen untereinander (in diesem Fall die Rangigkeit der Rechtsnormen untereinander) behandelt. Hier von einer Strukturtheorie im Sinne der Erfassung elementarer Wesensmerkmale der vorgefundenen Menge von Rechtsnormen zu reden, wäre deplaziert. Fohmann relativiert übrigens selbst die Anwendung der mathematischen Theorie der Ordnungen in diesem Beispiel durch den Zusatz 'trivial'.
Die vorgefundenen Formalisierungsansätze im Recht weisen - im Gegensatz zu einer Einordnung in eine geschlossene Strukturtheorie - eher in die Richtung einer Auswahl der Formalisierungsmethode anhand des jeweiligen konkreten rechtlichen Problembereichs. Dabei variiert von Rechtsnormteilsystem zu Rechtsnormteilsystem nicht nur die wissenschaftliche Disziplin, sondern auch das Teilgebiet innerhalb einer Disziplin. Die in Abschnitt 2.2. ausgewählten Beispiele von Formalisierungsmethoden zeigen deren vielfältige Verwendung zur Formalisierung im Recht nur bruchstückhaft.

Damit stellt sich die Frage nach der Klassifizierung von Formalisierungsmethoden, die im Recht als Grundlage der Datenverarbeitung Anwendung finden. Eine Klassifizierungssystematik der Formalisierungsmethoden im Recht liegt bisher unseres Wissens nicht vor; allerdings haben Budde, Schnupp und Schwald[4] in anderem Zusammenhang - bezüglich der Grundlagenforschung für die Softwaretechnologie - eine Klassifizierung und Beschreibung derjenigen Methoden[5] vorgenommen, die im Kontext der Grundlagenforschung für die Softwaretechnologie benutzt worden sind. Ausgehend von Kommunikationsproblemen bei der Softwareherstellung[6] entwickeln Budde u.a. ihre "Taxonomie der Ausdrucksmittel als Element der Kommunikation mit Angabe über ihre Verwendbarkeit und ihre Einsatzfelder"[7]. Sie teilen die für die Softwaretechnologie wichtigen Ausdrucksmittel ein in

----

3) L.Fohmann, Mathematische Theorie der Ordnungen, DVR Band 8 (1979), S.335 f.

4) R.Budde/P.Schnupp/A.Schwald, Untersuchung über Maßnahmen zur Verbesserung der Software-Produktion, Teil 1 - Theoretische Ansätze auf dem Gebiet der Software-Technologie, GMD-Bericht Nr.130, München/Wien 1980

5) sie nennen es 'Ausdrucksmittel'

6) wie etwa: Warum können so viele Teams ihre Vorgabezeiten zur Systemerstellung nicht einhalten? oder: Nützen Neueinstellungen bei Personalknappheit während eines Projektes oder schaden sie nur wegen der damit verbundenen Kommunikationsprobleme?, vgl. R.Budde u.a., a.a.O., S.45

7) R.Budde u.a., a.a.O., S.12

- sprachliche
- graphische
- formatierte

und gelangen vermittels einer Beschreibungsmethode, die folgende Punkte umfaßt:

- Pragmatik (Eignung der Methoden für welche Bereiche)
- Formalisierungsgrad und Syntax
- Semantik
- Einsetzbarkeit (im Prozeß der Softwareproduktion)
- Implementierung und DV-Unterstützung
- Auswirkungen auf Produkt und Produktionsprozeß

zu ihrer "Taxonomie der Ausdrucksmittel"[8].
Obwohl in der Arbeit von Budde u.a. die theoretischen Ansätze zur Softwareproduktion behandelt werden, ist das Interesse der Autoren sehr praktisch ausgerichtet. Das findet seinen Niederschlag z.B. in der Orientierung auf Effektivitätsgesichtspunkte[9] bei der Beschreibungsmethode sowie im vollständigen Fehlen von Grundsatzerwägungen[10].
Während die logische und zum Teil die mathematische Formalisierung von Rechtsnormen sich verhältnismäßig eng an die Syntax der natürlichen Sprache anlehnt, taucht die Sprache der Normformulierung in natürlicher Syntax bei anderen Formalisierungsansätzen (wie z.B. bei Netzen[11], Graphen) nicht mehr auf. Schon bei der Formalisierungsmethode 'Entscheidungstabelle' spielt die Tabellenform eine große Rolle. Dadurch wird ein Schritt in Richtung auf Visualisierung eines Gegenstandsbereichs weg von der Syntax vollzogen[12].

----

8) R.Budde u.a., a.a.O., S.48 f.; vgl. hierzu die in Abschnitt 5.2. entwickelten Vergleichskriterien bzw. die Ergebnisse in Abschnitt 5.3.

9) vgl. den Punkt Einsetzbarkeit sowie Pragmatik der Beschreibungsmethode, R.Budde u.a., a.a.O., S.52/53

10) vgl. den Abschnitt 8. über Auswirkungen bei R.Budde u.a., ebd., S.268 f.

11) Bei den Netzen steht ein bestimmtes Interesse im Vordergrund. Ein Entscheidungsverfahren soll beispielsweise mit dem Ziel modifiziert werden, die Entscheidungstätigkeit auf den Computer zu übertragen. Der Inhalt einer rechtlichen Regelung wird formalisiert dargestellt, während die sprachliche Ebene syntaktisch nicht mehr eindeutig ist.

12) Die übersichtliche bildhafte Darstellungsform der Entscheidungstabelle ist ein wesentlicher Grund für ihre Proklamierung.

Bei der Formalisierung von Rechtsnormteilsystemen, in denen es um Beziehungen zwischen zwei oder mehreren Personen - also u.a. auch um Organisationen - geht, ist ein Formalisierungsansatz, der sich auf die Graphen-[13] oder die Netztheorie stützt, insofern erfolgversprechend, als hier wenigstens Anteile bzw. gewisse Merkmale solcher Beziehungen dargestellt werden können.
Die Unterteilung der für die Softwaretechnologie wichtigen Ausdrucksmittel von Budde u.a. in sprachliche und graphische Formalisierungsinstrumente scheint als Grobeinteilung auch für eine Klassifizierung der Formalisierungsmethoden im Recht sinnvoll zu sein.

5.2. Kriterienkatalog für den Vergleich formaler Methoden im Recht anhand der Bedeutungsdimensionen 'Formalisierung rechtlicher Regelungen', 'Formalisierung der Arbeit' und 'Formalisierung der Bürger Verwaltung-Kommunikation'

Im folgenden wird ein Katalog von Kriterien für die Beurteilung und den Vergleich formaler Methoden im Recht vorgestellt. Die Kriterien sind nach den Bedeutungsdimensionen

- Formalisierung rechtlicher Regelungen
- Formalisierung von Arbeit
- Formalisierung von Kommunikation

gegliedert, die ausgehend vom theoretischen Ansatz (vgl. Kapitel 1.) auch der bisherigen Analyse zurgrundelagen.
In Anbetracht der Heterogenität der zu bewertenden Methoden und Verfahren müssen die Kriterien zwangsläufig allgemeiner formuliert werden als etwa für die ausschließliche Bewertung automatisierter Systeme.
Die aufgestellten Kriterien sind nicht einheitlich für die o.a. Bedeutungsdimensionen aufgestellt, sondern orientieren sich an traditionellen Gliede-

----

13) vgl. hier die sehr euphorische Wertung der zukünftigen Bedeutung der Graphentheorie für eine Formalisierung des Rechts durch L.Fohmann siehe Kapitel 2., Fußnote 77, S.105

rungen, insbesondere beim Arbeitsaspekt[14)] und bei der Bürger-Verwaltung-Kommunikation[15)].
Die Beurteilung, insbesondere in den letzteren Hinsichten, kann sich nur z.T. auf Erfahrungen mit operationellen Systemen stützen; ansonsten können nur Hypothesen über Systeme, die aufgrund der jeweiligen Methoden entwickelt werden können, bei der Beurteilung benutzt werden.
Das folgende stellt eine Sammlung von Postulaten dar, welche zugleich als Beurteilungskriterien für Formalisierungsmethoden und -instrumente dienen können. Dabei ist mehr eine umfassende Sammlung von Aspekten als eine konsequente Systematisierung erstrebt. Die Postulate sind z.B. nicht gegenseitig exklusiv. Auch darf man nicht erwarten, daß unter realistischen Voraussetzungen alle Postulate vollständig und gleichzeitig erfüllbar wären. Vielmehr wird hier z.T. ein 'trade-off' zwischen der Erfüllung verschiedener Postulate stattfinden müssen.

----

14) vgl. H.Heibey/B.Lutterbeck/M.Töpel, Arbeitsbedingungen und Verwaltungsleistung in automatisierten Verfahren, in: ÖVD 1977 Heft 10, S.3 f.

15) siehe etwa W.Hoffmann-Riem (Hrsg.), Bürgernahe Verwaltung? Analysen über das Verhältnis von Bürger und Verwaltung, Neuwied/Darmstadt 1979

5.3. Tabellarische Übersicht über die Ergebnisse des Vergleichs der behandelten formalen Methoden im Recht

Die bei der Untersuchung wichtiger Formalisierungsmethoden in Kapitel 2. gewonnenen Ergebnisse bezüglich des Vergleichs und der Beurteilung dieser Methoden werden im folgenden in Form einer tabellarischen Übersicht zusammengestellt. Die Darstellung gliedert sich einmal nach den o.a. Bedeutungsdimensionen (der Formalisierung rechlicher Regelungen, der Arbeit und der Kommunikation) und zum anderen nach der Formalisierungsmethode.
Dieser Versuch, tabellarisch einige Vor- und Nachteile einzelner Formalisierungsmethoden anzugeben, erhebt hinsichtlich der erfaßten Formalisierungsmethoden keinen Anspruch auf Vollständigkeit und spiegelt die besondere Sichtweise der Autoren bei der Beurteilung der Formalisierung juristischer Regelungen wider. Angesichts des Thesencharakters der Zusammenstellung halten wir die tabellarische Darstellungsform in Hinsicht auf zukünftige Diskussionen für vorteilhaft.
Die im folgenden jeweils den Stichworten vorangestellten Zahlen beziehen sich auf die in diesem Abschnitt 5.3. (S.213 ff) entwickelten Kriterien für die o.a. drei Bedeutungsdimensionen der Formalisierung.

Formalisierung rechtlicher Regelungen

(1) Wirklichkeitsgerechte Modellbildung

Die angewendeten Formalisierungsmethoden sollten es gestatten, den Inhalt rechtlicher Regelungen auch im Hinblick auf die Komplexität und Vielfalt der Lebenswirklichkeit in angemessener Weise zu erfassen und wiederzugeben. Dies bedeutet zum Beispiel auch eine gewisse Flexibilität dort, wo eine dogmatische Verfestigung noch nicht eingetreten ist, sowie eine Offenheit dort, wo die Abgrenzung zu angrenzenden Rechtsmaterien und Regelungszusammenhängen nicht möglich ist.

(2) Akzeptabler Aufwand bei komplexen Zusammenhängen

Methoden, die eine wirklichkeitsgerechte Modellbildung im Prinzip zulassen, sind daraufhin zu untersuchen, inwieweit ihre Anwendung auf Zusammenhänge von realistischer Komplexität noch im Rahmen handhabbaren Aufwands möglich ist.

(3) Formale Korrektheit

Abgesehen von der 'Korrektheit' der Abbildung der Wirklichkeit auf das Modell (siehe oben) können Modelle gegebenenfalls auf Unabhängigkeit, Widerspruchsfreiheit, Vollständigkeit und Entscheidbarkeit überprüft werden.

(4) Modifizierbarkeit

Formalisierungsmodelle müssen im Hinblick auf Anpassungsfähigkeit gegenüber sich wandelnden Rechtssituationen überprüft werden.

(5) Modularität

Gewisse formale Methoden erweisen sich als modular in dem Sinne, daß sie austauschbare Teilsysteme mit definierten Schnittstellen zulassen. Auf der Normebene ist dies vor allem zur Bildung komplexer Strukturen relevant.

(6) Automationsorientiertheit

Es ist zu unterscheiden, ob eine formale Methode ausdrücklich im Hinblick auf Automationsvorhaben entwickelt wurde oder anderen Zwecken dienen soll.

(7) Einfache Regeln oder einfache Darstellung

Häufig muß ein Kompromiß zwischen streng formalisierter Bildung von Axiomen und Regeln sowie deren Einhaltung einerseits und einer unkomplizierten Darstellung der formalisierten Sachverhalte andererseits geschlossen werden.

Formalisierung von Arbeit

(1) Benutzerorientiertheit

Die formalen Methoden sind daraufhin zu überprüfen, inwieweit sie den Benutzern die Arbeit erleichtern und ihre Arbeitssituation verbessern können.

(2) Leichte Verständlichkeit

Es wird die Frage gestellt, inwieweit die formalen Methoden der Qualifikation der Benutzer gerecht werden. Hierbei sind insbesondere übersichtliche Darstellungsform und Dokumentierbarkeit von Bedeutung.

(3) Übertragbarkeit

Es ist von Vorteil, wenn sich formale Methoden nicht nur für eine eng eingeschränkte Anwendung eignen, sondern auf verschiedene Anwendungsfälle übertragen werden können.

(4) Effizienz

Die formalen Methoden sollen als Erleichterung dienen und nicht zu Behinderung der Arbeit führen.

(5) Arbeitsteilung

Durch die Anwendung formaler Methoden wird der Grad der Arbeitsteilung mehr oder minder stark gefördert.

(6) Kontrolle

Formale Methoden können die Transparenz von Arbeitsprozessen erhöhen und damit Ansatzpunkte für eine verstärkte Kontrolle der Arbeit liefern. Gegebenenfalls können sie der Transparenz und damit aber auch der unmittelbaren Kontrolle von Arbeitsergebnissen dienen.

(7) Monotonie

Es soll geprüft werden, inwieweit formale Methoden zu einer Monotonisierung der Arbeit beitragen.

(8) Arbeitsautonomie

Hier soll der Frage nachgegangen werden, inwieweit die formalen Methoden die Möglichkeiten der Betroffenen einschränken, Reihenfolge und Methoden der Arbeitsausführung in gewissen Grenzen selbst zu bestimmen.

(9) Entscheidungsspielräume

Die Anwendung formaler Methoden im Recht beeinflußt Entscheidungs- und Ermessenspielräume in unterschiedlichem Maße. Es geht hier also um inhaltliche Aspekte der Arbeit, während unter (8) die Arbeitsorganisation angesprochen ist.

(10) Förderung von Qualifikationsmöglichkeiten

Im Zusammenhang mit der Diskussion um die Veränderung der Arbeitssituation ist es eine wichtige Frage, inwieweit die Anwendung formaler Methoden dem Ziel der Förderung von Qualifikationsmöglichkeiten entgegensteht.

Formalisierung der Kommunikation

(1) Bürgerorientiertheit

Die formalen Methoden sind daraufhin zu überprüfen, inwieweit sie dem Zweck dienen, den Bürgern die Kommunikation mit der Verwaltung zu erleichtern und ihnen besseren Zugang zu Verwaltungsleistungen zu verschaffen.

(2) Leichte Verständlichkeit

Es wird die Frage gestellt, inwieweit bei der Anwendung der formalen Methoden die zu erwartenden Fähigkeiten der Verwaltungsklienten berücksichtigt werden. Hierbei ist insbesondere die Übersichtlichkeit der Darstellungsform von großer Bedeutung.

(3) Kommunikationsfeindlichkeit

Hier ist zu untersuchen, inwieweit die Anwendung formaler Methoden der Berücksichtigung menschlicher Kommunikationsbedürfnisse entgegensteht und damit eine kommunikationsfeindliche Schnittstelle zwischen Bürger und Verwaltung schafft.

ASPEKT: FORMALISIERUNG RECHTLICHER REGELUNGEN					
* / **	Aussagen- und Prädikatenlogik	Mathematik			
		GRAPHENTHEORIE	MENGENLEHRE	VERBANDSTHEORIE	ORDNUNGSTHEORIE
		Modellbildung			
(1)	nur eingeschränkt auf semantische Beziehungen anwendbar	auf all jene rechtlichen Bereiche anwendbar, in denen relationale Strukturen eine große Rolle spielen	auf nahezu alle rechtlichen Bereiche anwendbar, allerdings bei naheliegenden Anwendungsweisen häufig nur mit trivialer Aussagekraft	auf rechtliche Bereiche mit gewisser Ordnungsstruktur anwendbar; auch für komplizierte Zusammenhänge	auf rechtliche Bereiche anwendbar, die schon in sich eine Art Ordnungsstruktur bzw. Rangfolge der Materie aufweisen
(2)	bei komplexen Strukturen sehr aufwendig	Es ist zweifelhaft, ob bei durchschnittlich komplexen Strukturen ein akzeptabler Formalisierungsaufwand erreichbar ist.			
(6)	nicht notwendigerweise automationsorientiert	nicht notwendig automationsorientiert	nicht notwendig automationsorientiert	nicht automationsorientiert	nicht notwendig automationsorientiert
		Modellhandhabung			
(3)	Möglichkeit zur Prüfung der - Widerspruchsfreiheit - Vollständigkeit - Unabhängigkeit des Modells; formale Korrektheit überprüfbar	formale Korrektheit eines graphentheoretischen Modells ist überprüfbar	formale Korrektheit eines mengentheoretischen Formalisierungsansatzes ist überprüfbar	wie Graphentheorie	mathematische Korrektheit eines ordnungstheoretischen Formalisierungsmodells überprüfbar

* Formalisierungsmethoden
**Kriterien entsprechend dem vorangestellten Katalog

ASPEKT: FORMALISIERUNG DER ARBEIT

** \ *	Aussagen- und Prädikatenlogik	Mathematik: GRAPHENTHEORIE	Mathematik: MENGENLEHRE	Mathematik: VERBANDSTHEORIE	Mathematik: ORDNUNGSTHEORIE
(1)	Benutzerorientiertheit kaum gegeben	Benutzerorientiertheit nicht gegeben	Benutzerorientiertheit ist kaum gegeben	Benutzerorientiertheit nicht gegeben	Benutzerorientiertheit nicht gegeben
(2)	erfordert mathematisches Verständnis; Dokumentiertbarkeit gut; übersichtliche Darstellungsform (nicht mehr bei durchschnittlich komplexen Zusammenhängen)	leichte Verständlichkeit nicht gegeben; mathematisches Wissen ist Voraussetzung; übersichtliche Darstellung und gute Dokumentierung möglich	Verständlichkeit (nach Generationen unterschiedlich) in Ansätzen gegeben	leichte Verständlichkeit nicht gegeben; übersichtliche Darstellung und Dokumentierbarkeit möglich	Darstellung in übersichtlicher Form möglich; Dokumentierbarkeit gut
(3)		graphentheoretischer Formalisierungsansatz auf die Anwendungsfälle, in denen Beziehungen zwischen Elementen charakterisiert sind, anwendbar			
(4)	Effizienz (bei Standardisierung)	Effizienz nicht notwendig gegeben	Effizienz nicht notwendig gegeben	wie Mengenlehre	Effizienz nicht notwendigerweise gegeben
(5)	Arbeitsteilung in Ansätzen möglich				
(6)	größere Transparenz bessere Kontrollierbarkeit				
(8)	Arbeitsautonomie in Ansätzen, eingeschränkt		Arbeitsautonomie eventuell eingeschränkt	wie Mengenlehre	Arbeitsautonomie partiell eingeschränkt
(9)	Entscheidungsspeilräume in Ansätzen, eingeschränkt		Entscheidungsspielräume eventuell eingeschränkt	wie Mengenlehre	Entscheidungsspielräume partiell eingeschränkt

* Formalisierungsmethoden
** Kriterien entsprechend dem vorangestellten Katalog

ASPEKT: FORMALISIERUNG DER BÜRGER—VERWALTUNG—KOMMUNIKATION

* / **	Aussagen- und Prädikatenlogik	Mathematik			
		GRAPHENTHEORIE	MENGENLEHRE	VERBANDSTHEORIE	ORDNUNGSTHEORIE
(1)		Bürgerorientiertheit ist nicht gegeben; die Beherrschung eines graphentheoretischen Ansatzes setzt mathematisches Wissen voraus	Bürgerorientiertheit kaum zutreffend	Bürgerorientiertheit ist nicht gegeben	Bürgerorientiertheit ist nicht gegeben
(2)		leichte Verständlichkeit nicht gegeben	bei elementaren Zusammenhängen der Mengenlehre leichte Verständlichkeit gegeben	leichte Verständlichkeit nicht gegeben	leichte Verständlichkeit nicht vorhanden
(3)	ambivalent zur Kommunikationsfeindlichkeit: a) Möglichkeit zum klaren, verständlichen Ausdruck von Norminhalten b) durch die Möglichkeit der Handhabung stärker differenzierter Regelungen möglicherweise wieder unverständlich (weil nicht allgemein nachvollziehbar)	erleichtert die Kommunikation nur unter Fachleuten	steht den menschlichen Kommunikationsbedürfnissen zum Teil entgegen	wie Graphentheorie	wie Graphentheorie

* Formalisierungsmethoden
** Kriterien entsprechend dem vorangestellten Katalog

ASPEKT: FORMALISIERUNG RECHTLICHER REGELUNGEN

** \ *	Informatik: FLUSSDIAGRAMME (DIN 66 001)	Informatik: NETZE	Informatik: ENTSCHEIDUNGSTABELLEN	Informatik: KÜNSTLICHE-INTELLIGENZ-METHODEN (insbes. auch Expertensysteme)
	Modellbildung			
(1)	weitgehend wirklichkeitsgetreue Nachbildung sequentieller Prozesse möglich; bei parallelen Prozessen problematisch	einfache Modellbildung gegeben; eventuell Zementierungseffekt gemäß größerer Strenge der Darstellung; besonders gute Möglichkeiten zur Verfeinerung und Vergröberung des Modellentwurfs; für ablauforientierte Darstellungen (z.B. Parallelitäten) vor allem geeignet	wie Aussagenlogik	von allen Gebieten das aussichtsreichste, um Wirklichkeit zu erfassen
(2)	ohne größeren Aufwand auch bei komplexen Systemen	vor allem wegen der Möglichkeit der Verfeinerung und Vergröberung des Entwurfs tragbar	wie Aussagenlogik	Beim heutigen Stand der Entwicklung ist ein unrealistisch hoher Aufwand bei größerer Komplexität der Sachverhalte notwendig.
(4)	denkbar einfache Modifizierbarkeit	Modifizierbarkeit ist gut	wie Aussagenlogik	In KI-Systemen kann im Prinzip Lernfähigkeit eingebaut werden.
(5)	wenig Möglichkeiten zur modularen Gestaltung			
(6)		automationsorientiert, aber nicht automatisch übersetzbar in Algorithmen	wie Aussagenlogik	KI-Methoden sind immer automationsorientiert
(7)		einfache Regeln/Darstellung; vergleichbar mit Flußdiagrammen, aber in streng. Formalismus einzubinden	wie Aussagenlogik	KI-Methoden bemühen sich um Orientierung an der Komplexität menschl. Denk- bzw. Entscheidungsvorgänge

* Formalisierungsmethoden
** Kriterien entsprechend dem vorangestellten Katalog

ASPEKT: FORMALISIERUNG RECHTLICHER REGELUNGEN (Fortsetzung)				
* / **	Informatik			
	FLUSSDIAGRAMME (DIN 66 001)	NETZE	ENTSCHEIDUNGSTABELLEN	KÜNSTLICHE-INTELLIGENZ-METHODEN (insbes. auch Expertensysteme)
	Modellhandhabung			
(2)			Aufwand für die Erstellung eines Modells durch Entscheidungstabellengenerator für Erstellung, Prüfung und Änderung erträglich	von
(3)	keine Überprüfung von Unabhängigkeit, Widerspruchsfreiheit und Vollständigkeit		Korrektheit des Modells durch Algorithmus überprüfbar; verhältnismäßig leichte Möglichkeit zur Prüfung der Widerspruchsfreiheit und Vollständigkeit	Ansatz
(4)	leichte Modifizierbarkeit	verhältnismäßig einfach modifizierbar		zu
(5)		Modularität über Verfeinerung und Vergröberung	modularer Aufbau	Ansatz
(6)	Automationsorientierung gegeben		automationsorientiert, besonders bei komplexen Tabellen	unter-
(7)	einfache Regeln; einfache Darstellung	wie bei Modellbildung	relativ einfache Darstellung; relativ einfache Regeln	schiedlich

* Formalisierungsmethoden
** Kriterien entsprechend dem vorangestellten Katalog

ASPEKT: FORMALISIERUNG DER ARBEIT

* / **	Informatik			
	FLUSSDIAGRAMME (DIN 66 001)	NETZE	ENTSCHEIDUNGSTABELLEN	KÜNSTLICHE-INTELLIGENZ-METHODEN (insbes. auch Expertensysteme)
(1)	Benutzerorientierung der Flußdiagramme ist insofern gegeben, als es ein allgemeinverständliches Instrument zur Beschreibung von Arbeits- und Entscheidungsabläufen darstellt.	Benutzerorientierung durch die variable Handhabbarkeit und einfache Darstellung in Relation zu anderen Formalisierungsmethoden gegeben, jedoch an sehr spezialisierte Sachkunde gebunden	Benutzerorientierung: bei nicht automatisierter Verwendung einigermaßen gute Handhabbarkeit für kleine Tabellen, bei komplexeren Problemen weniger gegeben; bei automatisierter Verwendung abhängig vom Hersteller	
(2)	Im allgemeinen ist auch die leichte Verständlichkeit gegeben; allerdings verleitet das Instrument häufig zu unpräziser, verkürzter oder ungenauer - jedenfalls nicht selbsterklärender - Formulierung der einzelnen Statements	leichte Verständlichkeit bei guter Beschriftung zum Teil gegeben	verhältnismäßig leichte Verständlichkeit; Dokumentierbarkeit gut; übersichtliche Darstellung	KI-Systeme sind aufgrund ihrer Komplexität für den Benutzer schwer durchschaubar; die systeminternen Vorgänge sind oft für den Systemdesigner selbst kaum durchschaubar, weil sie in ihrer Struktur die komplexe Umwelt widerspiegeln.
(3)	Übertragbarkeit ist wegen fehlender formaler Konkretisierungsregeln schwierig	Übertragbarkeit durch die Möglichkeiten der Verfeinerung und Vergröberung		KI-Systeme sind nur begrenzt übertragbar
(4)	Effizienz ist durch die Anwendung von Flußdiagrammen nicht gewährleistet.		effizientes Mittel zur Programmerstellung	Die Effizienz hängt vom jeweiligen System ab.
(5)	Arbeitsteilung ist hier insofern einschlägig, als die Erstellung der Diagramme und die Ausführung auseinandergezogen werden können.	Netze ermöglichen eine strikte und exakt geplante, arbeitsteilige Organisation von Tätigkeiten.	gilt nur für Entscheidungstabellengeneratoren***: schafft weniger Voraussetzungen für Arbeitsteilung als Programmiersprachen	keine besondere Förderung der Arbeitsteilung

* Formalisierungsmethoden
** Kriterien entsprechend dem vorangestellten Katalog

*** Entscheidungstabellengeneratoren sind Programme, welche den Inhalt von einer Entscheidungstabelle nach formalen Prüfungen in ein Programm umsetzen.

A S P E K T : F O R M A L I S I E R U N G D E R A R B E I T (Fortsetzung)

* / **	Informatik: FLUSSDIAGRAMME (DIN 66 001)	NETZE	ENTSCHEIDUNGSTABELLEN	KÜNSTLICHE-INTELLIGENZ-METHODEN (insbes. auch Expertensysteme)
(6)	Kontrolle erleichtert die Flußdiagrammtechnik insofern, als überprüfbar ist, ob festgelegte (formalisierte) Arbeitsabläufe eingehalten werden.	Netze erhöhen die Tranzparenz von Arbeitsabläufen und verbessern damit die Kontrollierbarkeit von Tätigkeiten.	gilt nur für Entscheidungstabellengeneratoren***: leichte Kontrollmöglichkeit	weniger Kontrolle als bei anderen DV-Systemen
(7)	Monotonie ist nur insofern einschlägig, als in Organisationen nach - mittels Diagrammtechnik - festgeschriebenen Abläufen gearbeitet werden könnte.		gilt nur für Entscheidungstabellengeneratoren***: erhöhte Monotonie	eventuell weniger Monotonie als bei anderen DV-Systemen
(8)	Einschränkung der Arbeitsautonomie im Zusammenhang mit (7) durch Festlegung der Abfolge von Arbeits- und/oder Entscheidungsschritten		gilt nur für Entscheidungstabellengeneratoren***: Arbeitsautonomie gering	weniger systembedingte Einschränkungen der Arbeitsautonomie
(9)	einschlägig im Zusammenhang mit (6) bis (8)	Entscheidungsspielräume können eher eingeschränkt werden durch exaktere Möglichkeiten der Planung und Kontrolle	gilt nur für Entscheidungstabellengeneratoren***: starke Einschränkung der Entscheidungsspielräume (im Detail abhängig vom System)	Durch Entscheidungsvorbereitung mit Hilfe von KI-Methoden können Entscheidungsspielräume eingeschränkt werden.
(10)			gilt nur für Entscheidungstabellengeneratoren***: keine Qualifikationsförderung; eher Abbau bei Programmierern	Wegen der Undurchschaubarkeit werden Qualifikationsprozesse erschwert.

* Formalisierungsmethoden
** Kriterien entsprechend dem vorangestellten Katalog

*** Entscheidungstabellengeneratoren sind Programme, welche den Inhalt von einer Entscheidungstabelle nach formalen Prüfungen in ein Programm umsetzen.

ASPEKT: FORMALISIERUNG DER BÜRGER–VERWALTUNG–KOMMUNIKATION

* / **	Informatik			
	FLUSSDIAGRAMME (DIN 66 001)	NETZE	ENTSCHEIDUNGSTABELLEN	KÜNSTLICHE-INTELLIGENZ-METHODEN (insbes. auch Expertensysteme)
(1)	Bürgerorientierung möglicherweise durch die Benutzung als Hilfsmittel zur Explizierung des Verwaltungsverfahrens oder der Entscheidungsabläufe	Ihre Verwendung bedeutet einerseits eine gewisse Einengung der Ausdrucksmöglichkeiten des Bürgers, andererseits sind Netze als Mittel zur Verdeutlichung von Strukturen eventuell geeignet, Vorgänge transparenter zu machen.	keine Bürgerorientierung	keine Bürgerorientierung erkennbar; Expertensysteme bzw. KI-Methoden brauchen zur Repräsentierung des systeminternen Wissens sehr viele Daten. Dadurch wird eventuell der Bedarf an Daten über Bürger erhöht.
(2)	Mittel zur übersichtlichen Darstellung	wie unter (1)	für Verwaltungsklienten nicht verständlich; für den Kenner (aber nur für diesen!) übersichtliche Darstellungsform	KI-Systeme sind aufgrund ihrer Komplexität für den Betroffenen nicht durchschaubar
(3)	keine Festlegung auf Kommunikationsebenen erforderlich	Die Gefahr der Kommunikationsfeindlichkeit besteht, da allgemein nicht das formale Vorverständnis erwartet werden kann, das notwendig ist, Formalisierung mit Hilfe von Netzen kompetent zu betrachten.	ambivalent zur Kommunikationsfeindlichkeit (vgl. Logik); (aufgrund der Darstellungsweise und der erforderlichen Vorkenntnisse nicht zur allgemeinen Kommuniaktion z.B. im Rahmen einer Bürgerbeteiligung bei Planungsprozessen geeignet.)	flexiblere 'Kommunikation' als bei herkömmlichen DV-Systemen möglich

* Formalisierungsmethoden
** Kriterien entsprechend dem vorangestellten Katalog

6. Auswirkungen der Formalisierung

Von den Auswirkungen der Formalisierung generell zu reden, ist aufgrund der Strukturierungsmerkmale des Untersuchungsgegenstandes zunächst einmal sehr schwierig. Wie in Abschnitt 1. dargestellt, betrachten wir den Vorgang der Formalisierung als einen Prozeß, der eine vorangegangene Präzisierung, Abstraktion und Modellbildung voraussetzt[1]. Insofern ordnet sich z.B. der graphentheoretische Formalisierungsansatz von Zimmermann für die gesetzliche Erbfolge ebenso dem Begriff der Formalisierung unter wie etwa der Prozeß der Einrichtung eines Sozialinformationssystems in der Bundesrepublik.
Die Auswirkungen der Formalisierung innerhalb der Bedeutungsdimensionen

- rechtlicher Regelungen
- der Arbeit
- der Bürger-Verwaltung-Kommunikation

sind bezüglich der verschiedenen Formalisierungsbeispiele aufgrund des unterschiedlichen Konkretionsgrades kaum vergleichbar. Im Rahmen dieser Untersuchung wurde bisher das Schwergewicht auf die Formalisierung von Rechtsnormen gelegt, während die Vorgehensweise im folgenden davon abweicht. Untersucht wird zunächst anhand eines operationellen Systems aus der Verwaltung, welche Auswirkungen solche Systeme haben können.
Aussagen zu den zukünftigen Auswirkungen der Formalisierung von Rechtsnormen in den Bereichen Arbeit und Bürger-Verwaltung-Kommunikation haben notwendig teilweise hypothetischen Charakter. Insofern ist es hilfreich, an Untersuchungsergebnisse anzuknüpfen, die sich auf existierende, praktisch relevante Systeme der Verwaltung beziehen.
Die Einbeziehung solcher teils hypothetischer Betrachtungen ist unerläßlich, will man nicht einer 'Wildwuchsformalisierung' - d.h. einer Formalisierung von rechtlichen bzw. gesellschaftlichen Bereichen, ohne vorherige Untersuchung der Voraussetzungen, Rahmenbedingungen und Folgen - Vorschub leisten.

----

1) vgl. dazu die Erörterungen in Abschnitt 1.3.2. bzw. 1.3.3. (S.27 ff.)

6.1. Auswirkungen der Formalisierung und Automatisierung am Beispiel der Steuerverwaltung:

Die Steuerverwaltung weist ein hohes Maß an Formalisierung und Automatisierung auf und bietet sich damit für eine Untersuchung der Wechselbeziehung dieser Aspekte an, wie sie in diesem Abschnitt versucht werden soll. Grundlage der Analyse ist dabei eine empirische Untersuchung der 'Forschungsgruppe Verwaltungsautomation'[2].
Für die Bestimmung der Auswirkungen von Formalisierung und Automatisierung in ihrer komplexen Wechselwirkung mit der Organisation der Verwaltungsarbeit und den ihr zugrundeliegenden Gesetzen und Vorschriften beziehen wir uns auf folgendes Analysemodell:

Die Automatisierung der Verwaltungsarbeit ist nur möglich auf der Grundlage eines hohen Formalisierungsgrades der Arbeitsorganisation und der Arbeitsgegenstände sowie aufgrund weitgehender Formalisierung des für die betroffene Verwaltung einschlägigen Rechtsgebiets. Umgekehrt verstärkt die Automatisierung von Teilen der Verwaltungsarbeit die ohnehin gegebene Formalisierung der Arbeit und des Rechts noch weiter. Diese Verstärkungswirkung bestimmt die Auswirkungen im Bereich des Bürger-Verwaltung-Kontakts.

Hier bewahrheitet sich also die These vom Computer als Trendverstärker, wie sie bereits bei der 'Bestandsaufnahme der Wirkungsforschung' formuliert worden war[3].

---

2) H.Brinckmann u.a., Automatisierte Verwaltung, Frankfurt 1981; vgl. auch die Diskussion in ÖVD 1982 f.

3) J.Reese u.a., Gefahren der informationstechnologischen Entwicklung, Frankfurt 1979

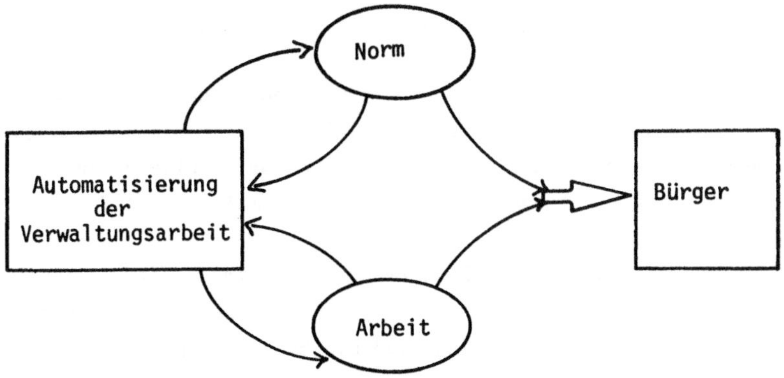

Abb. 6.1.: Veranschaulichung des Analysemodells

Voraussetzungen der Automatisierung

Das Steuerrecht weist der Natur des Gegenstands nach bereits einen hohen Formalisierungsgrad auf. Die zu berücksichtigenden Faktoren sind in hohem Maße quantifiziert und positiviert. Die Gesetzesbindung der öffentlichen Verwaltung und der Gleichheitsgrundsatz begünstigen die Entwicklung schematischer Bearbeitungsweisen, wie sie sich auch aus der effektiven und kontrollierbaren Bearbeitung von jährlich vielen Millionen Fällen notwendig ergibt. Im Ergebnis wiesen die Finanzämter zu Beginn der Automatisierung in der öffentlichen Verwaltung einen hohen, ausgereiften Stand an bürokratischer Arbeitsorganisation auf, der durch Dienstanweisungen sehr weitgehend und formal geregelt war.
Da bedeutende Änderungen des Steuerrechts im Hinblick auf Automatisierungsvorhaben nicht stattfanden, betrachten wir im folgenden vor allem die Aspekte 'Formalisierung der Verwaltungsarbeit' und 'Formalisierung der Bürger-Verwaltung-Kommunikation' unter dem Blickwinkel der Auswirkungen von Formalisierung.

6.1.1. Formalisierung der Verwaltungsarbeit

Obwohl - wie schon gesagt - keine bedeutenden Änderungen des Steuerrechts im Zuge der Automatisierungsvorhaben erfolgten, ist zu prüfen, inwieweit die vom Gesetz eingeräumten Ermessensspielräume und Möglichkeiten der Auslegung unbestimmter Rechtsbegriffe durch die Automatisierung faktisch eingeschränkt worden sind.
Die empirische Untersuchung von Brinckmann u.a. kommt zu dem Ergebnis, daß keine Einschränkungen von Entscheidungsspielräumen der Sachbearbeiter festzustellen sind, wobei zu beachten ist, daß ein bedeutender Teil der vom Gesetzgeber gelassenen Spielräume ohnehin durch Dienstanweisungen ausgefüllt ist. Die nach wie vor bestehende Entscheidungsverantwortung spiegelt sich auch in der Ausbildung und den Aufstiegsmöglichkeiten der Steuerbeamten wieder, bei denen steuerrechtliche Kenntnisse im Vordergrund stehen.
Die Untersuchung gibt einige Hinweise darauf, daß in gewissen Bereichen eine Formalisierung stattgefunden hat. So wird erwähnt, daß aufgrund der hohen Programmkomfortabilität in Spitzenzeiten der Belastung angelernte Arbeitskräfte für Sachbearbeitungsaufgaben eingesetzt werden. Die notwendigen Kenntnisse sind also offenbar geringer geworden. Eine Rolle spielt sicher auch die Tatsache, daß umfangreiche Plausibilitätskontrollen die Wahrscheinlichkeit unentdeckter Fehler bedeutend verringert haben. Dies bedeutet letztlich eine gleichmäßigere Anwendung des Rechts, weil eine Bevorzugung oder Benachteiligung von Steuerpflichtigen durch Fehler oder ein Vergessen der Anwendung von Vorschriften so vermieden wird. Die Gleichmäßigkeit wird auch durch die Tatsache gefördert, daß bestimmte Prüfungen, Mahnungen etc., die bislang aus Personalknappheit nicht durchgängig gehandhabt werden konnten, jetzt ins automatisierte Verfahren übernommen wurden.
Im Zuge der Ausweitung des automatisierten Verfahrens auf immer umfassendere Bereiche der Verwaltungsarbeit im Finanzamt treten Verschiebungen in der Verteilung der Sachbearbeitertätigkeiten auf, die sich ebenfalls als Trend zu einer stärker formalisierten Normanwendung interpretieren lassen: Während die Berechnungstätigkeiten und in zunehmendem Maße auch die Zuteilung der Fälle zu Fallgruppen durch das automatisierte System vollzogen werden, polarisiert sich die Arbeit des Sachbearbeiters einerseits hin zum Ausfüllen von Datenerfassungsbelegen und andererseits in Richtung Aufklärung und Einordnung von Fällen, die nicht im System vorgesehen sind. Neben der zweifellos erkennbaren Zementierung von Subsumtionsregeln bei der automatisierten Fallgruppenzuordnung könnte in der genannten Schwerpunktverlagerung hin zu einer 'routinemäßigen' Klärung von Fällen, die nicht im System vorgesehen sind, der Keim für die zukünftige Entwicklung standardisierter Bearbeitungsweisen liegen.

Eine Begleiterscheinung des automatisierten Vollzugs der Steuergesetze ist die tendentielle Isolierung von Daten und Entscheidungen aus ihrem Kontext, wie er bei der Bearbeitung durch den Sachbearbeiter häufig noch gegeben war durch umfassende Kenntnis des Falls, seiner Geschichte und gegebenenfalls des betroffenen Bürgers. Das automatisierte System realisiert nur solche Bezüge, die auch explizit im Gesetz (bzw. den Verwaltungsanweisungen, Formularen usw.) vorgesehen sind, stellt also in gewissem Sinne eine Perfektionierung der Rechtsanwendung her. Dies gilt besonders für integrierte Systeme, die mehrere Verwaltungsschritte über eine gemeinsame Datenbank abwickeln, ohne daß kontrollierende und korrigierende Arbeitsschritte des Sachbearbeiters[4)] dazwischengeschaltet wären.
Bei der Arbeitsteilung ist eine stärkere Zersplitterung von Tätigkeiten zu beobachten. Nach außen ergibt sie sich aus dem Zusammenwirken von Finanzamt, Datenerfassungsstelle und Rechenzentrum, die nacheinander an der Bearbeitung eines Falles beteiligt sind. Aber auch nach innen findet eine Umstrukturierung nach abstrakteren, arbeitsorganisatorischen Kriterien statt und zwar einmal nach Schwierigkeitsgrad und Bezirk, zum anderen aber nach der Gliederung der einzelnen Fallbearbeitung und Zuweisung von Arbeitsschritten an verschiedene Arbeitsplätze. Die Verfasser der empirischen Untersuchung beschreiben diesen Wandel als Entwicklung von der

"handwerklichen Einzelfertigung von Verwaltungsakten zu einer Tätigkeit, die durch sequenzielle Bearbeitung des Objektes in definierten Arbeitsschritten an verschiedenen Arbeitsplätzen gekennzeichnet ist. In unterschiedlichem Maße führte dies zu einem Abbau der Beziehungen des Sachbearbeiters zum Steuerpflichtigen sowie zur Wegnahme des halbfertigen Arbeitsprodukts, dessen Rücklauf von der Hessischen Zentrale für Datenverarbeitung frühestens nach 6 Wochen erfolgt."[5)]

Die Zersplitterung des Arbeitsablaufs geht einher mit einer Zersplitterung der Information, die vom System, für bestimmte Haupttätigkeiten aufbereitet, zur Verfügung gestellt wird, für Nebentätigkeiten aber nicht greifbar ist oder mühsam zusammengesucht werden muß, wie im Fall der Klärung von Rückständen bei Überschneidungen mit Zahlungen. Hinsichtlich der hier denkbaren

----

4) hier: Veranlagung, Steuerfestsetzung und -erhebung mit ihren verschiedenen Verfahren und Abschnitten

5) H.Brinckmann, a.a.O., S.31

vielfältigen Kombinationsmöglichkeiten von Fällen sind für die Arbeit der Vollstreckungsstelle keine zufriedenstellenden Informationen im System vorgesehen, und eine Klärung anhand der Akten beim Sachbearbeiter ist wegen der Arbeitsteilung nicht mehr ohne weiteres möglich.
Typische Begleiterscheinung der Einführung von automatisierten Systemen ist der Anfall von umfangreichen Datenerfassungsarbeiten, die die Verfasser als extrem inhaltsleer und monoton kennzeichnen. Zu beachten ist dabei, daß nicht nur die maschinenlesbare Erfassung der Daten in der Datenerfassungsstelle, sondern auch die Codierung des Sachverhalts durch den Sachbearbeiter mit Buchstaben- und Ziffernschlüsseln in dieser Weise zu beurteilen ist. Die Schlüssel schlägt er in umfangreichen Tabellen und Arbeitsanleitungen nach.
Schließlich sind hier Faktoren zu nennen, die zu einer Einschränkung der Wahlmöglichkeiten beim individuellen Arbeitsablauf führen. Die ohnehin nicht großen Spielräume werden durch die Termine der DV-Läufe und den Zwang zur einheitlichen Ausfüllung der Formulare weiter eingeschränkt. Im manuellen Verfahren konnten Sachbearbeiter die Steuerberechnungsbögen innerhalb gewisser Termingrenzen nach eigener Arbeitseinteilung ausfüllen und kontrollieren. Im laufenden DV-Verfahren gibt es hingegen genaue Vorschriften darüber, wann, wie und von wem Prüfhinweise, Fehlerhinweise und Fälle ohne Hinweise nach Rücklieferung von der Datenzentrale kontrolliert werden sollen. Die notwendige Koordination zwischen den am Verfahren beteiligten Stellen läßt dem Finanzamt nur geringe Spielräume zu einer selbständigen Gestaltung der Arbeitsabläufe. Sie werden nicht zuletzt stark von der 'turn-around'-Zeit für Erfassung und maschinelle Verarbeitung von ca. acht Wochen bestimmt. Allerdings kommen die Verfasser zu dem Schluß, daß die Dienstanweisungen "DV", die mit der Einführung des Verfahrens erlassen wurden, in ihren Regelungen über das von der DV-Organisation Vorgegebene hinausgehen und im Zuge der Umstellung auf das automatisierte Verfahren Formalisierungen der Arbeit vornehmen, die auch bei der gegebenen Anwendungsform der DV so nicht sachzwanghaft sind. In den Kommentaren zu den Dienstanweisungen, die die Finanzbeamten abgeben, spiegelt sich die ambivalente Rolle der Formalisierung im Gefolge der Automatisierung wieder: Einerseits wird immer wieder betont, daß mit der Codierungsarbeit und den äußeren Zwängen der Arbeitsorganisation ein sachfremder Einfluß auf die Arbeit einwirkt, der aber ein Fremdkörper bleibt. Andererseits ist nicht zu übersehen, daß diese ihrem Wesen nach fremde Arbeit quantitativ ganz erhebliche Bedeutung gewonnen hat, also für den Arbeitsalltag sicherlich bestimmend geworden ist.

6.1.2. Auswirkungen der Formalisierung auf die Bürger-Verwaltung-Kommunikation

Die beschriebenen Veränderungen im Bereich der Normanwendung und der Verwaltungsarbeit schlagen sich auch in veränderten Beziehungen zum Bürger als Verwaltungskunden nieder[6].
Festzustellen ist eine deutliche Anonymisierung des Kontakts infolge der Zersplitterung von Tätigkeiten. Dies führt dazu, daß dem ratsuchenden Bürger nicht mehr immer ein eindeutiger Sachbearbeiter zugeordnet ist, den er gegebenenfalls persönlich kennt und der seinen Fall durchgängig bearbeitet. Der Mangel an kundigen und verantwortlichen Ansprechpartnern ist häufig Gegenstand von Konflikten und Beschwerden zwischen Bürger und Verwaltung. Im untersuchten Fall wurden bei der Umstellung auf ein 'on-line'-Verfahren bestimmte Bescheide und Abrechnungen den Bürgern nicht mehr regelmäßig zugesandt, wobei auf die Möglichkeit der 'on-line'-Auskunft verwiesen wurde. Es stellte sich allerdings heraus, daß die vorgesehene Anzahl von Bildschirmgeräten bei weitem nicht ausreichte, um allen Abfragen von Sachbearbeitern und Bürgern zu genügen. Außerdem führte die mangelnde Leistung des Zentralrechners zu Abschaltungen und langen Antwortzeiten, die auch nicht kurzfristig zu beheben waren, so daß die Qualität der erbrachten Dienstleistung in diesem Bereich abnahm. Verbunden mit dem 'on-line'-System war darüber hinaus die langfristige Speicherung personenbezogener Daten der Bürger auf Direktzugriffsspeichern. Auszüge aus diesem Datenbestand wurden an eine Reihe anderer Behörden regelmäßig übermittelt. Die Mehrfacherhebung mit der Möglichkeit der Richtigstellung durch den Betroffenen wird so durch Weiterverwendung einmal erhobener Daten ersetzt.
Das automatisierte Verfahren verlangt vom Bürger ein höheres Maß an Präzision und Vollständigkeit seiner Angaben. Da es die früher übliche Zuständigkeit eines Sachbearbeiters, der im Falle von Unklarheiten aufgrund seiner Kenntnis eines Falles sinngemäß Angaben ergänzen konnte, heute nicht mehr gibt, führen unvollständige oder falsche Angaben unweigerlich zu Fehlern, die u.U. eine ganze Kettenreaktion unsinniger Handlungen auslösen können. Die Bereinigung eines solchen Fehlers ist für Bürger und Finanzbeamte gleichermaßen aufwendig. Beim Bürger wird deshalb ein gewisses Verständnis für

---

6) Im Bereich der 'Sozialen Sicherung' etwa hat eine Entwicklung von einer dezentralen, selbstverwalteten, kollektiven Organisation hin zur zentralisierten und regulierten Versorgung stattgefunden.

steuerrechtliche Zusammenhänge, aber auch für die Eigenschaften automatisierter Verfahren vorausgesetzt, was aber nicht immer vorhanden ist. Hier entsteht eine Verlagerung von Aufwand[7] hin zum Bürger, die ihre materielle Entsprechung in der Abschaffung des Barverkehrs und den Folgekosten des bargeldlosen Zahlungsverkehrs hat.
Als Verbesserung der Gleichbehandlung bezeichnete die Leitung des Finanzamts die rigidere Überwachung von Zahlungen, Rückständen, etc. . Säumniszuschläge, Mahnungen, aber auch die Verzinsung von Guthaben kommen erst mit dem automatischen Verfahren zur konsequenten Anwendung. Inwieweit es darüber hinaus als Folge der Entlastung der Sachbearbeiter von Rechenfunktionen zu einer 'strikteren Gesetzesanwendung' kommt, geht aus der Studie nicht eindeutig hervor. Immerhin hat sich die Zahl der zu bearbeitenden Fälle pro Sachbearbeiter seit Beginn der Automatisierungsvorhaben verdoppelt.
Kritisiert wird von Bürgern und Sachbearbeitern gleichermaßen, daß das automatisierte Verfahren eine früher übliche Kulanz, z.B. bei Überschreitung von Zahlungsterminen, nicht mehr zulasse. Außerdem führe das 'seelenlose' Anmahnen und Eintreiben von Steuern auch in offensichtlich unsinnigen oder fehlerhaften Fällen zu Konflikten zwischen Bürger und Verwaltung. Die Möglichkeit, diese Fälle in der Beschwerdeinstanz zu klären, ist ebenfalls unbefriedigend, weil die 'Aufklärungsbuchhaltung' infolge der zersplitterten Arbeitsorganisation große Schwierigkeiten mit einer schnellen Klärung hat.

Resümee

Die Verfasser der empirischen Erhebung kommen zu dem Schluß, daß viele der hier zusammengefaßten Auswirkungen des automatisierten Verfahrens nicht zwangsläufig aus dem Einsatz der Technik folgen, sondern sich eher aus einem Denken ergeben, das die Maschine zum Ideal erhebt und ihre Eigenschaften auch im Bereich menschlicher Arbeit und Kommunikation durchzusetzen sucht.

> "Viel bedeutsamer sind Vorstellungen über "richtige" Verwaltungsorganisation, wie sie den Verwaltungsspitzen eigen sind, und das heißt vor allem präzise und fehlerfreie Normanwendung, hierarchische Arbeitsorganisation, Kontrollierbarkeit des Arbeitsablaufs und des Arbeitsprodukts. Die Breite

----

7) insbesondere auch von Lernaufwand

der technischen Möglichkeiten wird so durch Vorstellungen über den "richtigen" Lauf der Dinge entscheidend verengt.
Solche Grundüberzeugungen über gute Verwaltung drängen tendenziell zur Konservierung, aber auch zur Perfektionierung der bestehenden Strukturen mit technischen Mitteln.
Einheitliche Normen und Regeln, klare und verbindliche Ziele sind weitere Kennzeichen perfekter Verwaltung; gleichzeitig werden sie vom Einsatz der Datenverarbeitung zwingend erfordert. Die Affinität von Groß-EDV und perfekter Verwaltung ist aber auch in anderen Bereichen unverkennbar. Strikte Durchsetzung der Regelungen wird erreicht, wenn man Befehle nicht mehr an Menschen, sondern an Maschinen gibt, deren Einsatz dann in den verbleibenden Bereichen menschlicher Arbeit Zwänge schafft, die keine andere Wahl als regelkonforme Arbeit lassen."[8)]

6.2. Thesen zu den Auswirkungen der Formalisierung

Historisch betrachtet, existieren Ansätze zur Formalisierung in einzelnen Bereichen schon seit langem, zum Teil unabhängig vom Technikeinsatz - z.B. auf dem Gebiet der Rechtslogik -, zum Teil im Zusammenhang mit der Verwendung von Technik - z.B. die Arbeitsorganisation in einigen Verwaltungsbereichen, in denen Massenverfahren schon seit den 20er Jahren mit Hollerith-Maschinen[9)] abgearbeitet wurden[10)].
Im Zuge der verstärkten Nutzung moderner Informationstechnik entstanden in den letzten Jahren eine Reihe von Studien, die sich mit den Auswirkungen der Informationstechnik auf die Gesellschaft befassen[11)]. Die Ergebnisse und Hypothesen dieser Untersuchungen können nicht pauschal auf den Gegenstandsbereich der Formalisierung (im Recht) übertragen werden, bieten aber Anhaltspunkte für die Erörterung dieser Problematik. Deshalb wird zunächst - als Vorbereitung der thesenartigen Zusammenfassung der Auswirkungen der Formalisierung - auf einige wesentliche Ergebnisse des Berichts an den Club of Rome ("Auf Gedeih und Verderb") zurückgegriffen.

----

8) H.Brinckmann u.a., a.a.O., S.135

9) d.h. Lochkarten-Maschinen

10) vgl. hierzu H.Fiedler, Rechenautomaten in Recht und Verwaltung, in: JZ 1966, S.789 mit weiteren Hinweisen

11) hier seien vor allem genannt: S.Nora, A.Minc, Die Informatisierung der Gesellschaft, Frankfurt/New York 1979; I.Barrow/R.C.Curnow, The Future of Information Technology, Internal Report of Social Policy Research Unit, University of Sussex, Brighton 1978; A.Danzin, Die gesellschaftlichen Auswirkungen der Datenverarbeitung, Birlinghoven 1978; G.Friedrichs/ A.Schaff (Hrsg.), Auf Gedeih und Verderb, Mikroelektronik und Gesellschaft, Wien/München/Zürich 1982

6.2.1. Informationstechnik und Gesellschaft

In einer der jüngsten Studien, die sich mit den Auswirkungen der Informationstechnik auf die Gesellschaft beschäftigen, unterscheidet Lenk[12] folgende typische Muster von DV-Systemen in der öffentlichen Verwaltung:

- operative Massensysteme (wie z.B. die automatisierte Einkommensteuerveranlagung)
- integrierte Systeme (die Unterstützung von Routinearbeiten durch Datenbanken)
- Entscheidungshilfen (Informationssysteme vom Datenbanktyp als Entscheidungshilfe)

die bisher allerdings nur als isolierte Systeme vorhanden sind. Die gesellschaftlichen Auswirkungen der oben genannten Typen von DV-Systemen betreffen:

"- die Qualität der Verwaltungsleistungen sowie das Beziehungsgefüge von Bürger und Verwaltung;
- die Machtverteilung zwischen öffentlichen und privaten Organisationen (Bürokratien), also das Zentralisierungsproblem;
- die Machtverteilung zwischen staatlichen und privaten Bürokratien und dem Individuum, also das Datenschutzproblem."[13]

Bezüglich des ersten Aspekts spricht Lenk von einem "Wandel in der Qualität der Verwaltungsdienste"[14] und charakterisiert diesen folgendermaßen:

- positive Auswirkungen hat es besonders im Hinblick auf Tempo und Zuverlässigkeit der Verwaltungsarbeit gegeben
- es fand z.T. eine Abwälzung von Kosten und Arbeit auf den Klienten statt
- DV-Systeme verlangen tendenziell mehr Geschick und höheren finanziellen Aufwand beim Umgang mit Behörden
- es findet ein Abbau des direkten Kontaktes von Klient und Verwaltungspersonal statt, was zu einer Verringerung des Eingehens der staatlichen Verwaltung auf die Wünsche und Nöte der Bürger geführt hat
- viele Behörden haben ein übertriebenes Vertrauen in die Richtigkeit der intern gespeicherten Informationen[15].

---

12) K.Lenk, Informationstechnik und Gesellschaft, in: G.Friedrichs/A.Schaff (Hrsg.), Auf Gedeih und Verderb, Wien/München/Zürich 1982, S.289-326

13) K.Lenk, a.a.O., S.296

14) K.Lenk, ebd.

15) K.Lenk, a.a.O., S.296 f.

Hinsichtlich des Zentralisierungsproblems konstatiert Lenk:

"Während Hinweise auf Machtverschiebungen innerhalb von Organisationen durchaus vorliegen, ist die Vermutung einer veränderten Machtbalance zwischen den Teilorganisationen eines Regierungs- und Verwaltungssystems noch kaum belegbar"[16),]

warnt aber gleichzeitig davor, diese Machtverschiebungen mit den Begriffen Zentralisierung und Dezentralisierung (der DV) erfassen zu wollen. Eine allgemein erwartete Auswirkung von Informationssystemen für die Alltagsbedürfnisse der Bürger (etwa Bildschirmtext) sei die zunehmende "Isolierung des Individuums"[17)]. Der Einsatz der Informationstechnik verstärke vorhandene gesellschaftliche Tendenzen, erweitere das Arsenal, das den widerstreitenden, gesellschaftlichen Kräften zur Verfügung steht, wobei "ihr Einsatz, ja sogar die Entwicklung dieser Technik selbst ... vor allem den Interessen und Zwecken der Mächtigen und Reichen dienen"[18)]. Die auffälligste Erscheinung der "Informatisierung der Gesellschaft"[19)] ist für Lenk die wachsende Bedeutung formaler Elemente innerhalb der Gesellschaft. Der Siegeszug der DV gehe einher mit der wachsenden Rolle formaler Organisationen. Vorbedingung dafür - und gleichzeitig interessant für die Problematik der Formalisierung - sind spezielle Eigenarten der DV:

"Sie dient der Verarbeitung ... hochgradig formalisierter Information. Das bedeutet zwangsläufig, daß diese Information für die Verarbeitung aus ihrem pragmatischen Zusammenhang gerissen wird. Wenn dann das Ergebnis der Verarbeitung wieder in den konkreten Lebenszusammenhang eingebracht wird, kann es nur Nutzen stiften, wenn die Bedeutung der verarbeiteten Information zuvor klar und unzweideutig festgelegt wurde. Im Vergleich zu menschlichem Umgang mit Information entsteht ein enormer Verlust an Flexibilität. Das macht die Anwendung der EDV in allen gesellschaftlichen Lagen problematisch, in denen Informationsprozesse nicht formalisiert werden können oder dürfen. Es ist unvermeidlich, daß die EDV die physische Realität entstellt und in eine rationale Welt transponiert, die der wirklichen, nur teilweise rationalen Welt entrückt ist.

----

16) K.Lenk, a.a.O., S.298

17) vgl. auch R.Lutz, Informationen aus der Leitung, Gefühle aus der Steckdose? in: PSYCHOLOGIE HEUTE Februar 1983, S.20-33

18) K.Lenk, a.a.O., S.318

19) so der Titel einer der ersten Studien zur hier behandelten Problematik

Die Einseitigkeit der EDV erschließt sich hieraus. Es werden nur formale Symbole gehandhabt, und zwar auf völlig rationale Weise. Das rationale Denken wird auf Kosten des nichtrationalen kreativen Denkens verstärkt. Menschliches Denken vollzieht sich auf zweierlei Art. Die rationale, analytische Denkweise steht etwa beim Rechnen, Lesen oder Schreiben im Vordergrund. Dagegen wird die intuitive, ganzheitliche Denkweise mit Formerkennung und Musikalität in Zusammenhang gebracht. Die Einteilung macht deutlich, daß unsere Denkstrukturen durch die EDV zwangsläufig aus dem Gleichgewicht gebracht werden; eine dieser beiden einander ergänzenden Denkweisen wird gestärkt. Die Anwendung des Computers auf menschliche Belange führt eine mechanistische Rationalität in gesellschaftliche Beziehungen ein, die überwiegend irrationaler Natur sind und nicht formalisiert werden können."[20)]

Die hier beschriebene Handhabbarmachung komplexer gesellschaftlicher Vorgänge durch Zerlegung in formal nachvollziehbare Einzelschritte und der damit einhergehende Realitätsverlust veranlaßt Negt im Zusammenhang mit den Gefahren der Informationstechnik zu der Formulierung "Menschenrechtsverletzung durch Realitätsentzug"[21)]. Negt konstatiert eine Tendenz zur Entmaterialisierung der Natur und sieht an die Stelle der herkömmlichen 'Grobgriffe' von Herrschaft und Gewalt die 'Feingriffe' der Kontrolle, die nicht den ganzen Menschen, sondern nur Teile des Bewußtseins und des Verhaltens erfassen und organisieren, gesetzt:

> "Es erfolgt ein Realitätsentzug, eine Verdrängung der mit gesellschaftlichen Bedürfnissen und Fähigkeiten ausgestatteten Menschen aus der Wirklichkeit, die sie für deren Bestätigung und Realisierung brauchen. Indem ihnen äußere Realität entzogen wird, werden sie selbst realitätslos; die Entleerung ihrer eigenen, auf sinnvolle Objekte gerichteten Tätigkeit treibt ihnen als voll entfaltete Tätigkeit computergesteuerter Apparate und Maschinen entgegen, deren Bedürfnislosigkeit, Behendigkeit und Präzision sie insgeheim sogar bewundern."[22)]

----

20) K.Lenk, a.a.O., S.319/320

21) O.Negt, Menschenrechte als Selbstverwirklichungsrechte, Dokumentation eines Vortrags, FRANKFURTER RUNDSCHAU vom 4.6.1982

22) O.Negt, ebd.

6.2.2. Formalisierung und Entfremdung

Formalisierung wird hier - daran sei an dieser Stelle noch einmal erinnert - selbst als eine Form der Objektivierung verstanden, die eine vorangegangene Präzisierung der Begriffe, Abstraktion und Modellbildung voraussetzt. Wenn im folgenden von den Auswirkungen der Formalisierung die Rede ist, dann in dem Sinne, daß diejenigen potentiellen Auswirkungen einzelner Formalisierungsmethoden (bzw. der Formalisierung als solcher) gemeint sind, die sich auf diese Methoden als Grundlage juristischer Datenverarbeitung beziehen.

Eine Anwendungsbedingung jeder Formalisierungsmethode besteht darin, daß aus der Realität selektiv die für die jeweilige Fragestellung bedeutsamen Aspekte herauskristallisiert werden. Dabei wird die vorgefundene Realität in ein Modellabbild transferiert.
In Expertensystemen[23)] werden die Entscheidungen aufgrund einer Datenbasis als Realitätsabbild getroffen und nicht mehr aufgrund der Realität selbst. Der damit einhergehende partielle Realitätsverlust wird verstärkt durch den Zwang zur formalisierten Information für die Computerverarbeitung. Dieser läßt sich exemplarisch am LEGOL-System illustrieren, in dem Interpretationsspielräume bei der Normanwendung nicht mehr auftreten dürfen und Regeln (auch 2. und höherer Ordnung) widerspruchsfrei sein müssen[24)].

Lenks Vorbehalt hinsichtlich der Anwendung des Computers auf menschliche Belange[25)] wurde beispielhaft im Verlauf der Untersuchung des verbandstheoretischen, deontischen Formalisierungsansatzes von Podlech diskutiert[26)], der bei der Einführung grundlegender Ausdrücke für die Formalisierung deontischer Kalküle die Einschränkung trifft, daß der "empfindlichste Mangel aller bisherigen Logiken .... der Umstand (ist), daß eine hinreichend korrekte Definition des Ausdrucks "Verhalten" nicht vorliegt."[27)] Seine weitere Untersuchung basiert dann allerdings auf der Hoffnung, daß "angebbar ist, was "Verhalten" ist".[28)]

----

23) nach einer Definition von P.Raulefs, Methoden der Künstlichen Intelligenz: Übersicht und Anwendungen in Expertensystemen, in: J.Nehmer (Hrsg.), GI - 12.Jahrestagung, Berlin/Heidelberg/New York 1982, S.71

24) ausführlicher wird dies in Kapitel 4 behandelt (S.196 ff.)

25) vgl. Abschnitt 6.2.1., S.234 ff.

26) vgl. oben S.100 ff.

27) A.Podlech, Zur Axiomatik der öffentlich-rechtlichen Dogmatik,in ders.(Hrsg.) Rechnen und Entscheiden,Berlin 1977,S.174

28) A.Podlech,ebd.

Auch hier stellt sich die Frage nach dem Realitätsverlust durch ein Formalisierungsmodell, wenn menschliches Verhalten (hier in rechtlich relevanten Situationen) in allen seinen Wesensgehalten zur formalen Definition, zur Beschreibung 'objektiver' Sachverhalte wird.

Problematisch erscheint vor allem der Optimismus, zwischenmenschliche Beziehungen und Verhalten mit formalen deontisch-logischen Handlungsrastern adäquat in ein Modell abbilden zu können. In dieser Hinsicht kommt manchen Ansätzen der 'Künstlichen Intelligenz'-Forschung eine besondere Bedeutung zu. Ihrer Annahme, menschliche Problembewältigung oder Auseinandersetzung mit anderen Menschen sei eine vom Alltagswissen isolierbare geistige Funktion, die man auf eine Folge formaler Operationen auf einer eingegrenzten Menge von Objekten reduzieren könne, liegt ein funktionales Menschenbild zugrunde, bei dem einzelne Bestandteile einer Gesamtpersönlichkeit scheinbar selbstverständlich herausgelöst werden können[29].
Eine Anwendung der 'Künstlichen Intelligenz'-Verfahren auf juristische Argumentationsstrategien[30] ist nur dann sinnvoll, wenn Teile des Alltagswissens aus diesen Verfahren ausgegrenzt werden. Für viele Rechtsgebiete wird diese Ausgrenzung problematisch sein. Hinzu kommt, daß es bei der Verwendung der 'natürlichen' Sprache im Recht zu Unbestimmtheiten kommt, die vom Menschen aus seiner Umgebung und Alltagserfahrung heraus besetzt werden.

Die theoretischen Rechtsnormformalisierungsansätze[31] haben durchweg kaum praktische Relevanz erlangt. Trotzdem kann ansatzweise von einer konzentrischen Ausbreitung der Formalisierung (vgl. Abb.6.2.) gesprochen werden. Das Vorhandensein eines Formalisierungsansatzes - möglicherweise implementationsfähig - wirkt u.U. auf Entscheidungen auf der Ebene der Arbeit oder auf der Ebene der Bürger-Verwaltung-Kommunikation beeinflussend[32]. Bildlich dargestellt, könnte man sich diese Wirkung anhand eines ins Wasser geworfenen Steins, der immer weitere Kreise zieht, veranschaulichen.

----

29) vgl. die Darstellung des Künstlichen Intelligenz-Ansatzes in D.R.Hofstadter, Gödel Escher Bach, Harmondsworth 1980

30) vgl. die ausführlichen Erörterungen auf S.152 ff.

31) von denen nur ein ausgewählter Teil in Kapitel 2. und 3. behandelt wurde

32) verwiesen sei hier auf die in Bezug auf das LEGOL-Projekt angestellten Überlegungen, vor allem S.139 ff.

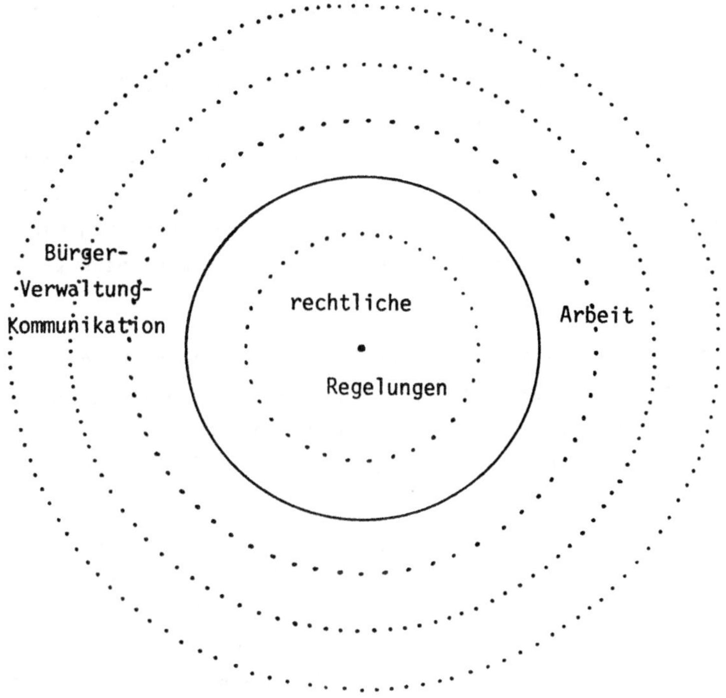

Abb. 6.2.: Konzentrische Ausbreitung von Formalisierung

Andererseits ist auch der umgekehrte Prozeß festzuhalten. Die - bildlich gesprochen - Wellenbewegung wirkt auch in das Zentrum (die Rechtsnorm) zurück. Die Implementation eines DV-gestützten Systems zur Steuerfestsetzung und -erhebung schafft ein verändertes Umfeld für die Steuergesetzgebung, wirkt also indirekt in den Bereich der Rechtsnormsetzung hinein[33]. Daß die Arbeit im rechtlichen Bereich durch operationelle Systeme verändert wird (in einzelnen Teilbereichen), ist evident. Dies läßt sich z.B. auch für den Bereich der 'Sozialen Sicherung' feststellen. Es ergibt sich durch die Verrechtlichung der 'Sozialen Sicherung' eine zunehmende Ausdifferenzierung der gesetz-

----

33) man beachte insbesondere die Grundsätze der automationsgerechten Rechtssetzung, vgl. auch Kapitel 4., S.196 f.

lichen Regelungen mit hohem Standardisierungsgrad[34]. Dies förderte sehr früh und in großem Umfang den Einsatz von DV, was wiederum zur Folge hatte, daß die Ausdifferenzierung noch stärker erfolgte. Bei der Analyse der zuletzt geschilderten Auswirkungen der Formalisierung von Arbeit und Bürger--Verwaltung--Kontakt auf die Dimension der Rechtsnorm wird zunehmend deutlich, daß das Recht in solchen Rechtsgebieten mangels ausreichender Durchschaubarkeit seinen steuernden Einfluß in der Tendenz zu verlieren beginnt. Es droht das technisch Machbare, nicht das gesellschaftlich Wünschenswerte[35] zu dominieren.

Ein Ergebnis der Bestandsaufnahme formaler Methoden im Recht besteht darin, daß viele der betrachteten Formalisierungsansätze keine Reflektion ihrer Entstehungs- und Anwendungsbedingungen enthalten und sich auch nicht auf die einschlägige wissenschaftliche Diskussion beziehen[36]. Sie genügen sich selbst[37].
Im Zusammenhang damit steht die Ausschließlichkeit bei der Betrachtung der Norm, auf die das Interesse der Formalisierer gerichtet wird. Dabei wird die Problematik der Auswirkungen auf die Arbeit im rechtlichen Bereich oder die der Schnittstellen zur Außenwelt (z.B. die Benutzerfreundlichkeit, etc.) häufig ausgeblendet. Man könnte sogar sagen, daß der Blick auf diese Aspekte durch die formalen Anforderungen und die Komplexität der Methoden verstellt wird. Unter Berücksichtigung der Fragestellung dieser Untersuchung ist ausdrücklich darauf hinzuweisen, daß jeder Autor eines Formalisierungsansatzes sich in der Rolle eines potentiellen Systemgestalters befindet. Unzweifelhaft haben die Konzeptionen der Formalisierungsmodelle auch großen Einfluß auf spätere eventuelle Implementierungen. Durch die Vernachlässigung der kritischen Fragen bei Formalisierungen werden auf diese Weise letztlich spätere "Auswirkungen negativer Art" von Beginn an in Kauf genommen, obwohl häufig gezielt auf die Anwendung von DV hingearbeitet wird.

----

34) vgl. A.Witt, Zur politischen Rationalität von Informationstechnologie, untersucht am Beispiel der Entwicklung eines Sozialinformationssystems für die Bundesrepublik Deutschland, Diplomarbeit Universität Hamburg 1982; Zum Verrechtlichungseffekt in der Geschichte der sozialen Sicherung vgl. vor allem U.Rödel/T.Guldimann, Sozialpolitik als soziale Kontrolle, in: T.Guldimann/M.Rodenstein/U.Rödel/F.Stille, Sozialpolitik als soziale Kontrolle, Starnberger Studien, Band 2, Frankfurt 1978, S.11-56

35) vgl. die Abschnitte 1.3.3. und 6.1. , S.62 ff. und S.226 ff.

36) eine Ausnahme bildet hier L.Fohmann; siehe S. 104 ff.

37) vgl. hier die Begriffsbestimmung und exemplarische Untersuchung verschiedener Formalisierungsbegriffe in Abschnitt 1.3.1., S.21 ff.

LITERATURVERZEICHNIS

G.ALBRECHT — Die Abschaffung des Beitragsmarkenverfahrens,
in: Verband Deutscher Rentenversicherungsträger (Hrsg.), Integrierte Datenverarbeitung in der Rentenversicherung - Schriften zur Fortbildung; Frankfurt 1975, S.3 ff.

C.ALCHOURRON/E.BULYGIN — Normative Systems,
Wien/New York 1971

L.E.ALLEN — Language, Law and Logic: Plain Legal Drafting for the Electronic Age,
in: B.Niblitt (Hrsg.), Computer Science and Law, Cambridge University Press, Cambridge 1980, S.75 ff.

ders. — Towards a Normalized Language to Clarify the Structure of Legal Discourse,
in: A.A.Martino (Hrsg.), Deontic Logic, Computational Linguistics and Legal Information Systems, Band 2, North Holland/Amsterdam/New York/Oxford 1982, S.349 ff.

G.ANDERS — Die Antiquiertheit des Menschen,
Band 1, München, 5.Auflage 1980

A.BAMMÉ u.a. — Maschinen - Menschen/Mensch - Maschinen,
Reinbek 1983

J.BARROW/R.C.CURNOW — The Future of Information Technology,
Internal Report of Social Policy Research Unit, University of Sussex, Brighton 1978

Th.BARTHEL — Structured Programs as a Paradigm of Structured Laws,
in: B.Niblett (Hrsg.), Computer Science and Law, Cambridge 1980, S.151 ff.

F.L.BAUER/G.GOOS — Informatik, Band 1,
Berlin/Heidelberg/New York, 2.Auflage 1973

U.BECK — Objektivität und Normativität,
Reinbek 1974

J.BECKER — Widersprüche bei der Informatisierung von Politik und Gesellschaft,
Vortrag auf der Tagung 'Die Zukunft der Computergesellschaft' der ev. Akademie Arnoldsheim, Bonn-Bad Godesberg Februar 1983

W.BERGMANN — Wenn der Steuerpflichtige ein Kind hat,
in: DSWR 1980 Heft 10, S.224 ff.

BMFT (Hrsg.) — Forschungsbericht FB DV 76-03

G.BORCHERT — Zur Anwendung mathematischer Methoden in der Rechtswissenschaft,
Dissertation FB Rechtswissenschaft, Regensburg 1978

H.BRAVERMANN — Die Arbeit im modernen Produktionsprozeß,
Frankfurt/New York 1980

H.BRINCKMANN u.a. — Automatisierte Verwaltung,
Frankfurt/New York 1981

H.BRINCKMANN — Datenverarbeitung und öffentliche Aufgaben,
in: ÖGI (Hrsg.), Informationssysteme für die 80er Jahre, Band 1, Linz 1980, S.15

ders. — Dezentrale Datenverarbeitung für eine dezentrale Verwaltung - 2.Teil
in: ÖVD 1979 Heft 11, S.19 ff.

R.BUDDE u.a. — Untersuchungen über Maßnahmen zur Verbesserung der Software-Produktion,
München/Wien 1980

H.-P.BULL — Zweiter Tätigkeitsbericht des Bundesbeauftragten für den Datenschutz,
Bonn 1980

W.BURKAMP — Begriff und Beziehung,
Leipzig 1927

A.CHURCH — An Unsolvable Problem of Elementary Number Theory,
Amer.J.Math. 58, (1936), S.345 ff.

Ch.K.COBB — Law, Logic and Rationality,
in: Jurimentrics Journal Band 11 (1970), S.1 ff.

A.DANZIN — Die gesellschaftlichen Auswirkungen der Datenverarbeitung,
Birlinghoven 1978

R.A.DEMILLO/R.J.LIPTON/A.J.PERLIS — Social Processes and Proofs of Theorems and Programs
in: CACM vol.22 (1979) Nr.5, S.271 ff.

E.W.DIJKSTRA — On a Political Pamphlet from the Middle Ages,
in: SIGSOFT Band 3 Heft 2 (1979), S.14 ff.

C.EBERLE/H.GARSTKA — Soll das Verwaltungsverfahren durch einen bundesweiten Programmablaufplan determiniert werden?,
in: ÖVD 1972 Heft 2, S.265 ff.

H.FIEDLER — Automationsgerechte Rechtssetzung im Rahmen der Gesetzgebungstheorie
in: J.Rödig (Hrsg.), Studien zu einer Theorie der Gesetzgebung, Berlin/New York 1976, S.666 ff.

ders. — Die Bestimmtheit der gesetzlichen Straftatbestände als methodisches und verfassungsrechtliches Problem, Habilschrift 1969

ders. — Functional Relations between Legal Regulations and Software,
in: B.Niblett (Hrsg.), Computer Science and Law, Cambridge 1980, S.137 ff.

ders. — Juristische Logik in mathematischer Sicht,
in: ARSP LII/I (1966), S.93 ff.

ders. — Rechenautomaten in Recht und Verwaltung,
in: JZ 1966, S.789 ff.

ders. — Rechtsinformatik und juristische Tradition,
Festschrift für H.Welzel 1974, S.

ders. — Ulrich Klug's juristische Logik,
in: ARSP XLV/3 (1959), S.441 ff.

ders. — Wandlungen der 'automationsgerechten Rechtssetzung',
in: DVR Band 1 Heft 1 (1972), S.41 ff.

ders. — 'Unbestimmte Begriffe' in Datenschutzgesetzen,
in: Datenschutz und Datensicherung 1980, Heft 2, S.75 ff.

ders. — Vom Datenschutz zum Informationsrecht,
GMD-Spiegel 1977 Heft 3, S.26 ff.

ders. — Einführung in die Rechtsinformatik,
Vorlesungsskript Bonn Wintersemester 1980/81

L.FOHMANN — Die informationale Programmiersprache IPL,
Manuskript, Neckargemünd 1983

ders. — Mathematische Theorie der Ordnungen.
Eine Einführung in Theorie und Anwendungen als Paradigma einer rechtswissenschaftlich relevanten Theorie im Spannungsfeld zwischen reiner und angewandter Mathematik,
in: DVR Band 8 Heft 4 (1979), S.297 ff.

R.FRANZEN — Strukturanalyse der gesetzlichen Erbfolge durch Entscheidungstabellen und logische Ausdrücke,
GMD/IDR-Entwicklungsunterlage ERB-3, Birlinghoven 1974

G.FRIEDRICHS/ A.SCHAFF (Hrsg.) — Auf Gedeih und Verderb, Mikroelektronik und Gesellschaft, Wien/München/Zürich 1982

H.J.GENRICH/K.LAUTENBACH/ P.S.THIAGARAJAN — Elements of General Net Theory, in: W.Brauer (Hrsg.), Net Theory and Applications, Berlin/Heidelberg/New York 1980, S.21 ff.

GMD (Hrsg.) — Preprints der 'International Working Conference on Model Realism, Bad Honnef April 1982

ders. — Forschungs- und Entwicklungsprogramm 1983, Bonn 1983, S.45

B.v.GREIFF — Gesellschaftsform und Erkenntnisform, Frankfurt/New York 1977

D.GRIEF (Hrsg.) — Programming Methodology, New York/Heidelberg/Berlin 1978

M.HAMMER/J.KUNIN — OSL Office Specification Language, Version I, Draft paper, July 1980, MIT

F.HARARY — Graphentheorie, München/Wien 1974

P.E.HART — Directions for AI in the Eighties, in: SIGART 1982 Heft 1, S.11 ff.

N.HARTMANN — Das Problem des geistigen Seins, Berlin, 3.Auflage 1962

H.HEIBEY/B.LUTTERBECK/ M.TÖPEL — Arbeitsbedingungen und Verwaltungsleistungen in automatisierten Verfahren, in: ÖVD 1977 Heft 10, S.3 ff.

M.HERBERGER/D.SIMON — Wissenschaftstheorie für Juristen, Frankfurt 1980

H.HERMES — Aufzählbarkeit, Entscheidbarkeit, Berechenbarkeit, Berlin/Heidelberg/New York, 2.Auflage 1971

D.HILBERT/W.ACKERMANN — Grundzüge der theoretischen Logik, Berlin/Heidelberg/New York, 6.Auflage 1972

R.HILPINEN — New Studies in Deontic Logic - Norms, Actions, and the Foundation of Ethics, D.Reidel, Publishing Company Dordrecht, Boston/London 1981

W.HOFFMANN-RIEM (Hrsg.) — Bürgernahe Verwaltung? Analysen über das Verhältnis von Bürger und Verwaltung, Neuwied/Darmstadt 1979

D.R.HOFSTADTER	Gödel Escher Bach, Harmondsworth 1980
N.W.HOHFELD	Fundamental Legal Conceptions as applied to Judicial Reasoning, Yale University Press, New Haven/London, 4.Auflage 1965
R.HOHNER/H.SCHÖLLER	Regeln für den Umgang mit dem Bürger - Pragmatische Ansätze zur Sicherung der Interaktionsfähigkeit der Verwaltung in: W.HOFFMANN-RIEM (Hrsg.), Bürgernahe Verwaltung? Neuwied/Darmstadt 1979, S.161 ff.
J.E.HOPCROFT/J.D.ULLMAN	Formal Languages and their Relation to Automata, Reading 1969
A.HUNING	Technische Vernunft auf dem Weg zur Systemoptimierung, Weltkongreß für Philosophie 1978, abgedruckt in: IBM-Nachrichten, 29.Jahrgang (Heft 244), S.13 ff.
M.JANTZEN/R.VALK	Formal Properties of Place /Transition Nets, in: W.Brauer (Hrsg.), Net Theory and Applications, Berlin/Heidelberg/New York 1980, S.165 ff.
N.JONES/L.LANDWEBER/ Y.LIEN	Complexity of Some Problems in Petri Nets, in: Theoretical Computer Science Band 4 (1977), S.277 ff.
S.JONES	Control Structures in Legislation, in:B.Niblett (Hrsg.), Computer Science and Law, Cambridge 1980, S.157 ff.
S.JONES u.a.	LEGOL-2: A Language Based on the Relational Algebra for Specifying Legislation, LSE Systems Research Group, London School of Economics 1978
J.KANT	Kritik der reinen Vernunft, in der von Weischedel besorgten Ausgabe A 58/B 82
A.KAPLAN	The Conduct of Inquiry, San Francisco 1964, zit.nach: J.Weizenbaum, Die Macht der Computer und die Ohnmacht der Vernunft, Frankfurt 1977, S.190, Fußnote 3
KASSELER PROJEKT	Verwaltungsautomation Heft 17: Die Abbildung von Gesetzestexten auf Formularen in der Rentenversicherung, März 1979
H.KELSEN	Allgemeine Theorie der Normen, Wien 1979
KGSt	Bürger und Verwaltung - Grundlagen und Verfahren, KGSt-Bericht 4/1979, Köln Mai 1979

W.KILIAN	Juristische Entscheidung und elektornische Datenverarbeitung, Darmstadt 1974
H.KINDERMANN (Hrsg.)	Theorie der Gesetzgebung, Berlin/Heidelberg/New York 1982
U.KLUG	Juristische Logik, Berlin/Heidelberg/New York, 4.Auflage 1982
H.-J.KOCH/H.RÖSSMANN	Juristische Begründungslehre, München 1982
M.KÖHN	CAD und Arbeitssituation, Berlin/Heidelberg/New York 1980
W.LABOV	Die Widerspiegelung sozialer Prozesse in sprachlichen Strukturen, in: K.Gloy/B.Badura (Hrsg.), Soziologie der Kommunikation, Stuttgart/Bad Cannstatt 1972, S.309 ff.
K.LARENZ	Methodenlehre der Rechtswissenschaft, Berlin/Heidelberg/New York, 3.Auflage 1975
H.LEHNER/G.MERAN/ J.MÖLLER	Der Klirrfaktor in der Frohbotschaft, aus: DIE TAGESZEITUNG v.7.10.1982, S.12 ff.
H.LENK (Hrsg.)	Normenlogik, Pullach bei München 1974
K.LENK/K.GRIMMER	Datenverarbeitung und Rationalisierung in der Steuerverwaltung, Vortrag bei der deutschen Vereinigung für politische Wissenschaft, Arbeitsgruppe A 2, Bonn, 4.bis 7.10.1977
K.LENK	Probleme der Verwaltungsinnovation durch DV-gestützte Verfahren, in: ÖVD 1980 Heft 10, S.4
ders.	Gesellschaftliche Auswirkungen der Informationstechnik in: Nachrichten für Dokumentation 33/1982 Nr.6, S.200 ff.
ders.	Implikationen der Verwaltungsautomation für das Verhältnis von Bürger und Verwaltung, in: W.HOFFMANN-RIEM (Hrsg.), Bürgernahe Verwaltung? Neuwied/Darmstadt 1979, S.140 ff.
ders.	Informationstechnik und Gesellschaft, in: G.Friedrichs/A.Schaff, Auf Gedeih und Verderb - Mikroelektronik und Gesellschaft, Wien/München/Zürich 1982, S.292 ff.
W.LEINFELLNER	Einführung in die Erkenntnis- und Wissenschaftstheorie, Mannheim 1967
P.C.LOCKEMANN/A.SCHREINER/ H.TRAUBOTH/M.KLOPPROGGE	Systemanalyse - DV-Einsatzplanung Berlin/Heidelberg/New York 1983

A.L.LUFT — Rationaler Sprachgebrauch und orthosprachliche Standardisierung als Grundlage des Software Engineering, in: Informatik-Spektrum Band 5 Heft 4 (1982), S.209 ff.

ders. — Zur Bedeutung formaler Spezifikationsmethoden beim Software Engineering, in: Angewandte Informatik 1982 Heft 4, S.218 ff.

N.LUHMANN — Funktion und Folgen formaler Organisation, Berlin, 2.Auflage 1972

R.LUTZ — Informationen aus der Leitung, Gefühle aus der Steckdose; in: PSYCHOLOGIE HEUTE, Februar 1983, S.20 ff.

R.MAYNTZ — Modellkonstruktion: Ansatz, Typen und Zweck, in: dieselbe (Hrsg.), Formalisierte Modelle in der Soziologie, Neuwied/Berlin 1967

L.McCARTY/N.S.SRIDHARAN — A Computational Theory of Legal Argument, in: Technical Report LRP-TR-13, Laboratory for Computer Science Research, Rutgers University 1982

L.T.McCARTY — An Experiment in Artificial Intelligence and Legal Reasoning, in: DVR Band 5 Heft 4 /1976), S.305 ff.

ders. — Some Requirements for a Computer-Based Legal Consultant, Technical Report LRP-TR-8,LCSR State University of New Jersey/Rutgers Juli 1980

ders. — The Implementation of TAXMAN II: An Experiment in Artificial Intelligence and Legal Reasoning, University of New York at Buffalo November 1978

J.A.MELDMAN/A.W.HOLT — Petri Nets and Legal Systems, in: Jurimetrics Journal Band 12 (1971), S.65 ff.

P.MERLIN — A Study of the Recoverability of Computing Systems, Ph.D.Thesis, U.C. - Irvine 1975

J.METZNER/B.BARNES — Decision Table Languages and Systems, New York/San Francisco/London 1977

R.MICHAELSON — Application of an Expert Computer System to Federal Tax Planning, in: SIGART 1982 Heft 10, S.18 ff.

O.NEGT — Menschenrechte als Selbstverwirklichungsrechte, Dokumentation eines Vortrags, aus: FRANKFURTER RUNDSCHAU v.4.6.1982

U.NEUMANN — Die Kritik der juristischen Logik,
in: A.Kaufmann/W.Hassemer (Hrsg.), Einführung in die Rechtsphilolsophie und Rechtstheorie der Gegewart, Heidelberg/Karlsruhe 1977, S.139 ff.

B.NIBLETT — Computer Science and Law - An Introductory Disaission,
in: ders. (Hrsg.), Computer Science and Law, Cambridge 1980, S.7-19

S.NORA/A.MINC — Die Informatisierung der Gesellschaft, Frankfurt/New York 1979

T.ÖHLINGER — Methodik der Gesetzgebung, Wien/New York 1982

C.A.PETRI — Introduction to General Net Theory,
in: W.Brauer (Hrsg.), Net Theory and Applications, Berlin/Heidelberg/New York 1980, S.14 ff.

H.PIETSCHMANN — Das Ende des naturwissenschaftlichen Zeitalters, Wien/Hamburg 1980

A.PODLECH — Adressenverlage, die Mengenlehre und der Entwurf eines Bundesdatenschutzgesetzes,
in: DVR Band 2 Heft 2/3 (1973), S.190 ff.

ders. — Architektonik einer möglichen Rechtstheorie
in: Rechtstheorie 1976 Heft 1, S.1 ff.

ders. — Mathematische Methoden in der Rechtswissenschaft,
in: A.Podlech (Hrsg.), Rechnen und Entscheiden, Berlin 1977, S.261 ff.

ders. — Zur Axiomatisierung der öffentlich-rechtlichen Dogmatik,
in: A.Podlech (Hrsg.), Rechnen und Entscheiden, Berlin 1977, S.173 ff.

ders. — Zur Theorie einer juristischen Dogmatik,
in: A.Podlech (Hrsg.), Rechnen und Entscheiden, Berlin 1977, S.145 ff.

ders. — Entwurf einer Rechtstheorie als Strukturtheorie positiver dogmatisch gefaßter Rechtsordnungen,
in: A.Podlech (Hrsg.), Rechnen und Entscheiden, Berlin 1977, S.13 ff.

W.D.RAUCH — Büroinformationssysteme, Wien/Köln/Graz 1982

P.RAULEFS — Methoden der Künstlichen Intelligenz: Übersicht und Anwendungen in Expertensystemen,
in: J.Nehmer (Hrsg.), GI - 12.Jahrestagung, Proceedings, Berlin/Heidelberg/New York 1982, S.170 ff.

J.REESE u.a. — Gefahren der informationstechnologischen Entwicklung, Frankfurt 1979

L.REISINGER — Rechtsinformatik,
Berlin/New York 1977

G.RINGWALD — Normanalyse mit Formalismen der EDV,
München 1981

RKW (Hrsg.) — Rationalisierung und menschengerechte Arbeitsgestaltung in der öffentlichen Verwaltung,
Eschborn 1980

U.RÖDEL/T.GULDIMANN — Sozialpolitik als soziale Kontrolle,
in: T.Guldimann/M.Rodenstein/U.Rödel/F.Stille, Sozialpolitik als soziale Kontrolle, Starnberger Studien, Band 2, Frankfurt 1978, S.11 ff.

J.RÖDIG — Axiomatisierbarkeit juristischer Systeme,
in: A.Kaufmann (Hrsg.), Münchner Ringvorlesung - EDV und Recht - Band 6, München 1973, S.49-90 (S.52)

ders. — Axiomatisierbarkeit juristischer Systeme,
in: DVR Band 1 Heft 2/3 (1972/73), S.170 ff.

ders. — Die Theorie des gerichtlichen Erkenntnisverfahrens,
Berlin/Heidelberg/New York 1973

ders. — Ein Kalkül des juristischen Schließens,
in: J.Rödig, Schriften zur juristischen Logik, Berlin/Heidelberg/New York 1980, S.107 ff.

ders. — Schriften zur juristischen Logik,
Berlin/Heidelberg/New York 1980

ders. — Über die Notwendigkeit einer besonderen Logik der Normen,
in: Maihofer u.a. (Hrsg.), Rechtstheorie als Grundlagenwissenschaft der Rechtswissenschaft, Jahrbuch für Rechtstheorie und Rechtssoziologie, Band 2 (1972), S.163 ff.

A.ROLF — Zur Veränderung der Arbeit in Büro und Verwaltung durch Informationstechnik,
Münster 1983

B.RUSSELL — Vagueness,
in: The Australian Journal of Psychology and Philosophy, Band 1 (1923), S.84 ff.
zit.nach H.Fiedler, Die Bestimmtheit der gesetzlichen Straftatbestände als methodisches und verfassungsrechtliches Problem, Habilschrift 1969, S.111, Fußnote 4

W.SCHÄFER/G.SORKA — Die Abbildung von Gesetzestexten auf Formulare in der Rentenversicherung,
Band 17 des Forschungsprojektes 'Verwaltungsautomation', Kassel März 1979, S.177 ff.

A.SCHAFF — Entfremdung als soziales Phänomen,
Wien 1977

J.SCHMIDT — Mengenlehre,
Mannheim 1966

H.-J.SCHNEIDER (Hrsg.) — Lexikon der Informatik und Datenverarbeitung,
München/Wien 1983

U.SEIDEL — Ungeklärte Rechtsfragen moderner Kommunikation,
in: Online 1980 Heft 4, S.260 ff.

H.SNEED — Methodik der formalen Softwarespezifikation,
in: ÖVD 1982 Heft 5, S.62 ff.

N.S.SRIDHARAN — Artificial Intelligence - Representing Knowledge in AIMDS,
in: Informatica e Diritto 1981, Heft 2/3, S.201 ff.

H.STACHOWIAK — Allgemeine Modelltheorie,
Wien/New York 1973

R.STAMPER/S.TAGG/P.MASON/S.COOK — Developing the LEGOL Semantic Grammar,
in: C.Ciampi (Hrsg.), Artificial Intelligence and Legal Information Systems, Amsterdam/New York/Oxford 1982, S.357 ff.

R.STAMPER — Formal Languages as a Tool to Formalize Law,
Vortrag beim International Workshop on Formal Methods in Law, St. Augustin März 1982

ders. — LEGOL-2: A Language for Specifying Formal Organisations,
LSE Systems Research Group,
London School of Economics, 3rd July 1978

ders. — Modelling Legal Rules by Computer,
in: B.Niblett (Hrsg.), Computer Science and Law, Cambridge 1980, S.45 ff.

ders. — The LEGOL-Project since 1976,
in: Computers and Law, Feb.1980, Nr. 23, S.10 ff.

W.SVOBODA — Structural Analysis of the Law for the Purpose of Installing Query-Answering Systems,
in: Consiglio Nazionale delle Richerche, Logica Informatica Diritto, Florenz 1981

I.TAMMELO/H.SCHREINER — Grundzüge und Grundverfahren der Rechtslogik,
Band 1, Pullach bei München 1974

F.W.TAYLOR — Die Grundsätze wissenschaftlicher Betriebsführung,
München 1917,
zit.nach H.Bravermann, Die Arbeit im modernen Produktionsprozeß, Frankfurt/New York 1980

A.TEPPER	Zwischenbilanz der Beteiligung an der Systementwicklung im Projekt EBURG - Erste Erfahrungen bei der Zusammenarbeit von Mitarbeitern, Bürgern und Systementwicklern, Arbeitspapiere der GMD Nr.22
M.THALER	Mehrdeutigkeit und juristische Auslegung, Wien/New York 1982
G.THIELER-MEVISSEN	Netztheoretische Überlegungen zu einer Gesetzgebungstheorie, in: U.Klug/Th.Ramm/F.Rittner/B.Schmiedel (Hrsg.), Gesetzgebungstheorie, Juristische Logik, Zivil- und Prozeßrecht - Gedächtnisschrift für Jürgen Rödig, Berlin/Heidelberg/New York 1978, S.43 ff.
L.L.VALLAURI	Informatics and 'Political' Criteria of the Legal Decision, in: Proceedings of the International Study Congress on Logica, Informatica e Diritto, Florenz 1980
P.WATZLAWICK/J.BEAVIN	Einige formale Aspekte der Kommunikation, in: B.Badura/K.Gloy (Hrsg.), Soziologie der Kommunikation, Stuttgart/Bad Cannstatt 1972, S.179 ff.
H.WEDEKIND	Eine Methodologie zur Konstruktion des konzeptionellen Schemas, in: J.Niedereichholz, Datenbanktechnologie, Stuttgart 1979, S.65 ff.
ders.	Systemanalyse, München 1973
J.WEIZENBAUM	Contributions to CACM, vol.17 (1974) Nr.7, S.543
ders.	Die Macht der Computer und die Ohnmacht der Vernunft, Frankfurt 1977
ders.	On the Impact of the Computer on Society, in: Science Band 176 (12.5.1972), S.612 f.
A.WITT	Zur politischen Rationalität von Informationstechnologie, untersucht am Beispiel der Entwicklung eines Sozialinformationssystems für die Bundesrepublik Deutschland, Diplomarbeit Universität Hamburg 1982
H.J.WOLFF/O.BACHOF	Verwaltungsrecht, Band 1, München, 9.Auflage 1974

G.H.v.WRIGHT	Deontic Logic in: Mind Band 60 (1951), S.1 ff.
ders.	Norm and Action. A Logical Inquiry, London 1963
ders.	Norms, Truth, and Logic in: A.A.Martino (Hrsg.), Deontic Logic, Computational Linguistics and Legal Information Systems, Band 2, North Holland/Amsterdam/New York/Oxford 1982, S.3 ff.
ders.	Old System (1951) und New System (1964), zit.nach L.Reisinger, Rechtsinformatik, Berlin/New York 1977, S.222 ff.
R.K.YIN u.a.	A Review of Case Studies of Technological Innovations in State and Local Services, Santa Monica 1976
B.ZIMMERMANN	Formale Behandlung der gesetzlichen Erbfolge, GMD-Entwicklungsunterlagen ERB-1, Birlinghoven 1973

FORSCHUNGSBERICHTE
des Landes Nordrhein-Westfalen

Herausgegeben
vom Minister für Wissenschaft und Forschung

Die „Forschungsberichte des Landes Nordrhein-Westfalen" sind in zwölf Fachgruppen gegliedert:

Geisteswissenschaften
Wirtschafts- und Sozialwissenschaften
Mathematik / Informatik
Physik / Chemie / Biologie
Medizin
Umwelt / Verkehr
Bau / Steine / Erden
Bergbau / Energie
Elektrotechnik / Optik
Maschinenbau / Verfahrenstechnik
Hüttenwesen / Werkstoffkunde
Textilforschung

WESTDEUTSCHER VERLAG
5090 Leverkusen 3 · Postfach 300620

GPSR Compliance

The European Union's (EU) General Product Safety Regulation (GPSR) is a set of rules that requires consumer products to be safe and our obligations to ensure this.

If you have any concerns about our products, you can contact us on ProductSafety@springernature.com

In case Publisher is established outside the EU, the EU authorized representative is:

Springer Nature Customer Service Center GmbH
Europaplatz 3
69115 Heidelberg, Germany

Batch number: 10809636

Printed by Printforce, the Netherlands